조선
왕릉의
사찰

조선 왕릉의 사찰

초판 1쇄 발행 2021년 11월 15일
초판 2쇄 발행 2022년 8월 30일

지은이   탁효정
발행인   박종서
발행처   역사산책
출판등록 2018년 4월 2일 제2018-60호
주 소   (10477) 경기도 고양시 덕양구 은빛로 39, 401호
          (화정동, 세은빌딩)
전 화   031-969-2004
팩 스   031-969-2070
이메일   historywalk2018@daum.net
페이스북 https://www.facebook.com/historywalkpub/

ISBN 979-11-90429-17-7

• 이 저서는 2014년도 대한민국 교육부와 한국학중앙연구원(한국학진흥사업단)을 통해 창의연구지원 시범사업의
지원을 받아 수행된 연구임 (AKS-2014-ORS-1120004)

조선 왕릉의 사찰

탁효정 지음

역사산책

조선 불교는 어떻게 살아남았을까. 그 생명력의 근원은 무엇일까. 이것은 조선불교사를 전공하는 동안 늘 품어온 화두이다.

조선불교사 연구는 사료와 현실 사이에 상당한 간극이 존재한다. 『조선왕조실록』을 비롯한 관찬사료에는 사찰의 경제적 기반을 없애고 승려가 되는 길을 원천 봉쇄하는 등 억불정책 일변도의 이야기들이 펼쳐진다. 그럼에도 불구하고 전국의 수승한 명산에는 조선시대에 건립된 불전(佛殿)들이 당당한 위용을 드러내고 있으며, 수려한 골짜기에는 법 높은 수행자들의 선기(禪氣)가 면면히 이어지고 있다. 이는 관찬사료 속에 나오지 않는 무언가가 그 시대에 존재하였음을 의미한다.

불교가 수천여 년간 지속돼온 가장 큰 요인은 중생들이 여전히 죽음의 문제를 해결하지 못했기 때문이 아닐까 싶다. 가족을 잃은 슬픔을 작은 등에 담은 마음들이 지금까지도 한국의 사찰을 밝히고 있듯이, 왕실에서 부모의 넋을 위로하기 위해 지은 사찰들이 왕실원당이라는 이름으로 조선시대 내내 유지되었다.

조선의 왕릉수호사찰은 왕릉과 불교가 만나 만들어진 유불융합의 문화적 산물이다. 조선이 건국된 직후부터 설치되기 시작한 왕릉수호사찰은 조선의 국가제사권이 박탈되는 1908년까지 지속되었다. 여기에는 조선 왕실의 불심, 능침사의 경제적 효율성, 억불시대를 극복하고자 했던 승려들의 노력 등이 내재돼 있다.

능침사는 역사상 가장 오랜 기간 지속된 왕실원당이다. 조선중기 사림의 정계 진출 이후 수륙사나 소격서 등의 불교·도교 시설물이 철폐된 후에도 왕릉을 수호한 사찰들은 재궁, 조포사, 원당 등의 다양한 이름으로 불리며 존속되었다.

원당은 필자가 석·박사를 거쳐 지금까지 부여잡고 있는 연구 주제이다. 이제와 돌이켜보면 석사논문의 주제를 조선후기 왕실원당으로 잡았던 것은 참으로 용감하고도 무식한 일이었다. 논문 심사를 마친 직후 허흥식 교수님께서 이런 주제는 박사논문에서나 하라고 했던 지적이 지금도 뇌리에서 떠나질 않는다. 그 말씀이 씨앗이 된 것인지, 박사논문에 이어 지금까지도 원당 연구를 이어가고 있음에도 여전히 코끼리 다리만 만지고서 코끼리를 그렸다는 부끄러움을 감출 수가 없다. 이 연구는 그 부끄러움을 조금이나마 덮기 위한 노력의 일환이다.

이 책은 조선의 왕실원당 중에서 큰 축을 이루는 능침사를 본격적으로 다룬 첫 학술서이다. 2014년 한국학진흥사업단의 창의연구지원사업에 선정되어 3년간 연구를 진행하고 이후 4년간 수정과 보완을 거친 결과물이다. 그럼에도 여전히 미완의 연구라는 아쉬움을 지울 수가 없다. 하지만 조선시대 불교 사료는 세상에 드러난 것보다 아직 드러나지 않은 것들이 더 많고, 조선불교사에 대한 관심이 점점 더 증가하는 추세이니만큼 이 책의 부족함을 거름삼아 더 우수한 연구들이 이어질 것이라 믿으며 아쉬운 마음을 내려놓고자 한다.

지금까지 학문의 끈을 놓지 않도록 20여 년간 독려해주신 최진옥 선생님, 늘 부족한 후배를 다독이며 이 책이 나오기까지 물심양면으로 도와준 정해은 선배, 건축에 관한 지식 부족으로 난항에 부딪힐 때마다 조언을 아끼지 않은 정정남 건축문헌고고스튜디오 대표님께 깊은 감사의 인사를 올린다. 그리고 부족한 원고를 다듬어 책으로 만들어주신 역사산책 박종서 사장님께도 감사를 드린다. 늘 따뜻한 격려와 위로를 아끼지 않는 부모님과 동생들, 윤희조 씨에게도 고마운 마음을 전하고 싶다.

2021년 겨울

탁효정

목차

3부 조선 왕릉수호사찰의 변화와 특징

7장 조선초기: 불교식 재궁의 설치 ······················· 265

12기 능에 설치한 불교식 재궁 | 국왕의 주도로 설치 | 능역 내에 위치한 수호사찰 | 재궁(齋宮)으로 불리다 | 진전의 부재

8장 조선중기: 왕릉 제도에서 소외되다 ····················· 276

11기 왕릉 중 6곳만 조성된 능침사 | 대비의 주도로 조성 | 왕릉 제도에서 배제되다 | 새롭게 등장한 어실 | 능역 밖으로 밀려나다

서론

왜 왕릉에 사찰을 설치했을까

조선시대 대부분의 왕릉에는 능의 제사와 능역 보호를 담당한 사찰이 설치되었다. 조선의 500여 년 역사와 함께 지속된 이들 사찰은 재궁(齋宮), 능침사(陵寢寺), 조포사(造泡寺) 등 다양한 이름으로 불렸으며 그 명칭에 따라 담당하는 역할도 조금씩 변모했다.

왕릉에 절을 세운 것은 불교가 동아시아에 유입될 당시부터 확인된다. 중국에서는 불교가 처음 유입된 한당(漢唐)대부터, 한국에서는 삼국시대부터 건립되기 시작했다. 불교 유입 당시부터 능묘에 사찰이 조성되었다는 것은 능침사에 동아시아의 공통적인 희원(希願)이 깃들어 있음을 의미한다.

불교는 고대 동아시아인들에게 죽음 이후에 대한 새로운 세계관을 열어주었다. 보살이 머무는 청정한 세계인 정토(淨土)와 새로운 몸을 받아 다시 태어나는 윤회(輪廻)라는 개념을 통해 출세간(出世間)의 길을 제시하였다. 그 결과 불교는 사후 세계를 위한 다양한 추천(追薦) 의식들을 갖추게 되었다. 그 중에서도 부와 권력을 지닌 이들이 택한 대표적인 방법은 부모의 능묘 부근에 절을 짓는 것 즉 능침사의 조성이었다.

진한대 중국의 능침 제도는 왕릉과 침전(寢殿), 사당(祠堂)이라는 3대 요소로 구성되었다. 이후 불교가 유입되면서 능침사가 또 하나의 시설로 지어지기 시작했다. 불교의 융성과 함께 능침사는 더욱 빈번하게 세워졌고, 북송대에 이르면 모든 황제릉에 능침사가 갖추어졌다.

한국에서는 삼국시대 간헐적으로 조성되던 능침사가 고려시대에 이르러 진전사원의 형태로 제도화되었다. 고려 진전사원은 능을 수호하는 역할을 넘어 왕실의 대표적인 조상숭배시설로 운영되었고, 국왕의 정치적 기반이자 종교계를 통솔하는 기구로 활용되었다. 고려의 진전사원이 지닌 특징 중 망자의 천도와 왕릉 관리, 제사 준비 등의 역할이 조선의 왕릉수호사찰로 계승되었다.

조선 왕릉을 이해하는 새로운 관점, 수호사찰의 존재

유교를 국교로 삼은 조선은 국초부터 유교식 국가 체계를 확립하는데 주력하였다. 조선의 유학자 관료들은 국가의례와 왕실예제에 잔존해있던 불교식 유습을 폐지하는데 집중했고, 능침사의 전통 대신 유교식 상장례를 구비하고자 노력하였다. 그럼에도 왕릉에 사찰을 설치하는 전통은 계속 이어졌다.

조선의 왕릉수호사찰이 지속될 수 있었던 이유는 종교적 요인과 경제적 요인으로 구분할 수 있다. 왕릉수호사찰이 존속된 종교적 요인은 500여 년간 지속된 조선 왕실의 불교신앙을 꼽을 수 있다. 왕실 구성원 특히 비빈들은 조선시대 내내 불교를 깊이 신행했기 때문에 관료들의 반대를 무릅쓰고 능침사를 설치해 선왕의 극락왕생을 발원하였다. 국가의례에서 불교식 예제가 모두 배제된 이후에도 왕실 비빈들은 비공식적인 방법들을 통해 선왕 선후를 위한 천도의례를 설행했다. 능침사 내에 왕의 위패 봉안이 금지된 후에는 위축원당(爲祝願堂)을 마련해 불교식 추복(追福)의 전통을 이어나갔다.

왕릉수호사찰이 존속된 경제적 요인으로는 왕실과 사찰의 경제적 공생관계를 들 수 있다. 왕실에서는 능침사로 지정된 사찰에 사위전(寺位田)이라는 명목으로 불사 비용을 지급했으며, 하마비(下馬碑)와 완문(完文)을 내려 지방 관청이나 토호의 수탈을 금하는 동시에 면세의 특권을 부여했다. 이 때문에 능침사는 여타 사찰들과 달리 정치 경제적 특혜를 누릴 수 있었다. 왕실의 입장에서도 능침사는 상당히 효율적인 왕릉 관리 방안이었다. 조선중기에 수륙사나 소격서 같은 불교·도교시설들이 모두 폐지되는 상황에도 능침사만은 특별히 존속되었던 것은 능침사의 내세 추복 역할을 대체할 기구가 없었을 뿐만 아니라 국가 재정적 측면에서도 능침사를 통해 왕릉을 관리하는 것이 이득이었기 때문이다. 능침사를 설치할 경우 제수(祭需)를 용이하게 마련할 수 있었고 승려들이 능침 주변의 산림 보호를 비롯한 각종 잡역을 담당했기 때문에 수호군의 수를 줄일 수 있었다.

능침사의 경제성과 효율성은 조선후기까지 왕릉수호사찰이 지속된 중요한 요인으로 작용했다. 조선후기에는 조포사가 산릉 제사를 보조하고 주변 산림을 관리했기 때문에 호조와 내수사 등 재무 관련 기관에서 이들 사찰을 적극적으로 활용했다. 18세기에 이르면 황폐해진 왕릉 주변의 산림 보호를 위해 사찰을 설치하고자 관료들이 적극 건의하는 기현상도 나타났다. 이처럼 왕릉수호사찰은 왕릉의 보호에 있어서 매우 효율적이었을 뿐만 아니라 국가재정에도 비용 절감의 효과를 가져왔기 때문에 왕실과 조정의 특별한 보호를 받으며 유지되었다.

한편 사찰의 입장에서 능침사 지정은 왕실원찰이라는 명예를 넘어 사찰의 존속과 결부되는 중차대한 일이었다. 양란 이후 조선 정부는 승려들을 더 이상 피역지민(避役之民)이 아닌 우수한 노동력으로 간주해 이들의 노동력을 적극 활용하는 방향으로 정책을 선회했다. 이에 따라 산릉역이나 축성 등의 각종 토목 공사에 승려들을 동원하고 승군 조직을 군대의 일부로 활용하였다. 그런데 중앙 정부뿐만 아니라 지방 관아에서도 이들을 무급 노동력으로 파악해 다양한 잡역을 요구했고, 지방 토호들까지도 사사로이 승려들의 잡역을 요구하기에 이르렀다. 18~19세기에 이르면 대형 사찰들조차 역의 부담을 이기지 못해 폐사하는 경우가 빈번했다.

사찰이 과중한 역에서 벗어날 수 있는 가장 용이한 방법은 능침사와 같은 왕실의 원당사찰로 지정되는 것이었다. 왕실원당으로 지정될 경우 국가에 봉사하는 특별한 사찰로 인식되어 정치 경제적 보호를 받을 수 있었다. 조선후기 전국의 사찰들은 지방 관아나 토호들의 수탈이 극심해지자 왕실원당으로 지정받음으로써 승역의 부담에서 벗어나고자 했다. 왕릉과 멀리 떨어진 경상도나 전라도의 사찰들까지 왕실에 연줄을 대어 왕릉수호 역을 보조하기를 자청할 정도였다. 왕릉수호사찰이 누린 특혜, 국가와 사찰간의 경제적 공생 관계는 조선시대에 불교가 존립할 수 있었던 하나의 요인으로 작용했다.

이처럼 왕실의 입장에서 능침사는 선왕 선후의 왕생을 발원하는 본래의 목적 이외에도 왕릉의 보호와 제사 준비를 용이하게 할 수 있다는 이점이 있었고, 사찰의 입장에서는 왕실의 정치·경제적 보호를 받을 수 있다는 특혜가 있었다. 이로 인해 사찰들은 능침 수호의 역을 자원했고, 왕실과 사찰간의 공생관계는 조선말까지 유지되었다.

왕릉수호사찰의 또다른 이름 '능침사'

왕릉을 보호하는 사찰들은 능침사(陵寢寺), 능사(陵寺), 재궁(齋宮), 재사(齋寺), 재사(齋舍), 조포사(造泡寺), 조포속사(造泡屬寺) 등 다양한 이름으로 불렸다.

능침사와 능사는 광의적으로는 왕릉의 제사와 관련된 사찰을 통칭하는 개념으로 사용되었다. 능사라는 용어가 왕릉명과 합쳐져 정릉사(貞陵寺), 광릉사(光陵寺), 선릉사(宣陵寺), 정릉사(靖陵寺)로 불리기도 했다. 하지만 협의적 의미의 능침사는 사찰내에 왕이나 왕비의 위패를 봉안하고 정기적으로 능 주인의 제사를 담당한 독립된 사찰을 의미했다. 『조선왕조실록』에서 능침사라는 용어는 총 31건의 기사에 등장하는데, 주로 성종~명종대에 사용되었다.

재궁은 왕릉 내의 제사를 준비하는 공간이라는 의미로 사용되었으며, 왕릉에 딸린 사찰뿐만 아니라 유교식 시설물에도 사용되는 일반적인 용어였다. 재사(齋寺) 또한 조선시대에 널리 사용되던 용어로, 왕실뿐만 아니라 사대부가의 묘를 수호하는 사찰을 통칭하는 용어로 사용되었다.
재궁과 재사는 조선중기 이후 불교식 요소가 사라진 재실(齋室) 내지 재
사(齋舍)로 변모하였다.

'두부 만드는 절'을 의미하는 조포사는 조선후기에 처음 등장하는 용
어로, 왕릉뿐만 아니라 원(園), 묘(墓), 진전(眞殿)의 제사를 돕는 사찰들을
지칭하였다. 왕릉수호사찰이 추천(追薦) 기능을 박탈당하고 능의 잡역만
을 담당하게 되면서 등장한 신종 용어였다. 조포속사는 조포사를 경제
적으로 보조하는 사찰을 일컬었다.

조선후기에 이르면 능침원당(陵寢願堂)이라는 용어도 사용되었다.[1] 조
포사 대신 원당사(願堂寺)라는 용어를 사용한 사례도 확인된다. 『묘전궁
릉원묘조포사조』에는 "함흥본궁(咸興本宮)의 귀주사(歸州寺)는 조포사로
칭해지지 않고 원당사로 칭해진다."고 하였으며,[2] 『선정릉지』「봉은사
사적」에서는 봉은사(奉恩寺)를 일컬어 양릉 원당(兩陵願堂)이라고 표현하
기도 했다.[3] 왕릉수호사찰을 일컬어 원찰(願刹)이라 칭한 사례도 확인되
는데, 『한국불교전서』에서 헌릉의 조포사인 봉헌사(奉獻寺)를 헌릉 원찰
이라고 표현하였고,[4] 「봉은본말지(奉恩本末誌)」에서는 의릉의 조포사인 연
화사(蓮花寺)를 일컬어 "영조 원년 조가(朝家)에서 의릉의 원찰로 창건하
였다."고 설명하였다.[5]

원당은 원래 사찰 내 특정 개인의 초상화나 위패를 모신 건물을 지칭
하는 용어로, 원당이 있는 사찰을 원당사찰이나 원찰 또는 진전사원이라

---

1 「驪州報恩寺雜役蠲減完文」(여주박물관 소장).
2 『廟殿宮陵園墓造泡寺調』(장서각, K2-2443), 23쪽.
3 『宣靖陵誌』「奉恩寺事蹟」(장서각, K2-4437).
4 『韓國寺刹事典』825쪽.
5 『韓國寺刹事典』1249쪽.

불렀다. 그런데 조선후기에 이르면 원당이라는 용어는 매우 광범위한 의미로 사용되었다. 왕실구성원의 위패를 모신 사찰은 물론 태실을 관리하는 사찰이나 실록을 수호하는 사찰, 왕실의 능·원·묘와 진전의 제사를 보조하는 사찰들까지 어실(御室)의 유무와 관계없이 원당이라고 불렀다.[6] 이 시기에 이르러 왕실원당이라는 용어가 왕실의 안녕을 발원하는 공간이라는 의미를 넘어 왕실에 봉사하는 사찰을 통칭하는 의미로 사용되었기 때문이다. 따라서 능침원당이나 원당사, 왕릉원찰 등의 용어는 능묘를 수호하는 사찰이라는 의미로 통용되었고, 광의의 능침사와 유사하게 사용되었다.

왕릉수호사찰의 시기 구분

조선시대의 시기 구분은 대체로 임진왜란을 기준으로 전·후기로 나누거나, 사림정치의 변화를 기준으로 초기(태조~예종), 중기(성종~현종), 후기(숙종~순종)로 나누는 것이 일반적이다. 그런데 왕릉을 기준으로 할 때에는 이러한 시기 구분을 적용하기가 조금 어렵다.

조선 왕릉은 조성형태의 변화에 따라 ① 고려의 양식이 유지된 시기(健元陵), ② 조선의 원칙이 모습을 드러내는 시기(英陵), ③ 풍수지리의 원리에 주안점을 두고 능묘의 간소화가 이루어진 시기(光陵), ④ 사실주의적 경향이 나타난 시기(元陵), ⑤ 왕실의 칭호가 황제로 바뀐 것을 반영하려는 변화가 보이는 시기(洪陵)로 나뉜다. 또한 석물의 변화에 근거해 ① 태조 건원릉~예종 창릉(15세기초~중반), ② 성종 선릉~명종 강릉(15세기

---

6 탁효정, 「조선시대 왕실원당 연구」, 한국학중앙연구원 한국학대학원 박사학위논문, 2012.

후반~16세기 후반) ③ 선조 목릉~경종 의릉(17세기초반~18세기 초반) ④ 영조 원릉~순종 유릉(18세기 중반~20세기 초반)으로 나누기도 한다.[7]

조선 왕릉의 시기 구분은 왕릉의 형태와 석물의 변화에 주목했지만, 이 책에서는 왕릉수호사찰의 변천을 기준으로 시기를 구분할 필요가 있다고 생각한다. 왕릉수호사찰은 위치 변화 및 설치 여부를 기준으로 살펴볼 때 총 3시기로 구분된다. 조선초기는 태조대부터 세조대까지, 조선중기는 예종대부터 임진왜란 이전까지, 조선후기는 임진왜란 이후부터 순종대까지로 나눌 수 있다. 이를 좀더 엄밀하게 나누면, 태조~태종대(불교식 재궁 설립 시기), 세종~세조대(재궁 설치 중단 시기), 예종~임진왜란 이전(능침사 설립 시기), 임진왜란 이후~영조대(능침사 폐지 시기), 정조대~순종대(조포사 제도화 시기)로 구분할 수 있다.[8]

조선 왕릉수호사찰 관련 자료

능침사 조사를 위한 기초 작업으로 우선 『조선왕조실록』과 『승정원일기』, 『비변사등록』, 『일성록』, 각 능지(陵誌)와 등록(謄錄) 등의 관찬사료를 조사하였다. 이들 사료는 국가의 공식적인 기록이기 때문에 능침사의 설치 과정이나 논의, 이에 대한 왕실과 관료들의 견해 등을 살펴볼 수 있는 가장 기본적인 자료들이라 할 수 있다.

조선초기와 중기에는 능침사 설립에 관한 창건기나 중수기를 작성하는 경우가 잦았다. 이들 기록은 대부분 유학자들의 문집에 실려 있는데,

---

7 〈문화재청 궁능유적본부, 조선왕릉〉(http://royaltombs.cha.go.kr)
8 이 책에서는 문맥상의 필요에 따라 능침사의 제사 기능이 유지된 조선초기와 중기를 합쳐 조선전기로, 제사 기능이 중단된 임진왜란 이후를 조선후기로 구분하기도 한다.

권근의 「정릉원당조계종본사흥천사조성기(貞陵願堂曹溪宗本寺興天寺造成記)」, 김수온의 「정인사중창기(正因寺重創記)」, 「봉선사기(奉先寺記)」, 「보은사중창사액기(報恩寺重創賜額記)」 등이 있다. 또한 선·정릉의 능침사인 봉은사의 경우, 봉은사의 전신인 견성암의 중창 관련 기록들이 김수온의 『식우집(拭疣集)』에 다수 남아있다.

조선초기와 중기에는 능침사 창건 및 중창 작업이 왕실 주도의 국가적인 사업으로 진행되었기 때문에 『조선왕조실록』에 관련 기록이 상세하게 남아있는 편이다. 이에 반해 조선후기에 능침을 수호한 사찰들에 관해서는 관찬 사료에 매우 단편적으로 등장한다. 조선후기 조포사는 각 능지(陵誌)에 나오는 사찰 관련 기록과 각종 사지(寺誌)에 나오는 왕릉 관련 기록을 1차적으로 살펴보았다. 현재 남아있는 능지와 사지는 대부분 조선후기에 작성된 것이기 때문에 조선후기의 실태를 주로 담고 있으며, 왕릉수호사찰에 관한 기록이 빠진 경우도 많다는 한계점이 있다.

조포사 연구에 있어서 가장 상세한 텍스트는 한국학중앙연구원 장서각에 소장된 『묘전궁릉원묘조포사조(廟殿宮陵園墓造泡寺調)』이다.[9] 이 문서철은 1930년 10월 이왕직(李王職) 예식과(禮式科)에서 능침의 관리자들에게 보낸 완문과 능침 관리자들이 '능침에 제수를 공급하는 사찰'을 조사해서 올린 문서들을 엮은 것이다. 『묘전궁릉원묘조포사조』는 조선시대가 아닌 1930년 대에 작성된 자료라는 한계를 지니고 있지만, 조선말~일제시대까지 조선 왕릉을 직접 관리했던 능참봉들이 직접 조사해서 작성했다는 점, 조선의 모든 왕릉과 원·진전 등을 대상으로 일제 조사가 실시됐다는 점, 조선말 조포사의 전체적인 윤곽을 파악할 수 있다는 점

---

9 이 문서철의 표지에는 '廟殿宮陵園墓造泡寺調'라 적혀있고, 첫 페이지의 목차에는 '廟殿宮陵園壇墓造泡寺調'라 적혀있다.

에서 왕릉수호사찰 연구에 상당히 중요한 사료로 평가된다.

능침사의 어실 설치 여부, 왕릉과 사찰 간의 거리, 능침사의 이전, 폐사 시점 등에 관한 내용에 관해서는 『신증동국여지승람(新增東國輿地勝覽)』, 『여지도서(輿地圖書)』 등의 지리지와 조선후기에 발간된 『범우고(梵宇攷)』와 『가람고(伽藍考)』, 일제강점기에 편집된 『조선불교통사(韓國佛教通史)』, 『한국사찰전서(韓國寺刹全書)』, 각 사찰의 사지와 고문서로 남아있는 중창 기록, 『한국의 불화 화기집』 등을 참조하였다.

이 책의 2부에는 각 왕릉별로 능침사, 조포사를 기능에 따라 구분해 기재하였으며, 오늘날의 왕릉과 사찰간 거리를 조사해 기입하였다. 현재 왕릉과 사찰 간의 거리는 네이버지도를 이용해 측정하였고 현재 도로상의 거리가 아닌 직선거리로 명시하였다. 도보로 소요되는 시간은 네이버지도를 기준으로 측정하였으며, 단거리에 있는 왕릉과 사찰은 직접 조사하였다.

조선 왕릉에 딸린 62개 수호사찰의 의미

이 책에서는 조선시대에 조성된 왕릉, 즉 왕과 왕비로 세상을 떠났거나 사후에 추존된 인물들이 묻힌 총 50기의 능의 수호사찰을 연구 대상으로 삼았고, 폐위된 연산군과 광해군의 묘는 제외하였다. 50기의 왕릉에는 대부분 사찰이 설치돼 있었는데, 그 중 절 이름이 확인되는 사찰은 62개(재궁명 미상 및 중복 제외)이다. 다양한 형태의 왕릉 관련 사찰들을 모두 연구대상에 포함시켜, 조선시대 왕릉수호사찰의 개념과 범주가 어떻게 변모했으며, 왕릉수호사찰의 역할이 시대별로 어떻게 바뀌어갔는지를 살펴보겠다.

조선 왕릉수호사찰의 역사적 기원을 파악하기 위해 중국에서 처음 등장하는 능침사의 기원, 삼국시대와 고려에 설치된 능침사의 원형을 우선적으로 확인하고자 한다. 이어 조선 왕릉에 속한 불교식 재궁, 능침사, 조포사를 각 왕릉별로 정리할 것이다. 이를 토대로 조선시대 왕릉수호사찰이 가지고 있었던 본래의 특징과 부가적인 기능 등을 나누어 살펴보고, 왕릉을 통해 계승된 불교문화의 특징을 검토하겠다. 아울러 조선 왕릉에 속한 사찰들이 500여 년간 변화하는 과정을 통해 능침사의 설치 형태 변화를 확인하고 조선 불교가 숭유억불체제 하에 왕실과 공생 관계를 맺으면서 존속해간 과정들을 파악하고자 한다.

이 책은 한국 능침사의 역사적 기원과 변화, 조선 왕릉수호사찰의 성격을 고찰하는 첫번째 시도이다. 조선 왕릉은 유교적 효치주의(孝治主義), 풍수를 통한 자손 발복, 불교를 통한 내세추복 등의 요소들이 함께 공존한 시설물이었다. 조선 왕릉을 수호한 사찰들을 통해 유교사회인 조선에서 불교가 지니고 있던 역사적 의미를 밝히고자 한다.

1부

왕릉수호사찰의
기원과 변천

1장

중국 역대
왕조의 능침사

능+침의 기원

능침은 제왕이 묻힌 능(陵)과 추모하는 장소인 침(寢)을 합친 말이다. 능원(陵園)에 침을 조영하는 능침제도는 중국 춘추전국시대(春秋戰國時代)를 통일한 진(秦)에서부터 시작되었다.[10] 후한(後漢)의 학자 채옹(蔡邕)이 저술한 『독단(獨斷)』에는 능침제도의 기원을 다음과 같이 설명하고 있다.

---

10 楊寬, 『중국 역대 陵寢 제도』, 서경, 2005, 29쪽.

옛 사람들은 종묘의 제도를 인군(人君)의 거처로 여겼기 때문에 종묘(宗廟) 앞에는 조(朝)가 있고 뒤에는 침(寢)이 있었다. 죽으면 앞에는 조정을 모방한 묘(廟)를 만들고, 뒤에는 침전을 본뜬 침을 만들었다. 묘(廟)에는 신주를 보관하였는데 소목(昭穆)으로 나열하였다. 침에는 의관·궤장(几杖)·일상생활[象生]의 도구가 있었다. 이를 모두 합쳐서 궁(宮)이라 일컬었다. 옛날에는 묘제(墓祭)를 지내지 않았고, 진시황이 침을 만듦에 있어서 침을 묘(墓) 곁에 세웠다. 한(漢)은 그것을 그대로 계승하였다. 지금 능상(陵上)에 기거(起居)·의관(衣冠)·상생(象生)을 갖춘 침전(寢殿)이라 불리는 것이 있는데 모두가 옛날의 침을 뜻한다.[11]

즉 중국의 군주가 거주하는 궁궐은 앞뒤로 나뉘어져 있었는데, 앞부분에는 임금이 신하들을 알현하는 조정이 위치하고 뒷부분은 군주와 가족들이 일상생활을 영위하는 침전으로 이루어져 있었다. 이것을 본떠 진시황이 만든 무덤 양식이 바로 능(陵)과 침(寢), 묘(廟)로 이루어진 능침 제도였다.

침은 선조의 의관과 생활용구를 배치하고 항상 신선한 음식을 올려 조상의 살아생전과 같이 시봉을 하는 곳이었던 반면 묘는 조상의 신주가 모셔져 있고 매년 25번의 제사가 치러지는 공간이었다. 침은 능 바로 곁에 설치되었고 묘는 능역 밖에 마련되었다. 묘를 능침 가까이에 설치한 이유는 고대 중국인들이 능 바로 곁에 있는 침 안에 망자의 영혼이 머문다고 믿었기 때문이다. 그래서 죽은 이의 혼백이 제사 의례를 쉽게 받을 수 있도록 능침 가까이에 묘를 설치하였다.[12]

---

11 蔡邕,『獨斷』.
12 楊寬, 앞의 책, 31~39쪽.

진에서 시작된 이 제도는 한(漢)에 계승되면서 역대 중국 황제릉의 기본적인 골격이 되었다. 이 시기까지만 해도 중국에는 불교가 유입되기 전이었기 때문에 능침사는 등장하지 않는다. 대신 능 주인을 기리기 위한 추모시설로서 묘(廟), 즉 사당이 제사 기능을 담당하였다.

문헌상 최초의 능침사, 후한 백마사

중국에서 능침사가 처음으로 등장한 시기는 후한(後漢) 명제(明帝) 때로 전해진다. 중국에 불교가 처음으로 유입된 것은 BC 2세기경 전한(前漢) 무제(武帝) 때 서역과의 교역 이후인 것으로 알려져 있다. 하지만 이때까지만 해도 불교는 서역 문화 중의 하나로 유입되는 수준이었고, 중국 황실에서 본격적으로 불교를 수용한 것은 후한대부터였다.

후한 명제 때에 중국 최초의 사찰인 백마사(白馬寺)가 건립되었는데, 이 시기에 중국 최초의 능침사가 건립되었다는 기록이 등장한다. 『낙양가람기(洛陽伽藍記)』에는 명제의 사후에 황제릉 인근에 사찰을 설립했다는 기록이 전해진다. 『낙양가람기』 '백마사(白馬寺)' 편에는 "명제가 죽고 나서 처음으로 그 능묘에 기원(祇洹)[13]을 세웠다. 이로부터 백성 중에도 무덤에 혹 부도를 설치하기도 하였다."고 기록돼 있다.[14] 이 기록은 능에 사찰을 세운 최초의 사례이지만, 사실 여부에 대해서는 재고할 필요가

---

13 기원(祇洹)은 기원정사(祇園精舍)에서 유래된 말이다. 기원정사는 인도의 슈라바스티에 있던 절로, 수닷타 장자가 기타태자 소유의 동산에 석가모니와 그 제자들을 위해 세웠다. 석가모니는 45년의 교화기간 중에 이곳에서 가장 오래 머물렀으며, 대부분의 설법도 이 정사에서 행해졌다. 양현지(楊衒之)는 『낙양가람기』에서 '절'을 지칭하는 말로 기원정사 혹은 기원이라는 용어를 종종 사용하였다.

14 楊衒之저, 임동석 역주, 『洛陽伽藍記』, 동서문화사, 2009, 381쪽.

있다. 『낙양가람기』는 후한 명제로부터 약 500여 년이 흐른 뒤인 AD 547년경에 작성된 글이고 명제의 능에 딸린 사찰에 관해서는 명확한 고고학적 증거가 없기 때문이다.[15] 그럼에도 『낙양가람기』의 기록은 불교 유입 초기부터 불교와 효 사상이 밀접하게 결합하였음을 보여주는 단서로 파악된다.

고고학상 최초의 능침사, 북위 사원불사

고고학적으로 최초의 능침사가 확인되는 시점은 남북조시대(南北朝時代)이다. 북조의 최초 왕조인 북위(北魏)는 북방을 통일한 후 선비족과 한족의 문화를 하나로 융합하는 정책을 실시하는 한편 왕조 개창 직후부터 적극적인 숭불정책을 실시했다. 『위서(魏書)』「석노지(釋老志)」에 따르면 "(북위의) 태조는 밝고 뛰어나 불도를 좋아하시니, 지금의 여래(如來)와 같다. 따라서 사문(沙門)은 마땅히 예의를 다하여야 한다."고 하였다. 이후 북위는 439년 북방을 통일하고 승관제도를 확립하였으며, 이후 도무제(道武帝)를 비롯하여 명원제(明元帝), 효문제(孝文帝), 선무제(宣武帝) 등 역대 황제들이 모두 불교를 중시하고 거대한 불사를 일으켰다.[16]

북위에서 대규모의 능원을 조영하기 시작한 것은 문성제(文成帝)의 황후인 문명황후(文明皇后) 풍씨(馮氏) 때부터였다.[17] 문명황후는 헌문제(獻文帝)와 효문제의 치세에 두 번이나 수렴청정을 하며 권좌에 있었던 인물

---

15 冉万里, 「帝陵建寺之制考略」, 『西部考古』 第1輯, 三秦出版社, 2006, 433쪽.
16 김진무, 「중국 황실의 불교수용과 정책 : 漢·魏·南北朝를 중심으로」, 『불교학보』 제53집, 동국대 불교문화연구원, 2009, 127쪽.
17 楊寬, 앞의 책, 91쪽.

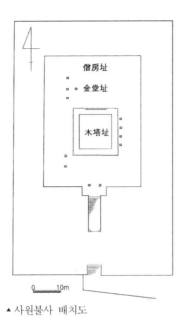

▲ 사원불사 배치도

이었다. 독실한 불교신자였던 문명황후는 살아생전 자신의 수릉(壽陵)인 영고릉(永固陵)을 약 25년에 걸쳐 조영하였고, 능역 안에 사원영도(思遠靈圖)라는 사찰을 설치하였다. 이에 관해서는 중국 남북조시대의 지리서 『수경주(水經注)』 「누수(㽞水)」편에 기록이 남아있다.

양수(羊水)는 동쪽으로 여혼수(如渾水)로 흘러 들어가는데, 어지럽게 흐르면서 방산(方山)의 남쪽에 이른다. 봉우리에는 문명태황태후의 능이 있고 그 능의 동북쪽에 고조릉(高祖陵)이 있으며 두 능의 남쪽에 영고당이 있다. (중략) 원외(院外) 서쪽에 사원영도(思遠靈圖)가 있으며 영도 서쪽에 재당(齋堂)이 있다.[18]

---

18 『水經注』 「㽞水」.

이처럼 영고릉에는 사묘(祠廟)의 역할을 하는 영고당과 불당인 사원영도, 그리고 재당이 함께 위치해 있었다. 이 가운데 영고당은 '돌을 뚫어 조종(祖宗)의 묘를 만드는' 선비족 고유의 풍습으로 조성되었으며, 능 앞에 석전과 석궐, 석비 등을 세우는 방식은 후한 이래 한족의 양식을 받아들였다. 영고릉은 중원의 문화와 선비족의 문화가 결합된 능침제도로 평가된다. 하지만 능역 안에 사찰을 설치하는 제도는 북위 황실의 숭불 경향과 더불어 문명황후 개인의 독실한 불교신앙이 만들어낸 새로운 문화였다.

이후 북위의 황제나 황후의 능이 석굴 안에 지어지는 사례가 간혹 발견되기도 하지만, 유·불·선이 혼합된 능침제도는 북조에서 더 이상 확인되지 않는다. 이는 황제릉 안에 사찰을 세우는 것이 제도화되는 단계까지는 이르지 못했음을 의미한다. 문명황후의 남편인 문성제를 비롯해 대부분의 북위 황제들이 금릉(金陵)에 묻혔는데, 여기에는 능과 침만 조성되었을 뿐 묘(廟)는 낙양에 마련되었다. 이에 반해 능과 침, 묘와 더불어 능침사가 함께 조성된 경우는 영고릉이 유일하다.

남조 양무제가 세운 황기사

이와 비슷한 시기에 남조에서도 능침사의 초기 형태가 발견되는데, 양(梁) 문제(文帝)의 건릉(建陵)에 설치된 황기사(皇基寺)이다. 양 무제(武帝)는 아버지 문제의 명복을 빌기 위해 능 근처에 사찰을 창건했다. 양 무제는 중국 역사상 가장 불사를 열심히 했던 숭불군주 중의 한 명이다. 『자치통감』에는 536년 양 무제가 아버지 문제의 건릉 주위에 추복을 위하여 사원을 건립하였다는 기록이 확인된다.[19] 건릉은 502년에 조성되기 시작해 508년에 완공되었다. 건릉의 능침사인 황기사는 536년에 창건되었는데, 이는 건릉이 완공된 후로부터 28년이 지난 후였다.

고고학적으로 유적이 발굴된 사원불사와 달리 양 무제가 세운 황기사는 단편적인 문헌 기록과 현대식 건물만 남아있는 실정이라 사원의 형태를 확인하기가 힘들다. 『건강실록(建康實錄)』 17권의 기록인 "大同十年(544年)…幸蘭陵, 庚子謁建陵…帝哭於修陵, 又於皇基寺設法會"[20]를 통해 황기사가 양 문제의 제사를 위한 건립한 사원임을 확인할 수 있다.

영고릉의 사원불사는 능침을 조성하던 당시부터 건립되었던 반면 건릉의 황기사는 능이 조성되고 28년이 지난 이후에야 창건되었다. 사원불사는 기획 단계부터 능역 안에 포함되었던 사찰이었던 것과 달리 황기사는 별도의 추복시설로 조성되었다는 점에서 차이가 난다. 황기사가 부왕의 명복을 빌기 위해 지은 사찰이라면, 사원불사는 문명황후 자신을 추복하기 위해 건립한 사찰이었다.

수당대 확대된 능침사

남북조시대에 간헐적으로 조성되었던 능침사는 수당시대(隋唐時代)에 크게 확대되는 양상으로 나타난다.

수왕조의 개창자인 문제(文帝)는 독실한 불교신자였고, 수많은 사찰과 불상을 제작하였다. 문제의 아들 양제(煬帝) 또한 문제의 숭불정책을 그대로 계승하였다. 문제는 문헌황후(文獻皇后) 독고씨(獨孤氏)를 위하여 선정사(禪定寺)라는 절을 세웠으며, 양제는 문제의 태릉(泰陵)에 절을 세웠다.

---

19 『資治通鑑』 卷157 「梁紀」 13.

20 『(景印)文淵閣四庫全書』 第370冊 史部 128 別史類, 臺灣商務印書館發行, 1986, 546쪽.

당대에 이르면 능침사의 형태는 훨씬 더 명확하게 드러난다. 〈장안지도(長安地圖)〉에 그려진 당(唐) 태종(太宗)의 소릉도(昭陵圖)에는 능역 안에 요태사(瑤台寺), 광제사(廣濟寺), 징심사(澄心寺), 백성사(百城寺), 사위사(舍衛寺), 승평사(升平寺), 증성사(證聖寺), 보국사(寶國寺) 등이 확인된다. 그 중에서도 요태사는 태종의 황후인 문덕황후(文德皇后) 장손씨(長孫氏)를 위해 세운 사찰이었다. 문덕황후는 정관 10년(639)에 태종보다 먼저 사망하여 소릉에 묻혔다. 『장안지(長安志)』에 기록된 바에 따르면,

> 태종 소릉은 현 서북쪽 60리에 있고 (…) 봉분 내의 둘레가 120리이다. (…) 요태사는 현 서북쪽 소릉의 서쪽에 있다. 소릉은 산 위의 침궁으로, 원래 우물이 없어서 백성들이 물을 공급하는데 어려움이 있었는데, 후에 들불이 요태사 옆까지 번져서 궁을 옮기게 되었다. 정원 1년(798) 요태사 옆으로(침궁을) 다시 수복하고자 하니, 옛 제도를 고치고 옛 신하를 방문해 고견을 들은 후에 옮겼다.[21]

고 하였다. 위의 기록에 따르면, 태종의 소릉은 둘레가 120리에 달하는 거대한 무덤이었으며, 소릉의 침궁과 요태사는 능 바로 곁에 조성되었다. 즉 요태사가 소릉의 능역 안에 조성된 능침사였던 것이다.

현종(玄宗)대에 이르면 당(唐) 고조(高祖)의 선대 조상들을 위한 능침사를 마련하였던 사실도 확인된다. 하북성 융요현에 위치한 고조 이연(李淵)의 3대조인 광황제(光皇帝) 이천석(李天錫)의 계운릉(啓運陵)과 4대조인 선황제(宣皇帝) 이희(李熙)의 건초릉(建初陵) 곁에도 능침사가 조성되었다.

---

21 『長安志』卷16.

능의 동남쪽 약 500미터 거리에 광업사(光業寺)의 유적과 함께 「대당제릉광업사대불당지비(大唐帝陵光業寺大佛堂之碑)」가 남아있다. 이 비석은 개원 13년(725) 6월 광업사 대불당이 건설된 후 중전 동측에 세워졌고, 비석 머리에는 세로로 새겨진 '황제공양(皇帝供養)'이라는 네 글자가 있다. 비석에는 "광업사는 개원 8대조 선황제, 7대조 광황제 능원의 복전(福田)으로 지어졌다."고 새겨졌다.

고조의 헌릉(獻陵)에도 능침사의 형태가 확인되는데, 헌릉에서 동북쪽으로 약 1킬로미터 떨어진 지점에서 발견된 조상비(造像碑)에 남아있는 명문에는 "지금 벼슬아치의 녹을 나누어 태무황제(太武皇帝)와 태목황후(太穆皇后)를 위해 마음을 기울여 석불전(石佛殿)을 만드니, 사면에 궁내의 존망을 위하여 『금강반야관세음경(金剛般若觀世音經)』 및 일체 경전의 제목을 썼다."고 기록돼 있다. 이로 볼 때 헌릉 안에 석불전이라는 불당이 마련되었으며, 관료들의 보시로 이 불사를 진행했음을 알 수 있다.

수당시대에 황실과 귀족층들이 살아있는 혹은 죽은 부모를 위해 사원을 건립하는 일은 매우 흔한 일이었고, 이러한 풍토 속에서 황제릉 곁에 사찰을 건립하는 것 또한 특별한 일이 아니었다.[22]

수당대에 조성된 것으로 알려진 능묘에서는 불교와 관련된 유품들이 광범위하게 발견된다. 묘 안에서 발견된 묘지석이나 석당정에는 불교적 장식이나 불경이 발견되며, 승려 모양의 토용이나 불상들이 부장품으로 자주 발견된다. 또한 벽화에 사찰이 그려진 경우도 종종 발견된다.

수당대는 중국 역사상 불교문화가 가장 찬란하게 꽃피운 시기로 이해된다. 사회 전반에 폭넓게 유포된 불교문화는 황제릉은 물론 귀족층이

---

22 冉万里, 앞의 논문, 437쪽.

나 일반인들의 상제례에도 깊은 영향을 끼쳤으며, 이는 능침사 설치의 확대로 이어졌다.

북송대 완성된 능침사 제도

중국에서 황제릉 내에 사찰이 건축되는 전통은 북송(北宋)대에 이르러 하나의 완성된 제도로 구축되었다.

북송은 태조(太祖) 조광윤(趙匡胤)이 건국한 이후부터 9대 흠종(欽宗)대에 금나라의 침입을 받을 때까지 개봉에 수도를 두고 있었다. 8대 황제 휘종(徽宗)과 9대 흠종은 금군에게 잡혀서 동북 지방의 오국성으로 유배를 갔다가 유배지에서 사망했기 때문에, 하남성 공의시에 위치한 북송 황제의 능원에는 1대부터 7대까지 7명의 황제 능과 추존황제 선조(宣祖)의 능이 조성되었다. 이를 7제8릉(七帝八陵)이라 부른다.

7제8릉은 4곳의 사원이 8기의 황제릉을 관리하는 형태를 띠고 있었다. 태조 조광윤의 부친인 선조 조홍은(趙弘殷)의 능인 영안릉(永安陵), 태조의 영창릉(永昌陵), 태종(太宗)의 영희릉(永熙陵)에는 영창원(永昌院)이라는 사찰이 소속돼 있었다. 또 진종(真宗)의 영정릉(永定陵)에는 영정선원(永定禪院)이라는 능침사가 마련되었다. 인종(仁宗)의 영소릉(永昭陵)과 영종(英宗)의 영후릉(永厚陵)에는 소효선원(昭孝禪院)이, 신종(神宗)의 영유릉(永裕陵), 철종(哲宗) 영태릉(永泰陵)에는 저신선원(宁神禪院)이 각각 능침사의 역할을 담당했다. 이처럼 북송대에 조성된 모든 황제릉에 능침사가 조성되었고 능역 안에 사찰이 포함돼 있었다는 사실은 능침의 기획 단계부터 능침사가 조성되었음을 의미한다.

북송의 7제8릉 발굴조사를 담당한 하남성 문물연구조사팀의 조사결

과에 따르면 북송시대에는 능원을 지을 때 계획 단계부터 사원이 포함되었다. 또한 하나의 사원이 몇몇의 황제릉을 공유하는 형태로 조성되었다. 이 조사에서는 몇몇 승려의 비명도 수집되었는데 그 중 하나인 「대송고소효선원주변증대사탑명(大宋故昭孝禪院主辨證大師塔銘)」에 "신종(神宗) 황제는 효로써 천하를 다스렸고, (…) 후릉(厚陵)에 부처가 거할 곳을 짓고 범복(梵福)을 닦는 곳으로 삼았다."고 기록돼 있다. 신종이 자신의 부친이자 5대 황제인 영종(英宗) 조서(趙曙)의 능인 영후릉에 소효선원이라는 절을 지었는데, 이 절에 주석하던 변증대사의 비문에 관련 내용이 실린 것이다.

또 「칙주녕신법소대사비(敕住寧神法照大師碑)」에는 "본조(북송)가 절을 세워서 능침에 올려 인효(仁孝)를 밝히니, 항상 강론하고 독송하여 그 자리가 다함이 없었다."고 하였다.[23] 능침사를 세운 목적을 선대를 받들고 추모의 발원을 올리기 위함이라고 밝힌 것이다.

7제8릉에 있던 네 능침사 중 세 곳에 선원(禪院)이라는 명칭이 붙었는데, 이는 북송대 불교의 성격이 반영된 것이다. 당말 안사의 난 이후 오대를 거치면서 중국불교는 선종(禪宗)으로 대부분 통합되었고, 송대에 이르러서는 거의 선종만 남게 되었다.[24] 이러한 북송 불교계의 특징이 능침사에까지 영향을 끼쳐 능침사에 선원의 이름이 붙어진 것이다.

요컨대 중국의 능침사는 후한대 내지 북위대부터 시작되어 남송대에 이르면 제도적으로 완성되는 양상을 보인다. 초기의 능침사는 능침제도와는 별개로 황실 구성원의 개인적인 불심에 의한 특수한 건물로 창건

---

23 冉万里, 앞의 논문, 438쪽.
24 김진무, 〈북리뷰 『노장으로 읽는 선어록』: 선불교와 노장의 유사성과 차이점〉, 『불교평론』 80호, 불교평론사, 2019.

되었으나, 점차 후대로 갈수록 능침제도 안에 포함된 부속 시설물로 자리 잡아갔다. 능침에 사찰을 설치하는 것은 3~6세기경 동북아시아에서 공통적으로 나타나는 현상이다. 한반도에서는 3~6세기에 고구려, 백제, 신라에서 모두 능침사가 설치된 사례가 나타나고 있으며, 일본에서도 6~7세기경부터 능침사의 역할을 담당하는 사찰이 설치되기 시작했다.[25] 이는 불교가 한중일 삼국에 유입될 당시부터 효 사상과 깊이 결합했고, 능침사를 조상의 내세추복을 위한 시설물로 인식하고 있었음을 보여준다. 능묘에 절을 조성하던 남북조시대의 능침사는 수당대를 거쳐 북송대까지 이어졌다. 특히 능침사 제도가 완성기에 이르는 북송대에 이르면 하나의 사찰이 여러 능을 포괄하는 양상으로 나타난다. 이같은 북송대의 능침사 제도는 조선전기 능침사와 매우 유사한 특징들을 지니고 있었다.

남송대 이후 사라진 능침사의 전통

한편 남송(南宋)과 원(元), 명(明), 청(淸) 왕조에서는 능침사를 설치한 사례가 확인되지 않는다. 남송대에 절강성 소흥시 보산에 고종(高宗)의 영사릉(永思陵) 등 6기의 황제릉이 조성되지만 원 초기에 도굴을 당해 처참하게 훼손되었고, 1960년대 중국 문화혁명 때 홍위병들에 의해 능묘 시설이 모두 철거돼 지금은 능역 일대가 차밭으로 바뀐 상태이다. 남송6릉에도 사찰이 있었을 가능성이 있지만 현재로서는 문헌상으로나 고고학적으로 전혀 확인할 수 없다. 원의 황제들은 몽골의 전통에 따라

---

25 유키오 리핏, 『고대 일본 고분과 능사·쇼소인의 새로운 해석』, 『한국고대사연구』 31집, 한국고대사탐구학회, 2019, 153쪽.

봉분을 세우지 않고 기련곡(起輦谷)이라는 비밀 장소에 묻었기 때문에 능침사를 세우는 풍습도 없었다. 이후 명과 청의 황릉에도 사찰이 조성된 사례는 확인되지 않는다. 명·청의 황실에서도 불교신앙이 유행해 황실의 복을 비는 원찰이나 선왕의 위패를 봉안한 진전사원은 설치되었지만, 능역 안에 사찰을 설치한 경우는 아직까지 확인된 바가 없다. 이로 볼 때 남송과 원을 거치면서 중국의 능침사 전통은 사라진 것으로 추정된다.

2장

삼국시대의
왕릉수호사찰

한반도에 불교가 최초로 유입된 것은 삼국시대였으며, 능침사의 초기
형태도 삼국시대부터 확인된다. 본 장에서는 고구려, 백제, 신라에 불교
가 유입된 후 왕릉에서 불교적 요소가 발견되는 시기와 그 특징을 살펴
보기로 한다. 고구려, 백제, 신라 모두 능침사로 확인되는 경우는 각
나라마다 한 사찰씩 존재하는데, 이들 사찰의 설치배경과 특징을 함께
살펴보겠다.

1. 고구려 왕릉과 능침사

고구려의 왕릉은 크게 국내성 시대의 왕릉, 평양성 시대의 왕릉으로 구분된다. 동명성왕(東明聖王)이 건국했을 당시 고구려의 수도는 졸본이었으나, AD 3년경 유리왕(琉璃王)대에 국내성으로 이전하였다. 5세기경 장수왕(長壽王)이 평양으로 천도를 함에 따라 평양성 시대가 시작되었다. 국내성 시대의 왕릉은 중국 길림성 집안의 통구분지에 분포돼 있으며, 평양성 시대의 왕릉은 북한의 평양 일대에 집중되어 있다. 고구려 왕릉은 단 한 곳도 피장자가 명확하게 알려진 곳이 없다. 집안 지역의 고분들은 유리왕대부터 광개토대왕(廣開土大王)대까지 왕실과 귀족들의 무덤으로 추정되며, 장수왕 이후의 왕릉은 평양 지역에 조성되었을 것으로 추정된다. 평양 지역에는 장수왕의 천도 이전 시기에 조성된 고구려 양식의 고분들이 다수 발견되었는데, 이는 천도 이전부터 평양이 고구려의 중요 거점도시로 역할하였음을 의미한다. 대부분의 고구려 고분은 발굴조사 이전에 도굴을 당했고 묘지석과 같은 유물이 전혀 나오지 않았기 때문에 정확한 조성연대나 피장자를 알 수 없다. 다만 무덤에서 나오는 소장물이나 벽화의 양식을 통해 연대를 추정할 따름이다.

고구려 왕릉의 불교 요소

고구려는 삼국 중에서 가장 이른 시기에 불교를 받아들였다. 소수림왕(小獸林王) 2년(372) 전진(前秦)의 왕 부견(符堅)이 사신과 함께 승려 순도(順道)를 보내 불상과 불경을 전한 것이 첫 공식 유입이다.[26] 이후 소수림

---

26 『三國史記』 卷18 高句麗本紀 第6 小獸林王.

왕 4년(374) 승려 아도(阿道)가 고구려에 도착하고 이듬해 이들을 위해 성문사(省門寺)와 이불란사(伊弗蘭寺)를 각각 창건하였다. 이후 광개토대왕이 평양 9사를 세우고 불교를 장려할 정도로 고구려는 적극적으로 불교를 받아들였다.

이같은 경향은 왕릉에서도 명확하게 드러난다. 고구려 왕릉에서 불교적인 요소가 분명하게 드러나는 시기는 5세기경이다. 하지만 불교가 공식 유입되기 전인 4세기 중반부터 이미 불교적 요소가 왕릉에서 등장한다. 4세기 중반의 무덤으로 추정되는 안악3호분 벽화에는 현실 천정에 만개한 연꽃이 그려졌을 뿐만 아니라 묘 주인의 초상화에서도 연꽃 표현되어 있다. 이는 불교가 고구려에 공식적으로 수용되기 이전부터 민간 차원으로 불교신앙이 유입되었음을 보여준다.[27]

불교가 본격적으로 유포된 5세기 중엽에 들어서면 고구려 고분에서 불교적 내세관이 훨씬 더 강하게 드러난다. 안악3호분에는 연꽃과 같은 불교적 상징물이 단편적으로 등장하는 정도였지만, 5세기에 이르면 연화화생, 미륵신앙, 공양 행렬도 등 불교적 세계관과 신앙행위를 보여주는 구체적인 내용들이 그림으로 등장했다.

5세기 고분벽화에 표현된 불교적 요소들은 크게 불보살상과 비천(감신총, 안악2호분; 장천1호분), 연화문(대부분의 고분), 연화화생(성총, 쌍영총; 삼실총, 장천1호분), 삼각형 화염문(덕흥리 벽화고분, 감신총, 팔청리 벽화고분, 대안리1호분, 안악1호분; 무용총, 각저총) 공양인 행렬도(쌍영총, 안악2호분, 수삼리, 삼실총, 장천1호분), 미륵신앙을 반영하는 묘주초상(감신총, 쌍영총, 수산리, 안악2호분) 등이다. 5세기 고구려 고분벽화에 강하게 나타나는 불교적 내세관은 비슷한

---

27 안휘준, 「고구려 고분벽화의 흐름」, 『강좌 미술사』 10, 한국미술사연구소, 1998, 81~82쪽.

시기의 중국 고분벽화에서 찾아보기 힘든 고구려 특유의 문화양식으로 평가되며 고구려인들이 불교 유입 직후부터 적극적으로 불교를 수용했음을 보여준다.[28]

5세기 고구려 왕릉에 등장하는 내세관이 불교적 세계인가, 선불(仙佛) 융합 세계인가에 대해서는 학자들마다 견해가 다르다. 하지만 이 시기를 기점으로 고구려인들의 정신세계에 불교가 깊이 유입되었다는 사실에는 이론의 여지가 없다.

이후 장수왕이 평양으로 천도를 단행하면서, 장수왕대 이후의 왕릉은 평양 지역에 위치하게 되었다. 평양 지역의 대표적인 고구려 고분으로는 강서삼묘리고분군, 한왕묘고분군, 호남리고분군, 진파리고분군 등이 있다. 그 중에서도 호남리고분군은 대성산 동쪽과 남쪽 구릉에 위치해 있는데, 이곳은 평양 천도 이후의 왕성인 안학궁과 대성산성에 해당된다. 또한 전동명왕릉(傳東明王陵)이 위치한 진파리고분군은 평양 천도 이후 고구려 왕들의 능으로 추정되고 있다.

6세기 중엽~7세기 전반의 고구려 고분 벽화에는 도교적인 요소들이 강하게 나타난다. 주작·현무·청룡·백호를 묘사한 사신도(四神圖)가 주로 등장한다. 이는 불교에 이어 도교가 고구려에서 크게 유행했음을 보여주는 것이라 할 수 있다. 평양 지역의 왕릉에서는 도교의 영향과 더불어 생활풍속도가 자주 등장하는 것이 특징이다.

현재 평양의 고구려 고분들 중에서도 학계에서 가장 논란이 되는 곳은 전동명왕릉이다. 이 능의 조성시기와 피장자는 남·북한과 일본학계의 견해가 모두 다르다. 북한학자들은 이곳이 5세기에 이장된 동명왕의

---

28 김진순, 「5세기 고구려 고분벽화의 불교적 요소와 그 연원」, 『미술사학연구』, 한국미술사학회, 2008, 38~41쪽.

능이라 주장하는 반면, 남한과 일본의 학자들은 대체로 장수왕과 그 이후 왕들의 무덤으로 보고 있다. 이곳에서는 집안 지역에서는 등장하지 않았던 사찰터 즉 정릉사지가 발굴되어 큰 주목을 받았다.

전동명왕릉의 능침사: 평양 정릉사지(定陵寺址)

길림성 집안 지역에 위치한 5세기의 고분에서는 불교적인 요소가 매우 강하게 드러나지만, 능침사가 설치되어 추복시설로 기능한 사례는 한 건도 발견되지 않았다. 칠성산묘구(七星山墓區) 871호묘의 능원 내부에서 발견된 건축지가 능사류(陵寺類)일 가능성이 제기되기도 했지만, 아직까지 정확하게 능사로 밝혀진 것은 아니다.[29] 현재까지 밝혀진 고구려의 능사는 평양에 위치한 정릉사지가 유일하다.

평양 정릉사지는 전동명왕릉과 진파리고분군의 남쪽에 위치한 절터이다. 정릉사지가 고구려 왕의 명복을 비는 능사였다는 점에서 이견이 없지만, 봉안대상이 누구인지에 관해서는 학자들마다 견해가 다르다.

전동명왕릉(傳東明王陵)은 명칭에서도 드러나듯이 '동명왕릉이라고 전해지는 무덤', 즉 북한에서 고구려 시조 동명왕의 능이라 주장하는 곳이다. 졸본성에 있던 동명왕의 능을 이곳으로 이전했다는 주장이다. 하지만 한국과 일본의 학자들은 이곳이 동명왕의 능일 가능성은 희박하며, 5~6세기경 고구려 왕의 무덤일 가능성이 높다고 주장한다. 『삼국사기』에는 동명왕의 능이 졸본의 용산에 위치하였고,[30] 묘(廟)는 졸본과 평양

---

29 양은경, 「陵寢制度를 통해 본 高句麗, 百濟 陵寺의 性格과 特徵」, 『고구려발해연구』 제47집, 고구려발해학회, 2013, 67쪽.
30 『三國史記』 卷13 高句麗本紀 第1 始祖東明聖王.

등 여러 곳에 위치한 것으로 기록돼 있다. 한국에서는 『삼국사기』의 기록을 근거로 동명왕의 무덤은 졸본에 위치했으며, 전동명왕릉의 피장 자는 장수왕이거나 문자왕일 가능성이 높다고 추정했다.[31] 전동명왕릉 이 동명왕의 무덤도 장수왕의 무덤도 아닌 허묘일 가능성도 제기되었 다. 평양천도를 단행하면서 고구려 왕권을 상징하는 상징물로 조성된 일종의 랜드마크라는 것이다.[32] 전동명왕릉과 진파리고분군은 장수왕의 평양 천도와 함께 새롭게 만들어진 고구려 왕릉이라는 것이 한국과 일 본의 대체적인 설이다.

정릉사지의 건립연대에 대해서도 학자들마다 견해가 다르다. 정릉사 지를 발굴한 북한 학자는 이곳의 건립연대를 498년 이전이라고 주장했 다. 평면배치와 팔각형 목탑, 와당의 특징이 6세기 이전의 양식이라는 것이다. 하지만 한국 학자들은 6세기 전반으로 추정하였고, 일본에서는 고구려 문자명왕(재위491~519년) 시기로 판단했다.

학자들마다 건립시기에 대한 견해가 다르지만 정릉사지는 고구려의 유일한 능침사라는 점에서 상당히 중요한 유적으로 꼽힌다. 지금까지 이루어진 발굴조사에서 사찰의 존재가 명확하게 드러난 경우는 정릉사 를 제외하고 전무한 실정인데, 이는 고구려의 능침제도에서 불교사찰이 필수 요소가 아니었음을 의미한다.

정릉사지에 대한 연구가 본격화된 것은 이곳에서 능사(陵寺), 정릉(定 陵) 등이 적힌 기와 편들이 확인되었기 때문이다. 이 절이 왕릉을 수호하 는 사찰이라는 사실이 드러남으로써 정릉사지는 물론 진파리고분군에

---

31 양은경, 앞의 논문, 64~65쪽.
32 강현숙, 「전 동명왕릉과 진파리 고분군의 성격 검토」, 『호서고고학』 18, 호서고고학회, 2008.

대한 연구도 크게 진척되었다.

정릉사는 동서 223미터, 남북 132미터의 넓은 사역(寺域)에 중심곽이 동서 67미터, 남북 105미터 규모의 1탑3금당을 갖춘 대찰(大刹)이었다. 전동명왕릉 남쪽 저지대에 위치해 있는데, 탑과 금당으로 이어지는 중심 축과 전동명왕릉의 축이 약 30도 동으로 꺾어진다. 이는 전동명왕릉과 정릉사의 조영 시기에 차이가 있음을 보여준다. [33]

정릉사의 조성배경에 대해서는 북위 사원불사의 영향을 받았다는 설 이 제기되었다. 고구려와 북위의 밀접한 관계는 『삼국사기』에서 수차례 확인된다. 장수왕이 죽자 북위 효문제(孝文帝)가 흰색의 위모관(委貌冠)과 베로 만든 심의(深衣)를 지어 입고 동쪽 교외에서 애도의 의식을 거행하 였으며, 알자복야(謁者僕射) 이안상(李安上)을 보내 조문했다는 내용이 나 온다. [34] 또 문자명왕(文咨明王)이 죽었다는 소식을 들은 위나라의 영태후 (靈太后)가 동당(東堂)에서 애도의 의식을 거행하고 사신을 보냈다는 기록 도 확인된다. [35]

『삼국사기』의 기록은 고구려와 북위간의 교류가 상당히 활발했고, 외 교적으로도 매우 긴밀한 관계였음을 짐작케 한다. 하지만 북위의 사원 불사가 고구려 정릉사에 직접적인 영향을 주었는지의 여부는 단언하기 힘들다. 또한 정릉사가 누구를 추모한 사찰인지에 대한 견해가 분분하 지만, 5세기경 고구려 왕실의 깊은 불교신앙을 토대로 이루어진 새로운 형태의 매장문화였다는 것만은 분명하다.

---

33 아즈마 우시오, 「고구려 왕릉과 능원제-국내성~평양성 시대」, 『고구려 왕릉 연구』, 동북아 역사재단, 2009, 99쪽.
34 『三國史記』 卷18 高句麗本紀 第6 長壽王.
35 『三國史記』 卷19 高句麗本紀 第7 文咨明王.

2. 백제 왕릉과 능침사

백제 왕릉은 한성시대, 웅진시대, 사비시대로 나뉜다. 백제가 두 차례 도읍을 옮김에 따라 왕릉군 또한 세 곳에 분포하게 된 것이다. 지금까지 백제 왕릉의 피장자가 명확하게 밝혀진 것은 무령왕릉(武寧王陵)이 유일하다. 서울 석촌동고분군이 한성시대의 백제 왕릉으로 추정되고 있으며, 공주의 송산리고분군이 웅진시대의 왕릉군으로, 부여 능산리고분군이 사비시대의 왕릉군으로 추정되고 있다.

백제에 불교가 처음으로 전해진 것은 침류왕(枕流王) 원년(384)이었다. 이와 관련해 『삼국사기』에는 다음의 내용이 전한다.

> 7월에 사신을 진(晉)에 보내 조공했다. 9월에 호승(胡僧) 마라난타(摩羅難陀)가 진에서 들어오자 왕이 그를 맞이해 궁궐에 머무르게 하고 예경하니 불법(佛法)이 이로부터 비롯되었다.[36]

백제는 불교를 받아들인 이듬해인 385년에 한산(漢山)에 절을 짓고 10명의 승려들을 출가시킬 정도로 불교를 진흥시키는데 노력을 기울였다. 한산은 백제의 첫 수도인 한성을 의미한다. 이후 중국불교를 직수입해 교학을 발전시키고 대통사(大通寺) 등의 왕실원찰을 조성했다.

백제 왕릉의 불교 요소

백제 왕릉에서 불교적 요소가 처음으로 발견되는 것은 6세기 초에

---

36 『三國史記』 卷24 百濟本紀 枕流王 卽位年條.

조성된 무령왕릉에서이다. 무령왕릉에서 출토된 유물 가운데 관식(冠飾)과 식리(飾履), 두침(頭枕)과 족좌(足座), 동탁은잔(銅托銀盞), 연화문전(蓮花文塼) 등은 중국 남조의 불교문화로부터 영향을 받은 것으로 간주된다. 그 중에서도 왕비의 두침 표면에 묘사된 도상에는 봉황이나 비룡 등과 함께 하늘연꽃이나 변화생(變化生), 구름을 타고 나는 천인(天人)이 묘사돼 있는데 이는 남조계 천인탄생도에 등장하는 요소이다.[37]

무령왕릉을 제외한 백제 왕릉에서 불교적 요소가 발견된 경우는 아직까지 확인되지 않고 있다. 여타의 왕릉에서 불교적 요소가 확인된 바는 없지만 대통사(大通寺), 왕흥사(王興寺), 미륵사(彌勒寺) 등 다수의 사찰이 왕실의 추복을 발원하는 원찰로 창건되었던 사실은 여러 사료와 유구를 통해 확인된다. 따라서 이곳에서 왕실의 상제례와 관련된 불교식 추천 의식이 진행되었을 가능성이 농후하다.

공주 대통사는 성왕(聖王)이 부왕인 무령왕의 명복을 빌기 위해 창건한 사찰로 알려져 있다.[38] 부여의 왕흥사는 600년(법왕 2) 법왕(法王)이 창건한 절로, 사찰의 창건을 기념해 30명을 승려로 출가시켰다. 익산 미륵사는 무왕과 왕비를 추모하는 진전사찰로 기능했을 것으로 추정된다. 『삼국유사』의 무왕조에는 이곳이 못이었는데 물을 메우고 선화공주를 위해 창건한 것으로 전해진다. 하지만, 2009년 미륵사지석탑 금제사리봉안기의 발굴 이후 선화공주의 실존 여부가 불분명해지면서 이 절이 선화공주의 원찰이었을 가능성은 희박해졌다. 그럼에도 무왕과 왕비의 명복을 비는 추복사찰로 창건되었다는 전설은 역사적 사실로 입증되었다.

백제는 비교적 이른 시기에 불교를 수용해 교학적으로 상당한 발전을

---

37 이병호, 『백제 불교사원의 성립과 전개』, 사회평론, 2014, 40쪽.
38 조경철, 『백제불교사 연구』, 지식산업사, 2015.

이루었지만, 사찰 관련 사료나 유적은 빈약한 실정이다. 하지만 능산리 고분군 근처에서 사지(寺址)가 발견되어 백제 왕실불교사 연구의 기폭제가 되었다. 이곳에서는 고대 불교미술의 정수로 꼽히는 백제금동대향로(국보 제287호)가 발견되기도 했다. 특히 이 절은 현재까지 확인된 백제 유일의 능침사라는 점에서도 큰 의미를 지닌다.

성왕의 능침사: 부여 능산리사지(陵山里寺址)

백제는 4세기에 불교를 수용한 이래 왕실에서 적극적으로 불교를 신앙했고 중국 남조 양(梁)으로부터의 불교문화 수입도 활발했지만, 능침사로 확인되는 곳은 능산리사지가 유일하다.

능산리의 절은 성왕의 명복을 빌기 위해 조성된 능침사이다. 성왕은 554년 신라와의 전투 도중에 매우 비참한 최후를 맞이하며 전사했다. 이에 관해서는 『일본서기(日本書紀)』에 다음과 같이 전한다.

태자 여창(餘昌)이 신라를 칠 것을 꾀하니, 기로가 말리기를 "아직 하늘이 도와주지 않으니, 궂은 일이 미칠까 두렵다"고 하였다. 창 태자는 "늙은이들이 어찌 겁을 내느냐" 하고, 직접 신라에 들어가 구타모라에 요새를 쌓았다. 아버지 성왕은 아들을 걱정하여 몸소 위로하러 갔다. 신라에서는 성왕이 온다는 것을 듣고 나라 안의 군사를 온통 움직여 길을 끊고 쳐부쉈다. 이때 신라 좌지촌(佐知村) 사마노(飼馬奴) 고도(苦都)에게 이르기를 "고도는 천한 종이요, 성왕은 이름난 임금이라. 이제 종으로서 임금을 죽이면 훗날 세상에 말이 많을 것이다"고 하였다. 이윽고 고도가 성왕을 잡아 두 번 절하고는 임금의 머리를 베겠다고 청하자, 성왕이 답하기를 "임금의 머리를 종의 손에 맡길 수 없다"고 하였다. 고도가 또 말하기를 "우리나라 법에는 맹세한 것을 어기면 비록 임금일지라도 노비의 손에 죽습니다"고 하였다. 성왕이 하늘을 우러러 한숨을 짓고 눈물을 흘리며 허락하기를 "내가 생각할수록 아픔이 뼈에 스며든다. 돌이켜 생각해봐도 구차하게 살 수는 없다"고 하고 머리를 내밀어 베게 하였다. 고도는 임금의 목을 베어 죽이고 땅에 구덩이를 파고 묻었다. 〔다른 책에는 "신라가 성왕의 두골은 남겨두고 나머지 뼈를 백제에 예를 갖춰 보냈다. 지금 신라 왕이 성왕의 두골을 북청 계단 아래에 묻었다. 그 관청을 도당(都堂)이라 한다"고 하였다.〕 한편 여창 태자는 신라군에게 포위되어 빠져날 수가 없고, 군사들도 넋을 잃고 어찌할 바를 몰랐다. 이때 활 잘 쏘는 축자국조(筑紫國造)가 있어 앞으로 나가 활을 걸어 당겨 신라의 말 탄 군사 가운데 가장 날랜 이를 쏘아 떨어뜨리니, 화살의 안장이 앞뒤를 뚫고 갑옷과 투구를 찌른 것이었다. 뒤어어 비오듯이 하는 화살로 에워싼 군사들을 물리쳐 버렸다. 이 틈을 타서 여창과 모든 장수들은 사잇길로 달아나 돌아갔다. 여창 태자는 안교군(鞍橋君)이라는 이름을 하사하고 그 솜씨를 기렸다.[39]

이처럼 백제 성왕은 신라와의 전투 끝에 비참한 최후를 맞이했고 시신조차 제대로 수습되지 못했다. 신라는 성왕의 머리를 북청 계단 아래에 묻음으로써 신라인들이 성왕의 머리를 밟고 지나가도록 했다. 이 때문에 백제는 머리 없는 성왕의 시신을 수습해 능을 조성할 수밖에 없었다.

자신을 구하기 위해 참전했다가 부왕이 전사했으므로, 태자 여창은 아비를 죽인 죄인이 되었다. 게다가 백제의 기로(耆老)들은 태자가 자신

---

39 『日本書紀』「欽明紀」.

들의 조언을 무시하고 출전하였다가 나라를 위태롭게 만들었다며 힐난했다. 이러한 위기 상황에서 여창 태자는 왕위를 잇는 대신 출가를 하겠다고 선언했다. 하지만 다수의 신료들은 국가가 누란지위에 이른 상황에서 태자가 출가를 해서는 안된다고 만류하였고, 여창 태자는 결국 출가를 포기하고 즉위하여 백제의 27대 위덕왕(威德王)이 되었다. 위덕왕은 즉위 직후 100명의 젊은이들을 대신 출가시키는 한편 부왕을 위한 사찰을 조성했다. 그곳이 바로 능산리고분군 옆에 위치한 능산리사지이다.

1995년 능산리사지 제4차 발굴조사에서 '백제창왕십삼년 계태세재정해매형공주공양사리(百濟昌王十三年太歲在 丁亥妹兄公主供養舍利)'라는 명문이 새겨진 석조사리감이 출토되었다. 이 명문의 발견으로 이 절이 567년경에 창건된 것임이 밝혀졌다. 석조사리감에서 가리키는 연대가 성왕의

▲ 백제 성왕의 능침사인 능산리사지

사후 13년이었기 때문에 능산리의 절은 당연히 성왕의 명복을 빌기 위해 조성된 원찰이라고 간주되었다. 하지만 발굴조사가 계속 진행되면서 능산리고분군과 사찰건물지는 성왕이 살아있을 당시부터 이미 조성되고 있었다는 사실이 밝혀졌다. 사지에서 출토된 기와의 양식으로 추정해 볼 때 이미 성왕의 사비 천도 직후부터 이곳에 건물들이 조성되었다는 것이다. 따라서 능사는 처음부터 사찰로서 조성된 건물이 아니라 왕릉 제사를 위해 마련된 시설이었고, 이후 성왕의 비극적인 죽음 이후 사찰로 개조되었다는 것이 고대사 학계의 대체적인 견해이다. 즉 능사의 건물이 지어진 것은 성왕대이지만 이곳이 사찰로 개조된 것은 성왕의 죽음 이후라는 것이다.

능산리고분군에는 총 6기의 고분이 위치해 있다. 이 고분이 어떤 왕들의 무덤인지를 알려주는 고고학적 자료나 문헌은 전혀 없다. 그래서 각 고분의 양식이나 고고학적 자료를 통해 조성 연대를 추정해왔는데, 학계에서는 이 여섯 무덤의 주인을 성왕의 사비 천도 이후에 사망한 왕들과 그 가족으로 추정하고 있다. 사비 천도 이후 사망한 왕은 성왕, 위덕왕, 혜왕(惠王), 법왕(法王), 무왕(武王) 등 5명인데, 그 중에서 무왕은 익산의 쌍릉에 묻혔을 가능성이 높으므로 성왕과 위덕왕, 혜왕, 법왕이 능산리고분군의 주인으로 추정된다. 능산리고분군 중에서도 가장 오래된 왕릉으로 추정되는 중하총(中下塚)이 성왕의 무덤으로 비정되고 있다.

능산리사지는 백제의 능침제도에서 유일하게 확인되는 능침사이다. 지금까지 발굴조사가 이루어진 백제 고분 가운데 능묘 부근에 절터가 확인된 경우는 능산리사지를 제외하고 전무하다. 따라서 백제가 불교를 수용한 이후에도 능역 안에 절을 짓는 것은 제도화되지 않았음을 의미한다.

능산리에 절을 조성한 것은 백제시대에서도 특별한 사례로 파악된다. 위덕왕은 부왕을 죽인 죄인이라는 굴레를 쓴 채 왕위에 즉위했기 때문에 자신의 미약한 왕권을 강화하기 위한 여러 조치들이 필요했다. 또한 위덕왕 스스로 출가를 결심할 정도로 호불적 성향이 강했기 때문에 불교를 통해 민심을 수습하려 했던 것으로 보인다. 따라서 능산리사원의 창건은 성왕에 대한 위덕왕의 속죄의식, 위덕왕 재위 초기의 미약한 왕권을 강화하려는 성왕계의 새로운 움직임이 합쳐져 이루어진 불사였던 것으로 파악된다.[40]

능산리의 절은 백제가 망할 때까지 능사로서의 기능을 계속 수행했다. 능산리사지의 발굴조사에서는 소토면의 분석 결과 이 절이 상당 기간 능사로서의 역할을 수행하였고, 660년 나당 연합군들이 능사의 건물들을 전소시킨 것으로 조사되었다. 능산리사지에서는 4차 발굴조사 당시 백제금동대향로가 발견되었는데, 향로가 건물지가 아닌 수조 속에서 발견되었다는 점도 이곳이 갑작스러운 사건으로 폐사되었음을 알려준다.[41]

고구려 정릉사가 북위 사원불사의 영향을 받아 조성된 것으로 간주되는데 비해 능산리사원은 남조의 영향으로 조성되었다는 설이 일반적이다. 백제가 양(梁)과 교류를 맺고 남조의 능침제도를 적극 수용할 정도로 긴밀한 관계를 유지하고 있었던 데에 기인한 해석이다. 백제 무령왕릉에서 발견되는 중국 남조 전축분의 영향도 이를 뒷받침한다.[42] 하지만

40 김수태, 「百濟 威德王代 扶餘 陵山里 寺院의 創建」, 『백제문화』 27, 공주대학교 백제문화연구소, 1998, 42쪽.
41 신광섭, 「百濟 泗沘時代 陵寺 研究」, 중앙대학교 박사학위논문, 2006, 35~41쪽.
42 장수남, 「熊津~泗沘初 百濟의 南朝文化 受用 研究」, 연세대학교 박사학위논문, 2013.

능산리사지에서 고구려식 구들이 확인되었고 고구려척을 사용해 건물을 조영했다는 점에 착안해, 고구려 정릉사의 영향을 받아 조영한 사찰이라는 견해가 제기되기도 했다.[43]

3. 신라 왕릉과 능침사

신라의 왕릉은 시조 박혁거세(朴赫居世)부터 제22대 지증왕(智證王)까지에 해당되는 상고기 왕릉, 제23대 법흥왕(法興王)부터 제28대 진덕여왕(眞德女王)까지에 이르는 중고기 왕릉, 29대 태종무열왕(太宗武烈王)부터 36대 혜공왕(惠恭王)까지에 해당되는 중대 왕릉, 제37대 선덕왕(宣德王)부터 제56대 경순왕(敬順王)에 이르기까지인 하대 왕릉 등 총 4시기로 구분된다.[44] 고구려와 백제의 왕릉에 묻힌 피장자가 거의 확인되지 않은데 비해 신라 왕릉은 56왕 중 37왕의 능묘가 확인되었거나 추정되고 있다. 하지만 이는 조선시대에 경주김씨 후손들이 추정한 것이어서 학계에서는 다소 의심스럽게 접근하는 실정이다.

신라의 불교 전래시기에 대해서는 여러 설이 있다. 미추왕(味鄒王) 2년(263)에 고구려의 승려 아도(阿道)가 와서 불교를 전했다는 설, 눌지왕(訥祗王, 재위 417~458) 때 고구려의 승려 묵호자(墨胡子)가 모례(毛禮)의 집에 머물러 불교를 선양했다는 설, 소지왕(炤知王, 재위 479~500) 때 고구려의 승려 아도(我道)가 시자(侍者) 3인과 같이 모례(毛禮)의 집에 머물었는데 아도는 먼저 가고 시자들이 포교했다는 설 등이 있다.

---

43 신광섭, 위의 논문, 35쪽.
44 이근직, 『신라왕릉연구』, 학연문화사, 2012.

최초의 전래시기에 대해서는 의견이 분분하지만, 신라 왕실에서 본격적으로 불교를 받아들인 시기는 법흥왕대 이차돈(異次頓)의 순교 이후라는 것이 정설이다. 이후 왕실에서는 궁궐 안팎에 절을 세우고 서라벌에 관사(官寺)의 성격을 띤 성전사원(成典寺院)을 설치하는 등 적극적인 숭불정책을 펼쳤다.

신라 왕릉의 불교 요소

신라 왕릉에서 불교적 요소를 찾아보기는 힘들다. 신라 왕릉은 고구려나 백제와 달리 별도의 방을 만들지 않은 원형토분(圓形土墳)으로 조성되었고 부장품 또한 토기나 왕관, 장식품 등이 주를 이루고 있어서 불교와 관련된 특징들이 발견되지 않았다. 다만 불교가 공인된 법흥왕대 이후부터 신라 고분에서는 비석이 세워지고 난간석이 둘러지는 등의 변화상이 발견되고 있다.

그런데 신라 왕릉과 관련해 주목되는 점은 『삼국사기』와 『삼국유사』에 등장하는 신라 왕의 장지(葬地)와 화장(火葬) 장소에 관한 기록 중 상당수가 사찰명과 함께 나타난다는 점이다. 법흥왕(法興王)과 진흥왕(眞興王)은 애공사(哀公寺), 진지왕(眞智王)과 무열왕(武烈王)은 영경사(永敬寺), 문무왕(文武王)은 감은사(感恩寺), 효소왕(孝昭王)은 망덕사(望德寺), 성덕왕(聖德王)은 이거사(利車寺), 효성왕(孝成王)은 법류사(法流寺), 경덕왕(景德王)은 모지사(毛祇寺), 원성왕(元聖王)은 봉덕사(奉德寺), 헌덕왕(憲德王)은 천림사(泉林寺), 헌강왕(憲康王)과 정강왕(定康王)은 보리사(菩提寺), 효공왕(孝恭王)은 사자사(師子寺), 경명왕(景明王)은 황복사(皇福寺) 인근에서 장사를 지냈다는 내용이다. 이를 정리하면 표 1과 같다.

이들 사찰은 왕릉과 인접해 있거나 왕의 장례가 치러진 곳이기 때문에 해당 왕의 원찰이었을 소지가 있다. 불교 공인 직후부터 하대에 이르기까지 다수의 왕들이 사찰 근처에서 장례를 치렀다는 점으로 미루어 이들 사찰이 장례의식을 집전했을 것으로 짐작된다.[45] 또한 문무왕릉과 감은사, 신문왕릉과 황복사, 원성왕릉과 숭복사(곡사)와 같이 왕릉과 사찰이 인접해 있는 경우 이들 사찰이 능침사로 기능했을 가능성도 농후하다. 하지만 『삼국사기』와 『삼국유사』의 단편적인 기록만으로는 이들 사찰이 능침사의 역할을 수행했다고 단정하기 힘들다. 그럼에도 신라의 불교 공인 직후부터 하대에 이르기까지 다수 왕의 장례가 사찰 부근에서 치러진 것으로 볼 때 해당 사찰에서 국장의식을 집전했거나 추천의

표 1 신라 왕의 장례 중 사찰 관련 내용

왕명	사찰명	장례 시기	관련기사	출처
23대 法興王	哀公寺	540년	애공사 북쪽 봉우리에 장사 지냈다.	三國史記 新羅本紀
24대 眞興王	哀公寺	576년	애공사 북쪽 봉우리에 장사 지냈다	三國史記 新羅本紀
25대 眞智王	永敬寺	579년	영경사 북쪽에 장사 지냈다.	三國史記 新羅本紀
29대 太宗王	永敬寺	661년	영경사의 북쪽에 장사 지냈다	三國史記 新羅本紀
30대 文武王	感恩寺	681년	문무대왕을 위하여 동해 바닷가에 감은사를 창건하였다.	三國遺事 紀異
32대 孝昭王	望德寺	702년	망덕사 동쪽에 장사 지냈다.	三國史記 新羅本紀
33대 聖德王	移車寺	737년	이거사 남쪽에 장사 지냈다.	三國史記 新羅本紀
34대 孝成王	法流寺	742년	유언에 따라 관을 법류사 남쪽에서 불에 태우고 유골을 동해에 뿌렸다.	三國史記 新羅本紀
35대 景德王	毛祇寺	765년	모지사 서쪽 언덕에 장사 지냈다.	三國史記 新羅本紀
38대 元聖王	奉德寺	798년	원성왕 유언에 따라 관을 봉덕사 남쪽에서 화장하였다.	三國史記 新羅本紀
41대 憲德王	泉林寺	826년	천림사 북쪽에 장사 지냈다.	三國史記 新羅本紀
49대 憲康王	菩提寺	886년	보리사 동남쪽에 장사 지냈다.	三國史記 新羅本紀
50대 定康王	菩提寺	887년	보리사 동남쪽에 장사 지냈다.	三國史記 新羅本紀
52대 孝恭王	師子寺	912년	사자사 북쪽에 장사 지냈다.	三國史記 新羅本紀
54대 景明王	黃福寺	924년	황복사 북쪽에 장사 지냈다.	三國史記 新羅本紀

---

45 이근직, 앞의 책, 463쪽.

례를 담당했을 가능성이 크다.

이처럼 신라시대에는 왕릉 주변에 여러 사찰이 위치해 있었지만, 왕릉을 수호하는 능침사의 성격을 분명하게 드러내는 사찰은 감은사가 유일하다.

문무왕의 능침사: 경주 감은사지(感恩寺址)

감은사는 문무왕의 명복을 빌기 위해 아들 신문왕(神文王)이 창건한 절이다. 감은사지가 위치한 경주의 감포 앞바다에는 대왕암이라는 바위가 있는데, 이곳이 문무왕릉으로 전해진다. 『삼국사기』 문무왕 조에는 다음의 내용이 실려 있다.

가을 7월 1일, 임금이 돌아가셨다. 시호를 문무(文武)라 하고 여러 신하들이 유언에 따라 동해 어귀의 큰 바위에 장사 지냈다. 민간에서 전하기를, '임금이 화(化)하여 용이 되었다.'라 하고, 또 그 바위를 가리켜 대왕석(大王石)이라 불렀다. 왕의 유언은 다음과 같다.

"(…) 죽고 나면 이름만이 남는 것은 예나 지금이나 마찬가지이니 홀연히 어두운 죽음으로 가는 것에 어찌 여한을 품겠는가? (…) 지난날 만사를 다루던 영웅도 끝내는 한 무더기 흙이 되어, 나무꾼과 목동이 그 위에서 노래 부르고 여우와 토끼가 그 옆에 굴을 파게 되는 것이다. 헛되이 재물을 쓰는 것은 역사서에 꾸짖음만 남길 따름이요, 헛되이 사람을 수고롭게 하여도 죽은 이의 넋을 구원하지는 못한다. 조용히 생각해보면 슬프고 가슴 아픈 일이지만, 이와 같은 것은 내가 좋아하지 않는 일이다. 내가 숨을 거두고 열흘이 지나면 곧 창고 문 앞 바깥의 뜰에서 불교의 의식에 따라 화장하라. 상복을

입는 법도는 정해진 규정을 따르되 장례의 절차는 반드시 검소하고 간략하게
하라."[46]

문무왕은 세상을 떠나면서 신문왕에게 유해를 화장하라는 유언을 남
겼다. 문무왕이 자신의 장례를 화장으로 치르게 한 것은 두 가지 이유
때문이었다. 첫번째는 장례 절차를 검소하게 하고 헛되이 재물을 쓰지
못하게 하기 위함이었다. 문무왕은 유언에 신문왕에 대한 여러 당부를
담았는데, 그 중에 하나가 검소함이었다. 또 유언장 말미에서 "변경의
성과 요새, 주와 현의 세금은 반드시 필요한 것이 아니면 모두 헤아려
폐지하고 율령과 격식에 편치 못한 것이 있으면 즉시 고치도록 하라."고
당부했다. 이는 삼국통일을 이룬 왕으로서 신라 왕실의 부패와 사치,
변경 지역의 민심 동요를 죽을 때까지 걱정했음을 보여준다.

문무왕이 화장을 당부한 두 번째 이유는 동해의 용이 되어 왜구를
막겠다는 염원 때문이었다. 『삼국사기』에 등장하는 동해 어귀의 큰 바
위는 감포의 대왕암으로 전해진다. 이와 관련된 내용은 『삼국유사』에
다음과 같이 전한다.

제31대 신문왕(神文王)이 681년 7월 7일 왕위에 오르자, 거룩하신 선대 부
왕인 문무대왕을 위하여 동해 바닷가에 감은사를 창건하였다. 절에 있는 기
록은 이러하다. "문무왕께서 왜군을 진압하려고 이 절을 짓기 시작하셨지만
다 마치지 못하고 세상을 떠나시어 바다의 용이 되셨다. 그 아드님이신 신문
왕께서 왕위에 오른 해인 개요 2년(682)에 공사를 마쳤다. 금당 돌계단 아래

---

46 『三國史記』 卷7 新羅本紀 第7 文武王.

에 동쪽을 향해 구멍을 하나 뚫어두었으니, 곧 용이 절로 들어와 돌아다니게 하려고 마련한 것이다. 왕의 유언에 따라 뼈를 보관한 곳이므로, 대왕암(大王岩)이라고 불렀고 절은 감은사라고 하였다. 뒤에 용이 모습을 나타낸 곳을 이견대(利見臺)라고 하였다."[47]

『삼국유사』 만파식적조에 따르면 감은사는 원래 문무왕이 짓기 시작한 곳으로 왜군을 막기 위한 호국사찰로 기획되었다. 하지만 불사가 끝나기도 전에 문무왕이 세상을 떠나자 아들 신문왕이 절을 완공하였다. 신문왕은 부왕의 혼령이 절에 와서 법문을 들으라는 서원(誓願)을 담아 금당 돌계단 아래에 바다로 이어지는 구멍을 뚫어놓았다. 감은사라는

▲ 문무왕의 능침사 감은사지

47 『三國遺事』 卷2 紀異 第2 萬波息笛條.

절 이름 또한 부왕의 은혜에 감사하다는 뜻을 담고 있다. 신라시대에는 감포의 바닷물이 감은사 바로 앞까지 밀려 들어왔다고 전해진다. 그리하여 감은사 금당 돌계단 앞에 수로를 뚫음으로써 바다의 용이 감은사 금당에서 법문을 들을 수 있도록 설계되었던 것이다.

감포 앞바다에 있는 대왕암이 문무왕의 산골처였는지, 수중릉이었는지에 대해서는 학자들마다 견해가 다르다. 수중릉을 주장하는 학자들은 대왕암의 암초 중앙부를 파내 유골을 봉안하고 한 장의 덮개석으로 그 위를 덮은 구조라고 주장한다. 이에 반해 이곳이 산골처였다고 주장하는 학자들은 대왕암의 덮개석으로 간주되는 돌은 자연석이 분명하며, 문무왕의 비문에 연골경진(研骨鯨津) 즉 '뼈를 부숴 바다에 뿌렸다.'는 기록은 이를 방증하는 것이라고 설명한다. 대왕암이 문무왕의 산골처였는지 수중릉이었는지는 여전히 미스터리이지만, 감은사가 문무왕의 명복을 비는 사찰이었음에는 이론의 여지가 없다.

신라 성전사원(成典寺院)의 운영

신라를 비롯한 삼국에서는 현재까지 각 나라별로 한 곳의 능침사만 확인되고 있다. 발굴조사가 완료된 왕릉에 비해 아직 발굴되지 않은 왕릉이 훨씬 많기 때문에 쉽게 단정할 수는 없지만 적어도 고려, 백제, 신라대까지는 능침에 사찰을 두는 것이 제도적으로 정립되지 않았던 것으로 보인다. 따라서 고구려의 정릉사, 백제의 능산리사원, 신라의 감은사는 왕의 개인적인 불교신앙 내지 선왕의 선양작업을 위해 능 바로 곁에 사찰을 설치한 특수한 사례들로 파악된다.

그런데 삼국 중에서도 상대적으로 많은 사료가 남아있는 신라의 경우

왕의 초상화를 모신 진전사원이 다수 확인된다. 특히 신라에서 성전(成典)이라는 관청을 두어 특별히 관리했던 성전사원은 고려 진전사원과 매우 유사한 특징을 다수 지니고 있으며, 조선의 능침사에도 일정한 영향을 주었던 것으로 판단된다.

『삼국사기』「직관지」에는 7곳의 성전사원이 수록돼 있다. 사천왕사성전(四天王寺成典), 봉성사성전(奉聖寺成典), 감은사성전(感恩寺成典), 봉덕사성전(奉德寺成典), 봉은사성전(奉恩寺成典), 영묘사성전(靈廟寺成典), 영흥사성전(永興寺成典) 등이다. 이상의 일곱 사찰 외에도 황룡사에 성전이 설치되었다는 사실이 확인된다.

① 사천왕사(四天王寺)

사천왕사는 문무왕이 679년(문무왕 19) 당나라 군대를 막기 위한 호국도량으로 창건한 사찰이었다. 674년 당에서 유학 중이던 의상(義湘)은 김인문(金仁問)으로부터 당군이 신라를 침입할 것이라는 소식을 듣고 즉시 귀국하여 문무왕에게 이 사실을 알렸다. 이에 문무왕은 신라의 고승 명랑법사(明朗法師)에게 적을 막을 계책을 물었다. 명랑은 낭산 남쪽 신유림(神遊林)에 사천왕사를 세우고 도량(道場)을 열 것을 권하였다. 그러나 당군의 침략으로 절을 완성시킬 시간적 여유가 없자, 명랑은 채백(彩帛)으로 절을 짓고 풀로써 오방(五方)의 신상(神像)을 만든 뒤 유가명승(瑜伽明僧) 12인과 더불어 문두루비법(文豆婁祕法)을 썼다. 그러자 당군과 신라군이 접전하기도 전에 바다에 풍랑이 사납게 일어나 당나라 배가 모두 침몰하였다. 그 뒤 5년 만에 절을 완성하여 사천왕사라 하였다고 전한다.[48]

『삼국유사』에 전하는 이야기에 따르면 사천왕사는 창건 당시부터 신라의 호국도량으로 건립되었다. 사천왕사가 지어질 당시 절 바로 위에 선덕여왕의 능이 있었고, 이후 사천왕사 곁에 신문왕의 능이 들어섰기 때문에 이들의 원찰로 기능했을 가능성도 있다. 또한 사천왕사를 태종 무열왕의 원당으로 보는 견해도 있다.

『직관지』에 따르면 사천왕사성전은 경덕왕때 감사천왕사부(監四天王寺府)로 개칭되었다가 혜공왕때 다시 사천왕사성전으로 바뀌었다. 금하신(衿荷臣) 1명과 상당(上堂) 1명, 적위(赤位) 1명, 청위(靑位) 2명, 사(史) 2명이 배치되었다.[49]

② 봉성사(奉聖寺)

봉성사는 신문왕이 전생에서 만난 신충(信忠)의 원한을 풀어주기 위해 창건한 절이었다. 『삼국유사』에 따르면 신문왕이 등창이 나서 혜통(惠通)이라는 승려에게 치료해 주기를 청하였는데 혜통이 주문을 외우자 즉시 낳았다. 혜통이 말하기를 "폐하께서는 전생에 재상이셨는데, 양민인 신충을 잘못 판결하여 종으로 만들었습니다. 그래서 신충이 원한을 품고 윤회하여 태어나실 때마다 보복을 해왔습니다. 지금 등창도 신충의 짓입니다. 신충을 위해 절을 창건하시고 명복을 빌어 원한을 풀어주십시오."라고 하였다. 그리하여 세운 절이 신충봉성사(信忠奉聖寺)였다.[50]

『삼국사기』 직관지에 따르면, 봉성사성전은 경덕왕 때 그 명칭을 수영봉성사사원(修營奉聖寺使院)으로 고쳤다가 뒤에 이전 명칭으로 회복시켰다. 금하신(衿荷臣) 1명과 상당(上堂) 1명, 적위(赤位) 1명, 청위(靑位) 1명,

---

48 『三國遺事』 卷2 紀異 第2 文武王 法敏.
49 『三國史記』 卷38 雜志7 職官.
50 『三國遺事』 卷5 神呪 第6 惠通降龍.

사(史) 2명이 배치돼 있었다.[51]

③ 감은사(感恩寺)

신문왕이 문무왕을 기리기 위해 지은 감은사에도 성전이 설치되었다. 감은사성전은 경덕왕 때 수영감은사사원(修營感恩寺使院)으로 명칭이 바뀌었다가 후에 감은사성전으로 개정되었다. 금하신(衿荷臣) 1명과 상당(上堂) 1명, 적위(赤位) 1명, 청위(青位) 1명, 사(史) 2명이 배치돼 있었다.[52]

④ 봉덕사(奉德寺)

봉덕사는 성덕왕이 증조부인 태종무열왕을 기리기 위해 세운 절이었다.[53] 봉덕사성전은 759년(경덕왕 18) 명칭을 수영봉덕사사원(修營奉德寺使院)으로 고쳤다가 뒤에 이전 명칭으로 회복시켰다. 금하신(衿荷臣) 1명과 상당(上堂) 1명, 적위(赤位) 1명, 청위(青位) 2명, 사(史) 6명이 배치돼 있었다.[54]

봉덕사는 여타 성전사원에 비해 2배 가까운 관원이 배치돼 있었다. 또한 성덕왕대에 인왕도량(仁王道場)이 열리고 혜공왕대에 성덕대왕신종(聖德大王神鍾)이 봉안되는 등 봉덕사는 신라 중대 말기에 중요한 사찰로 부각되었다. 이러한 특성 때문에 중대 말기 이후로 성전사원이 국가적 사찰의 측면보다는 왕실원당의 성격이 강화되었다는 견해도 있다.[55]

---

51 『三國史記』 卷38 雜志7 職官.
52 『三國史記』 卷38 雜志7 職官.
53 『三國遺事』 卷2 紀異 第6 聖德王.
54 『三國史記』 卷38 雜志7 職官.
55 채상식, 「新羅統一期의 成典寺院의 構造와 機能」, 『역사와 경계』 8권, 경남사학회, 1984,

⑤ 봉은사(奉恩寺)

봉은사는 일명 진지대왕사(眞智大王寺)로도 불렸는데,[56] 혜공왕이 진지왕을 위해 창건한 사찰로 알려져 있다. 봉은사성전에는 금하신(衿荷臣) 1명과 부사(副使 혹은 上堂) 1명, 대사(大舍) 2명, 사(史) 2명을 두었다.[57]

⑥ 영묘사(靈廟寺)

영묘사는 선덕여왕대에 창건된 절로, 선덕여왕이 이 절의 옥문지(玉門池)에서 개구리가 3~4일 동안 계속해서 운다는 소리를 듣고 백제의 복병이 여근곡(女根谷)에 숨어들었음을 감지하였다는 일화를 남긴 사찰로 유명하다. 이 절에는 선덕여왕의 소상(塑像)이 봉안돼 있었다. 영묘사는 신라 불교 유입 초기의 칠처가람(七處伽藍) 중 다섯째인 사천미(沙川尾)에 해당되는 절이기도 했다.[58] 영묘사성전은 759년(경덕왕 18) 수영영묘사사원(修營靈廟寺使院)으로 고쳤다가 뒤에 이전 명칭으로 회복시켰다. 여기에는 상당(上堂) 1명을 두었는데 경덕왕 때 그 명칭을 판관(判官)으로 고쳤다가 뒤에 다시 상당이라고 하였다. 청위(青位)는 1명인데 경덕왕 때 녹사(錄事)로 고쳤다가 뒤에 대사(大舍)로 개칭하였다. 사(史)는 2명이었다.[59]

⑦ 영흥사(永興寺)

영흥사는 칠처가람 중 두 번째인 삼천지(三川歧)에 해당되는 사찰로, 신라에서 가장 오래된 왕실원찰 가운데 하나였다. 영흥사는 법흥왕비

105쪽.

56 「聖德大王神鐘碑文」.

57 『三國史記』 卷38 雜志7 職官.

58 『三國遺事』 卷3 興法 第3 阿道基羅.

59 『三國史記』 卷38 雜志7 職官.

파도부인(巴刁夫人)이 비구니가 되어 머물던 절이었다. 『삼국유사』에서 일연은 영흥사와 관련해 두가지 설을 함께 소개했는데, 첫 번째 설은 『책부원귀(册府元龜)』의 기록으로, "진흥왕이 대왕흥륜사(大王興輪寺)를 짓기 시작하던 을묘년(535)에 왕비도 영흥사를 창건하였다. 사씨(史氏)의 유풍을 사모하여 왕과 같이 머리를 깎고 비구니가 되었다. 이름은 묘법(妙法)으로 영흥사에 살았는데 몇 해 만에 죽었다."고 하였다. 두 번째 설은 『국사(國史)』의 기록으로, "건복(建福) 31년(614)에 영흥사의 소상이 저절로 무너졌다. 얼마 지나지 않아 진흥왕의 왕비인 비구니가 죽었다. 진흥왕은 곧 법흥왕의 조카이다. 진흥왕비 사도부인(思刀夫人)은 박씨로, 모량리(牟梁里) 영실(英失) 각간의 딸인데, 출가하여 비구니가 되었다. 그러나 영흥사를 세운 주인은 아니다. 그러한 즉 진(眞)을 마땅히 법(法)으로 고쳐야 할 것 같다. 이것은 '법흥왕비 파도부인이 비구니가 되어 죽었다.'는 것을 말한 것이다. 이 분이 바로 절을 창건하고 불상을 세운 주인이기 때문이다."라고 소개했다.[60]

이후 신문왕 4년(684)에 이르러 이 절에 영흥사성전이 설치되었다. 이후 경덕왕 18년(759)에 감영흥사관(監永興寺館)으로 개칭하였다. 대나마(大奈麻) 1명, 사(史) 3명이 배치되었다.[61]

⑧ 황룡사(皇龍寺)

황룡사는 진흥왕 14년(553)에 창건된 사찰로 선덕여왕 14년(645)에 9층 목탑이 축조되었다. 이곳은 신라의 칠처가람 중 하나였으며, 중고기에 대부분의 국가적인 행사가 황룡사에서 개최될 정도로 중시되었던 사찰

---

60 『三國遺事』 卷3 興法 第3 原宗興法 厭髑滅身.
61 『三國史記』 卷38 雜志7 職官.

이다. 『삼국사기』 직관지에는 포함되지 않았지만, 황룡사에도 성전이 설치돼 있었음을 알려주는 유물이 절터에서 발견되었다.

황룡사에 성전이 설치되었다는 사실은 황룡사 목탑지 중앙 심초에서 출토된 〈경주 황룡사 구층목탑 금동찰주본기(慶州皇龍寺九層木塔金銅刹柱本記)〉를 통해 확인되었다. 1964년 황룡사 목탑지에 안치돼 있던 사리함이 도굴되었다가 1966년 수습되는 사건이 발생했는데, 1972년 복원작업을 통해 찰주본기의 명문이 판독되었다. 찰주본기에는 황룡사가 창건될 당시가 아닌 경문왕 12년(872)에 9층목탑의 중창이 이루어질 당시의 내용이 기록돼 있다. 여기에는 황룡사에 성전이 설치돼 있었다는 사실과 함께 금하신(衿荷臣) 1명과 상당(上堂) 2명, 적위(赤位) 1명, 청위(靑位) 4명, 황위(黃位) 등 총 12명의 관료가 배치돼 있다는 내용이 실려 있다.

성전사원의 성격

신라 성전사원은 중대의 대표적인 호국도량과 왕실원찰들로 구성돼 있었고, 적게는 4명 많게는 12명의 관원들이 각 사찰마다 배치되었다. 성전사원은 왕실의 복을 기원하는 원찰인 동시에 불교계를 통제하는 관사로서 역할했으며, 국가제전의 집전 장소로 활용되었다.[62]

이들 성전은 한 시기에 일괄적으로 설치된 것이 아니라 각각 다른 시기에 설치되었고, 시대별로 성격이 달라지는 양상을 보인다. 신라의

---

62 채상식, 「신라통일기의 성전사원의 구조와 기능」, 『역사와 경계』 8, 경남사학회, 1984 ; 이영호, 「新羅 成典寺院의 成立」, 『신라문화제학술발표논문집』 14, 동국대학교 신라문화연구소, 1993 ; 윤선태, 「新羅 中代의 成典寺院과 國家儀禮-大·中·小祀의 祭場과 관련하여」, 『신라문화제학술발표논문집』 23, 동국대학교 신라문화연구소, 2002.

삼국통일 전후 시기에 창건되거나 성전이 설치된 사찰들은 호국도량으로서의 성격이 매우 강했다. 국가 위기상황에서 정신적 규합을 목적으로 창건된 사천왕사나 황룡사가 대표적이다. 이에 반해 중대 이후에 성전이 설치된 사찰들은 선왕을 선양하기 위한 왕실원찰의 성격이 더 강했다. 중대의 국왕을 추복하기 위해 설치된 성전사원은 전대 왕을 추복하였다는 점, 국가가 경영하고 관료를 배속시켰다는 점, 국왕의 종친이 제사를 주관하였을 것이라는 점에서 고려 진전사원과 매우 유사한 특징을 지닌다.[63]

성전사원은 통일 이후 신라의 독자적인 국가의례 체계에 있어서 중심축을 담당하였다. 성전사원은 왕경의 사방과 중앙에 의도적으로 배치되었고, 왕경의 성전사원에서 치러지는 국가의례와 지방의 대·중사(大·中祀)를 통해 중앙과 지방이 하나로 통합되는 천하통합의 이미지로 구현되었다. 이는 신라 중대 왕권이 신라를 천하의 중심으로 자리매김하고 이를 지배하는 신라 왕권의 절대성을 과시하려는 정치적 의도 속에 이루어진 것이었다.[64]

신라 중대부터 왕실에서는 선왕의 명복을 빌기 위해 사찰을 창건하거나 불사를 설행하는 일이 빈번하게 이루어졌다. 그래서 설치되지 않았더라도 왕의 진영이나 원불(願佛)을 봉안한 원찰이 빈번하게 조성되었다. 대구 동화사(桐華寺)에는 민애왕(閔哀王)의 원당과 삼층석탑, 석조비로자나불이 조성되었으며, 경주 곡사(鵠寺)의 별실에는 원성왕(元聖王)의 진영이 봉안되었고 금당에는 노사나불이 모셔졌다. 경주 불국사(佛國寺)에는

---

63 박남수, 「眞殿寺院의 기원과 新羅 成典寺院의 성격」, 『한국사상사학』 41, 한국사상사학회, 2012, 94쪽.
64 윤선태, 앞의 논문, 115~117쪽.

헌강왕(憲康王)의 진영이 봉안되고 비로자나불이 조성되었으며, 장흥 보림사(寶林寺)에는 헌안왕(憲安王)의 왕생을 발원하는 석탑이 조성되었다. 효소왕(孝昭王)은 신문왕을 위해 황복사(皇福寺)에 삼층석탑을 조성했다. 경덕왕(景德王)은 성덕왕을 위해 황동 12만 근을 보시하여 큰 종을 만들려 하였으나 완성하지 못한 채 세상을 떠났는데, 혜공왕(惠恭王)이 770년에 완성하여 봉덕사에 안치했다. 이 종이 성덕대왕신종(국보 제29호), 일명 에밀레종이다.

이처럼 신라에서는 성전을 설치해 국가에서 직접 사찰을 관리하는 경우 외에도 왕의 진영을 사찰의 법당에 모시거나, 왕을 추모하기 위해 불상이나 석탑 등을 조성하는 것이 매우 일반적인 일이었다. 이러한 성전사원 제도와 왕실원찰의 조성은 고려 진전사원의 운영에 큰 영향을 끼쳤다.

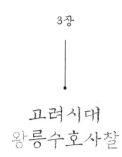

3장

고려시대
왕릉수호사찰

1. 고려 왕릉과 조상숭배시설

고려 왕릉 현황

고려의 왕릉은 총 60기로, 대부분 개경 인근에 조성되었다. 개경에서
멀리 떨어진 곳에 조성된 왕릉은 4기로, 강화도에서 유배 도중 사망한
희종(熙宗)의 석릉(碩陵)과 몽골침입기에 사망한 고종(高宗)의 홍릉(洪陵)은
강화도에 있다. 몽골침입기에 사망한 강종(康宗)의 후릉(厚陵)도 강화도에
위치했을 것으로 추정되나, 정확한 위치는 확인되지 않고 있다. 고려

표 2 고려 왕릉의 소재지

왕대	왕명	왕릉명	현 소재지	『신증동국여지승람』상 위치	대표 진전사원
	세조(추존, 태조 부)	昌陵	예성강 동안	禮成江 위 永安城	
1	태조, 신혜왕후	顯陵	개성시 개풍군 고령리	송악산 서쪽에 있는 巴只洞 남쪽	봉은사
	신성왕후	貞陵	개성시 판문군 화곡리		
2	혜종, 의화왕후	順陵	개성시 가화동	炭峴門 밖 景德寺 북쪽	
3	정종, 문공왕후	安陵	개성시 개풍군 고남리	南小門 밖	
4	광종, 대목왕후	憲陵	개성시 삼거리	송악산 북쪽 기슭 狄踰峴	
5	경종, 헌숙왕후	榮陵	개성시 판문군 판문읍	進鳳山 밑	
	헌정왕후	元陵	개성시 장풍군 월고리		
	천추태후	幽陵	미상		
6	성종, 문덕왕후	康陵	개성시 판문군 진봉리	南郊	건원사/개국사
	대종(추존), 선의왕후	泰陵	개성시 개풍군 해선리	海安寺 밑	
7	목종, 선정왕후	義陵	미상	都城 동쪽	
8	현종	宣陵	개성시 개풍군 해선리	송악산 서쪽 기슭	숭교사
	원정왕후	和陵	미상		
	원성왕후	明陵	미상		
	원혜왕후	懷陵	미상		
	원평왕후	宜陵	미상		
	안종(추존)	乾陵	개성시 장풍군 월고리		현화사
9	덕종	肅陵	미상	開城府北郊	
	경성왕후	質陵	미상		
10	정종	周陵	미상	開城府北郊	대운사
	용신왕후	玄陵	미상		
11	문종	景陵	개성시 판문군 선적리	佛目寺 남쪽 기슭	영통사
	인예왕후	戴陵	미상		국청사
12	순종, 선희왕후	成陵	개성시 판문군 진봉리	進鳳山 남쪽 壤陽峴	천수사
13	선종, 사숙왕후	仁陵	개성 동쪽	도성 동쪽	
14	헌종	隱陵	미상	도성 동쪽	
15	숙종	英陵	개성시 판문군 판리		개국사/천수사
	명의태후	崇陵	미상		
16	예종	裕陵	개성시 개풍군 오산리	도성 남쪽	안화사
	경화왕후	慈陵	미상		
	순덕왕후	綏陵	미상		
17	인종	長陵	개성 남쪽	도성 서쪽 벽곶동	
	공예왕후	純陵	미상		영통사
18	의종, 장경왕후	禧陵	미상	도성 동쪽	
19	명종, 의정왕후	智陵	개성시 판문군 두매리		영통사
20	신종	陽陵	개성시 개풍군 고남리	도성 남쪽	효신사

왕대	왕명	왕릉명	현 소재지	『신증동국여지승람』상 위치	대표 진전사원
	선정태후	眞陵	미상		
21	희종	碩陵	강화군 양도면 능내리		
	성평왕후	紹陵	미상		
22	강종	厚陵	미상	개성	현화사
	원덕태후	坤陵	강화군 양도면 길정리		
23	고종	洪陵	강화군 강화읍 국화리		천수사
24	원종	韶陵	개성시 룡흥동	개성부 북쪽 15리	안화사
	순경태후	嘉陵	강화군 양도면 능내리		
25	충렬왕	慶陵	미상	개성부 서쪽 12리	묘련사
	제국대장공주	高陵	개풍군 서12리		묘련사
26	충선왕	德陵	미상	개성부 서쪽 12리	흥천사
27	충숙왕	毅陵	미상	개성	천수사
	명덕태후	슈陵	미상		
28	충혜왕	永陵	미상		신효사
	덕녕공주	頃陵	미상		
29	충목왕	明陵	개성시 개풍군 연릉리		귀산사
30	충정왕	聰陵	개성시 개풍군 오산리		보제사
31	공민왕	玄陵	개성시 개풍군 해선리	도성 서쪽 鳳鳴山	왕륜사/보제사
	노국대장공주	正陵	개성시 개풍군 해선리	도성 서쪽 鳳鳴山	운암사/보제사
	순정왕후	懿陵	개풍군 중서면 곡령리		
32	우왕	禑王墓	미상		
33	창왕	昌王墓	미상		
34	공양왕	高陵	강원도 삼척시 근덕면		

의 마지막 왕인 공양왕의 무덤은 유배지였던 삼척에 있다. 이들 4기의 능을 제외한 나머지 고려 왕릉은 개성 인근에 위치해 있다. 고려 왕릉의 현황을 정리하면 표 2와 같다.

『고려사』 병지 위숙군조에 나오는 왕릉의 수는 총 59기이다. 1818년(순조 18) 개성유수 조종영(趙鐘永)이 조사한 바에 따르면 57릉 가운데 41릉이 개성에 있고 16기가 장단과 풍덕, 고양, 강화에 있는 것으로 파악됐다. 또 일제강점기에 조사했을 때는 개성과 그 부근 일대에 53기가 있는 것으로 보고되었다. 현재 위치가 밝혀진 왕릉은 19기에 불과하며, 나머지는 정확한 소재 파악이 불가능한 실정이다.

개성 지역 고려 왕릉 가운데 발굴조사를 통해 내부구조가 확인된 것은 태조(太祖)의 현릉(顯陵), 공민왕(恭愍王)의 현릉(玄陵)과 노국대장공주(魯國大長公主)의 정릉(正陵), 정종(定宗)의 안릉(安陵), 예종(睿宗)의 유릉(裕陵), 신종(神宗)의 양릉(陽陵), 충정왕(忠定王)의 총릉(聰陵) 등 총 8기이다. 이들 왕릉의 발굴조사를 통해 고려의 왕릉은 대체로 태조 현릉을 전형으로 삼아 조성되었으며, 고려초부터 무신집권기까지 조성된 왕릉 가운데 태조 현릉의 공간 구획과 석물 구성을 벗어나지 않았다는 사실이 확인되었다.[65]

고려 왕릉의 원형, 태조 왕건의 현릉

태조 왕건은 유언을 통해 자신의 장례와 무덤의 제도는 전한(前漢) 문제(文帝)와 북위(北魏) 문성제(文聖帝)의 고사에 의거하여 검소하게 지내라고 지시했다.[66] 전한 문제는 상례 절차를 간소하게 하라는 유조(遺詔)를 내린 황제였으며, 문성제는 윈강석굴을 축조하기 시작한 북위의 대표적인 숭불황제였다. 태조의 유언은 간소화된 의식과 왕즉불(王卽佛)사상을 표현한 장례를 치르라는 것이었다. 태조 현릉에서 장명등, 망주석 등의 석상과 정자각이 동시에 갖추어진 것은 북위 황릉제도를 받아들인 것으로 간주된다.[67]

태조 현릉의 능침제도는 고려 왕릉의 기본 골격이 되었다. 고려 왕릉은 반지하 또는 지상에 석실을 만들고 그 위에 흙을 덮는 석실봉토분(石

---

65 정해득, 『조선 왕릉제도 연구』, 신구문화사, 2013, 51쪽.
66 『高麗史』 世家 太祖 26年 5月 丙午.
67 정해득, 위의 책, 52~64쪽.

室封土墳)으로 조성되었다. 석실의 네 벽과 천정에는 벽화를 그려 장식하기도 했는데, 현재까지 벽화가 확인되는 왕릉은 총 7기이다. 고려의 왕릉은 고구려의 양식도 상당 부분 계승한 것으로 파악되고 있다.[68] 고려의 벽화에는 자연풍경, 동식물, 인물상, 별자리 등이 주를 이루고 있는데, 이는 6세기 이후 고구려 벽화에 등장하는 내용들이다.

태조의 현릉 안에서도 벽화가 발견되었는데, 동벽에는 매화나무와 청룡이, 서벽에는 소나무와 매화나무와 백화가 그려져 있다. 북벽에는 현무로 추정되는 그림이 있으나, 남벽에는 벽화가 없다. 천정에는 8개의 별이 그려졌다.[69] 고려의 벽화는 6~7세기 고구려 고분벽화의 영향을 많이 받은 것으로 보인다. 5세기경의 고구려 고분벽화에는 불교적 요소가 많이 등장하는 반면 6세기 이후에는 현무, 백호, 청룡, 주작으로 대표되는 도교적 요소가 많이 등장하는데 이는 고려 왕릉에서도 나타나는 특징이다. 나무와 별 그림이 주를 이루는 벽화의 특성은 태조 이후의 고려 왕릉에서도 거의 비슷한 형태로 나타난다. 정종의 안릉과 문종의 경릉, 신종의 양릉, 원종의 소릉, 충목왕의 명릉, 공민왕의 현릉에 공통적으로 별 그림이 등장하며, 인물이나 나무, 꽃이 묘사돼 있다. 하지만 고려 왕릉의 벽화에서 불교적 요소는 등장하지 않는다.

태조의 현릉은 거란이나 몽골이 침입할 때마다 부아산(負兒山)이나 강화 등지로 이장되었다가 난이 끝난 후에 개경으로 이장되었다. 『고려사』에는 수차례 원래의 현릉에 다시 묻는 의례를 거행했다고 나오는데, 벽화가 예전 그대로 유지되었던 것인지 다시 그린 것인지는 알 수 없다.

고려의 왕릉 제도와 석물의 설치는 대체로 통일신라의 전통을 따르고

---

68 장호수, 「개성지역 고려왕릉」, 『한국사의 구조와 전개』, 혜안, 2000, 147~151쪽.
69 장호수, 위의 논문, 154~155쪽.

▲ 고려 태조의 현릉(국립중앙박물관)

있다. 능역은 대체로 폭 10칸 내외, 길이 20칸 내외의 장방형의 땅에 봉분과 석물을 두고 그 아래에 정자각을 두었다. 봉분 앞에는 석상을 배치하고 그 아래를 4~5개의 둥근 받침돌이 떠받치기도 했다. 석상 양 옆에는 망주석을 세웠는데, 망주석은 4각이나 8각 기둥형으로 제작되었다. 정자각은 그대로 남아있는 것이 없으나, 초석이나 기와편들이 발견돼 정자각의 위치를 추정할 수 있다. 간혹 비석을 세우기도 했는데 정자각 우측에 거북 받침돌이 남아있는 경우도 있다.[70]

조선 왕릉의 원형이 된 공민왕 부부의 현·정릉

고려의 왕릉은 왕과 왕비의 능을 따로 조성하는 것이 원칙이었다. 간

---

70 장경희, 『고려왕릉』, 예맥, 2010, 20쪽.

혹 왕과 왕비가 한 능에 부장(附葬)되는 경우도 있었지만, 대부분은 각각 다른 곳에 묻혔다. 이 전례가 깨진 것은 공민왕에 의해서였다. 공민왕은 1365년(공민왕 14) 노국대장공주가 사망하자 정릉(正陵)을 설계하고 1366년(공민왕 15)부터 토목공사를 진행시켰다. 공민왕은 정릉을 조성할 때 자신의 수릉(壽陵)을 정릉 바로 곁에 지었다. 1374년 공민왕이 사망하자 그 자리에 현릉(玄陵)이 조성되었다. 현·정릉은 고려 최초의 쌍릉이다.

현·정릉은 고구려, 신라의 전통과 한(漢)·위(魏)·당(唐)·송(松)·명(明)의 제도가 결합된 독특한 형식을 갖추었고, 원과 명을 의식해 제후국의 위격으로 낮춘 의미가 담겨 있었다. 이러한 현·정릉의 조성 양식은 이후 조선 왕릉의 원형이 되었다.[71] 공민왕릉 조성에 참여했던 인력들이 신덕왕후의 정릉(貞陵) 조성에 투입되면서, 고려 왕릉의 양식은 곧바로 조선으로 계승되었다.

▲ 공민왕과 노국공주의 현·정릉(국립중앙박물관)

71 정해득, 앞의 책, 78쪽.

고려 왕실의 조상숭배시설

고려 왕실은 능, 태묘(太廟), 경령전(景靈殿), 진전사원(眞殿寺院) 등 여러 조상숭배시설을 설치하였다. 이 가운데 태묘는 왕의 신주를 모신 장소로 조선시대 종묘와 비슷한 역할을 하였으나, 그 비중에 있어서는 조선과 비교할 수 없을 정도로 작았다.

경령전은 불교식 의례와 유교식 예제가 절충된 예로, 태조와 현 국왕의 4대조의 영정을 안치한 원묘(原廟)였다. 왕의 4대조를 모신 사당이라는 점에서는 유교식 의례에 기초했으나, 경령전에 진영을 안치한 것이나 제례에 소찬(素饌)을 쓴 것은 불교식 의례가 행해졌음을 보여준다.[72]

진전사원은 절 안에 진전이 설치된 사찰이었다. 조선시대에는 진전을 수호하기 위한 진전사찰이 부속으로 설치되거나 인근의 절이 진전속사(眞殿屬寺)로 지정되는 등 진전과 사찰이 별개의 기구로 설치된데 반해 고려에서는 절 안에 진전을 설치해 진전과 사찰이 하나의 기구로 운영되었다.

고려의 국왕 장례절차에 있어서 태묘와 경령전, 진전사원은 유기적으로 연계돼 있었다. 국왕이 붕어하면 신주와 초상화가 혼전에 함께 모셔졌다. 대상(大祥)이 끝나면 신주는 태묘로 옮겨졌고, 초상화는 경령전이나 왕릉 근처에 마련된 진전사원에 안치되었다. 왕의 사망 후 진영을 사찰에 봉안한 것은 소상(小祥), 대상(大祥)과 같은 장례의식이 사찰 내의 진전에서 행해졌기 때문이다. 대상이 끝난 후에는 경령전에 진영을 봉

---

72 김철웅, 「고려시대 태묘와 원묘의 운영」, 『국사관논총』 106집, 2005, 24쪽.

안하였는데, 경령전에는 왕의 직계 4대조만 봉안할 수 있었다. 4대가 지나거나 방계 왕이 즉위하면 경령전에 있던 진영은 진전사원으로 옮겨졌다. 또한 태묘에서도 천묘된 신주는 능으로 옮겨졌다. 이처럼 고려 왕실의 조상 숭배는 태묘-능, 경령전-진전사원 등의 체계 속에서 운용되었다.[73]

고려의 태묘 제도가 정비된 것은 성종대였다. 태조대에는 고려의 예제를 정비할 겨를이 없었고, 태조의 진전사원인 봉은사(奉恩寺)도 광종대에 이르러서야 구축되었다. 이후 성종대에 유교식 예제 정비가 이루어져 원구(圓丘), 적전(籍田), 종묘(宗廟), 사직(社稷) 등의 제례를 갖추게 되었다. 성종대 이전에는 왕릉이나 진전사원에서 주로 제례의식이 이루어졌다.

진전사원은 왕의 진영을 모신 곳이라는 점에서 경령전과 유사한 형태를 보인다. 그런데 진전사원 제도가 유지되고 있음에도 왜 경령전을 별도로 마련해 운영한 것일까. 경령전에 관한 기록은 덕종(德宗) 즉위년에 처음으로 등장하는데, 그 바로 직전인 현종(顯宗)대에 처음 설치되었다고 보는 것이 대체적이다. 남송의 문화를 받아들이는데 적극적이었던 현종이 송의 경령궁(景靈宮)을 본떠 경령전을 설치했던 것으로 추정된다.

현종은 태조의 아들 왕욱(王郁)과 경종비(景宗妃) 헌정왕후(獻貞王后)가 사통하여 낳은 아들이었다. 우여곡절 끝에 왕위에 오른 현종은 생부 왕욱을 안종(安宗)으로 추존하고 사주(泗州)에 있던 왕욱의 무덤을 개경으로 이장해 건릉(乾陵)으로 추봉하였다. 건릉은 후에 무릉(茂陵)으로 개칭되었다. 또한 건릉 권내에 현화사(玄化寺)를 창건해 안종의 진영을 봉안하였

---

73 김철웅, 앞의 논문, 21쪽.

다. 재위기간 내내 생부 추숭작업에 열중했던 현종이 태묘에 부묘하지 못한 생부를 위한 별도의 제사공간으로 경령전을 새롭게 만들었다는 것이 대체적인 해석이다. 이후 경령전은 태조와 현 국왕의 직계 4대조를 모시는 또 하나의 원묘(原廟)로 기능하게 되었다. 하지만 경령전이 만들어진 것은 현종대에 와서의 일이고, 그 전에는 진전사원이 별묘(別廟)의 역할을 담당했다.

고려시대에는 네 곳의 조상숭배시설 중에서도 진전사원에서 가장 빈번하게 의례가 치러졌다. 매년 선왕의 기일이 되면 왕은 진전사원 내에 위치한 진전에서 기일재를 치르는 것이 일반적이었다. 연등회 때에도 태조의 진전사원인 봉은사에 들러 분향을 하는 것이 상례였다. 『고려사』 예지에는 유교식 예제가 불교식 예제보다 우월하게 서술돼 있지만, 실제로는 불교식 예제가 주종을 이루고 있었다.[74]

고려의 진전사원은 능침사(陵寢寺)와 재실(齋室), 별묘(別廟)의 성격을 동시에 지니고 있었다. 고려의 왕릉은 대부분 개경 그 주변에 위치해 있었고, 진전사원도 개경 내에 창건되거나 개경 내 사찰이 지정되었다. 진전사원은 왕이 쉽게 방문할 수 있는 개경 인근에 마련되었는데, 대부분 능 가까이에 설치되었던 것으로 추정된다.

고려의 진전사원은 능침사와 유사한 성격을 지니고 있었지만, 엄밀히 말해 능침사보다 훨씬 더 폭넓은 역할을 수행했다. 고려의 진전사원은 왕실의 직계 혈족을 추숭하는 원묘인 동시에 왕릉을 수호하고 선왕 선후의 명복을 비는 능침사로 역할했으며, 불교계를 통솔하는 관사의 역할도 담당했다. 즉 개인의 추복시설인 원찰의 범주를 넘어 국가의례

---

74 허흥식, 『한국의 중세문명과 사회사상』, 한국학술정보, 2013, 79쪽.

를 집전하고 종교계를 통솔하는 국찰(國刹)로서의 역할을 수행했던 것이다.

2. 진전사원의 설치 현황과 특징

『고려사』에 실린 진전사원

고려의 진전사원 제도는 광종이 951년(광종 2) 성 남쪽에 대봉은사(大奉恩寺)를 창건해 태조의 원당으로 삼고, 동쪽 교외에 불일사(佛日寺)를 창건해 모후인 신명왕후 유씨의 원당으로 삼은 데서부터 시작되었다.[75]

왕의 진영을 사찰에 모시는 진전사원 제도는 태묘나 경령전보다 앞서 마련되었다. 태묘는 성종대에 처음 설치되었고, 원묘인 경령전은 현종대에 설치되었던데 비해 불교식 추모시설인 진전사원은 이미 국초부터 제도화되었던 것이다. 이는 불교국가였던 고려에서 진전사원이 지닌 비중이 상당히 컸음을 방증한다.

진전이 설치된 사찰 관련 기록은 『고려사』 등에 단편적으로 등장하는 데다 직접적인 조사가 불가능하기 때문에 해당 사찰들의 정확한 위치를 확인하기 힘들다. 하지만 대부분 개경 근교에 설치되었던 것은 분명하다. 진전사원이 왕실 의례의 큰 축을 차지하고 있었기 때문에 왕궁에서 한나절에 오갈 수 있는 위치에 마련되었던 것이다. 간혹 논산 개태사(開泰寺)와 같은 지방의 진전사원도 존재했지만, 이는 특별한 경우에 한정되었다.

---

75 『高麗史』 世家 光宗 2年.

진전사원에는 진전의 유지비용으로 진전재가 지급되었고, 왕실의 특별한 재정적 지원이 있었다. 고려시대 진전사원은 왕의 생전에 창건되었다가 왕이 죽은 이후에는 기일재를 치르는 장소로 이용되는 경우가 많았다. 원찰이 죽은 이의 명복을 빌기 위해 조성되기도 했지만 살아있는 이의 안녕과 복락을 기원하기 위해 설치되는 경우도 있었던 것과 같은 맥락이다. 따라서 고려의 진전사원은 왕의 살아생전에는 왕과 국가의 안녕을 기원하고, 왕의 사후에는 극락왕생을 발원하는 기능을 수행하였다.

『고려사』 병지 위숙군조에는 12개의 진전사원이 기재돼 있다. 위숙군조는 개경 내의 각종 문과 궁궐, 역대 왕의 진전을 봉안한 진전사원, 왕과 왕비의 능을 수호하는 위숙군의 수를 기록했다. 고려 역대 왕이 34명이나 되고, 추존왕이 3명이나 있었음에도 왜 위숙군조에는 12개의 사원만 기록된 것일까. 그리고 12개의 사찰에만 산직장상(散職將相)이 배치되었던 이유는 무엇일까.

『고려사』 위숙군조에 기재된 12개의 진전사원은 안화사진전(安和寺眞殿), 홍원사진전(弘圓寺眞殿), 흥왕사진전(興王寺眞殿), 천수사진전(天壽寺眞殿), 대운사진전(大雲寺眞殿), 중광사진전(重光寺眞殿), 홍호사진전(弘護寺眞殿), 현화사진전(玄化寺眞殿), 국청사진전(國淸寺眞殿), 숭교사진전(崇敎寺眞殿), 건원사진전(乾元寺眞殿), 봉은사진전(奉恩寺眞殿) 등이다.[76] 이를 표로 정리하면 표 3과 같다.

위숙군조에는 진전사원의 명칭만 등장할 뿐 진전에 봉안된 왕명은 언급되지 않았다. 이들 12사찰에 고려의 역대 왕과 왕비의 진영이 봉안

---

76 『高麗史』 世家 圍宿軍.

표 3 『고려사』 위숙군조에 실린 진전사원

진전사원	봉안 대상	건립연대	위치	위숙군 수
安和寺	예종, 문경왕후	예종 12년(1117) 중창		산직장상 2명
弘圓寺	미상			〃
興王寺	문종			〃
天壽寺	숙종, 명의왕후	예종 1년(1106)	경기도 장단군 진서면 전체리	〃
大雲寺	미상	정종대(945~949) 창건		〃
重光寺	미상	현종 3년(1012)		〃
弘護寺	미상	선종 10년(1093)		〃
玄化寺	안종, 효숙왕후, 현종, 원정왕후	현종 11년(1108)	경기도 개풍군 영남면 현화리	〃
國淸寺	인예왕후(문종비)	선종 6년(1089)		〃
崇敎寺	미상	목종 3년(1000)	경기도 개성시 환희방 남쪽.	〃
乾元寺	미상	고종 12년(1225) 중창		〃
奉恩寺	태조	광종 2년(951)		산직장상 4명

되었는지, 모든 왕릉을 관리했는지는 알 수 없다. 또한 『고려사』가 집필되던 시기에 확인되는 진전만을 수록했을 가능성도 있다.[77]

위숙군조에 실린 진전사원에는 산직장상이 각각 2명이 배치되었으며, 태조의 진전사원인 봉은사에는 특별히 4명의 산직장상이 배치되었다. 각 왕릉마다 산직장상이 2명씩 배치되었던 것과 비교할 때, 진전사원이 왕릉 이상으로 중요하게 여겨졌음을 알 수 있다.

『고려사』가 발간된 것은 조선 문종 원년(1451)이었지만, 위숙군조가 작성된 것은 고려 인종(仁宗)대로 추정되고 있다. 위숙군조의 내용을 보면 예종의 능인 유릉(裕陵)과 예종비 순덕왕후(順德王后)의 수릉(綏陵)에는 각각 6명의 위숙군이 배치돼 있다. 이는 2~4명씩 배치된 다른 능에 비해 2~3배 많이 배치된 것이다. 또한 예종과 순덕왕후의 진전사원은 언급된 데 비해 인종의 진전사원은 등장하지 않는다. 인종의 부모인 예종과 순

---

77 허흥식, 앞의 책, 97쪽.

덕왕후를 가장 중시한 것으로 미루어 각 능의 산직장상 배치는 인종대에 이루어진 조치로 파악된다. 또한 『고려사』 병지 위숙군조에 등장하는 진전과 능에 대한 위숙군 설치 기록의 작성 시기는 인종대로 추정되고 있다.[78]

고려초부터 인종대까지 왕실에서는 위숙군조에 기재된 사찰보다 훨씬 더 많은 수의 진전사원을 설치하였다. 그럼에도 불구하고 12개 사찰에만 위숙군을 배치한 것은 인종대 고려 왕실에서 가장 중시한 곳이 이들 12사찰이었었기 때문인 것으로 추정된다. 12개 진전사원 가운데 봉안자가 명확한 경우는 인종의 4대조에 해당되며, 나머지 진전은 태조로부터 인종의 직계에 해당되는 국왕의 진전이었다. 따라서 인종대 위숙군이 배치된 진전사원은 인종의 직계 또는 인종과 가까운 시기에 재위했던 왕들의 추모시설이었음을 의미한다.[79]

이들 진전사원이 어떤 방식으로 운영되고 있었는지를 구체적으로 살펴보기 위해 위숙군조에 등장하는 각 사찰들을 개별적으로 살펴보기로 하겠다.

① 안화사(安和寺)

위숙군조에 실린 진전사원 중 첫 번째로 등장하는 안화사는 930년(태조 13)에 안화선원(安和禪院)이라는 이름으로 창건되었다. 이 절은 태조 왕건이 후백제의 견훤에게 살해당한 사촌동생 왕신(王信)의 명복을 빌기 위해 창건한 원찰이다. 이후 예종 때 국가적인 대찰로 중건되었고 안화

---

78 오영선, 「고려전기 군인층의 구성과 圍宿軍의 성격」, 『한국사론』 28, 서울대 국사학과, 1992, 93쪽.
79 허흥식, 앞의 책, 101쪽.

사로 개칭되었다. 안화사에는 왕이 진전 참배시 머물던 재궁이 있었다.

1118년(예종 13) 예종비 순덕왕후가 세상을 떠나자, 예종은 이 절을 중창하고 왕후의 진전을 설치했다. 『고려사』에는 예종 15년(1120) 왕이 복원궁(福源宮)에서 초제(醮祭)를 지낸 후 안화사의 순덕왕후 진당(眞堂)에 들러 술잔을 올리면서 눈물을 흘렸다[80]고 기록되었다.

예종이 붕어하자 인종은 예종의 진영도 안화사에 봉안했다. 『고려사』에 따르면, 예종의 상례가 끝난 직후 4월 정사일에 인종이 안화사(安和寺)에 행차한데 이어 임신일에 예종의 초상을 경령전에 봉안하고 혜종(惠宗)의 신주를 순릉(順陵)으로 옮겼다. 이틀 뒤인 갑술일에 예종의 신위를 태묘에 합사했다.[81] 또 소상(小祥)과 대상(大祥), 매년 기일(忌日)에도 안화사에 들러 제사를 지냈다.

② 홍원사(弘圓寺)

홍원사는 진전이 있었다는 사실만 확인될 뿐 누구의 진전이 있었는지는 확인되지 않는다. 예종과 인종, 숙종이 행차를 한 적이 있고, 충렬왕 때에도 진전직(眞殿直)이 재직하고 있었다는 기록만 남아있다.[82]

③ 흥왕사(興王寺)

흥왕사는 1067년(문종 21)에 낙성된 왕실원찰이었다. 총 2,800칸으로 이루어진 흥왕사는 1056년(문종 10)에 공사에 착수에 12년 만에 완공되었다. 완공을 기념하는 재를 올릴 때 각 지방에서 수많은 승려들이 모여들

---

80 『高麗史』 世家 睿宗 15年 6月 丁亥.
81 『高麗史』 世家 仁宗 2年 4月 甲戌.
82 『高麗史』 世家 忠烈王 6年 4月 丙戌.

었다. 이에 병부상서(兵部尙書) 김양(金陽)과 우가승록(右街僧錄) 도원(道元) 등을 시켜 계율을 잘 닦은 승려 1,000명을 골라서 재에 참석하게 한 후, 그들을 흥왕사에 상주시켰다. 이 해에 특별히 흥왕사에서 닷새 밤낮에 걸쳐 연등대회(燃燈大會)를 열었는데, 이처럼 성대한 불교 행사는 전무후무한 일이라 할 정도로 화려하게 개최되었다.[83] 흥왕사가 개창될 당시에는 진전에서 행향(行香)한 사례가 없으나, 선종(宣宗)이 문종(文宗)의 대상일(大祥日)에 흥왕사에서 행향하였다는 기록으로 볼 때 문종이 자신의 원찰로 창건한 것으로 보인다.[84]

④ 천수사(天壽寺)

천수사는 숙종(肅宗)이 자신의 원찰로 창건한 사찰이다. 이후 숙종의 아들인 예종은 즉위년인 1106년 9월에 평장사 윤관(尹瓘)에게 이 절을 중창할 것을 명하였다. 1111년(예종 6)에 태사가 천수사의 지세가 좋지 않으니 약사원(藥師院)을 헐고 그 자리로 옮기자고 건의하자 예종이 직접 약사원으로 가서 지세를 살핀 뒤 천수사를 신축했다. 천수사는 약 5년여의 공사를 거쳐 1116년(예종 11)에 낙성되었다. 천수사가 완공된 직후 예종은 숙종과 명의태후(明懿王后)의 진영을 절에 봉안했다. 이후 예종은 숙종과 명의왕후의 기일마다 천수사를 방문해 부모의 진전에 행향했다. 1260년(원종 1)에는 고종의 소상을 맞아 고종의 초상을 천수사로 옮겨 봉안했다.[85] 하지만 이후의 기록에서는 천수사에서 고종의 제사를 지냈다는 내용이 확인되지 않는 것으로 미루어, 고종의 소상재만 천수사에서

---

83 『高麗史』世家 文宗 21년 正月 戊辰.
84 허흥식, 앞의 책, 95쪽.
85 『高麗史』世家 元宗 元年 6月 丙寅.

설행했던 것으로 보인다.

⑤ 대운사(大雲寺)

대운사는 누구의 진전사원인지 명확하지 않다. 다만 문종이 "대운사는 선왕이 창건했다."고 언급한 것으로 볼 때[86] 정종(靖宗)이 생전에 자신의 원당으로 창건했다가 사후에 정종의 진전사원이 된 것으로 추정된다. 1048년(문종 2)에 절의 공사를 중지하자는 대신들의 건의가 있었던 것으로 미루어 문종이 대대적인 중창을 할 정도로 중시했던 절로 보인다.

⑥ 중광사(重光寺)

중광사는 1012년(현종 3)에 창건된 절이었다. 그런데 1027년(현종 18)과 1029년(현종 20), 그리고 1032년(덕종 즉위년)까지도 공사 인부를 징발한 기록으로 보아 상당히 큰 규모로 지어진 절이었던 것으로 추정된다. 이 절이 누구의 진전이었는지 밝혀지지 않았지만, 현종의 생부인 안종과 생모 헌정왕후의 진전으로 추정되고 있다.[87]

⑦ 홍호사(弘護寺)

홍호사는 1093년(선종 10)에 창건된 절이었다. 『동국통감』 고려기에는 선종이 절을 창건하려고 태사에게 명하여 성의 동쪽에 터를 보게 하고, 또 친히 가서 보고는 마침내 큰 절을 창건하여 홍호사라는 이름을 내렸다고 기록돼 있다.[88] 이후 선종의 동생인 숙종이 이 절에 행차했다는

---

86 『高麗史』世家 文宗 18年 4月 庚午.
87 허흥식, 앞의 책, 95~96쪽.

기록으로 볼 때[89] 선종의 진전사원이었던 것으로 추정된다.

⑧ 현화사(玄化寺)

현화사는 현종이 1018년(현종 9) 부모의 명복을 빌기 위해 창건한 절이다. 창건 당시 붙여진 이름은 대자은현화사(大慈恩玄化寺)였다.[90] 현화사에는 창건 당시부터 안종과 헌정왕후의 진영이 봉안되었을 것으로 보인다.

현종이 세상을 떠난 후 현화사는 현종의 진전사원이 되었다. 덕종이 죽은 선왕을 위해 열린 휘신도량(諱辰道場)에 참석하기 위해 현화사로 갔다[91]는 기록을 통해 현종 사후 진전사원으로 지정되었음을 확인할 수 있다.

현화사에는 강종의 진전도 설치되었다. 『고려사』의 고종 12년(1225) 기사에 따르면 강종의 기일을 맞아 승려 2백 명에게 음식을 대접했다. 강종의 진전이 현화사에 있어 기일이면 절에 가서 분향하는 것이 상례였으나, 경진년(1220) 이래로는 나라가 다사다난해 왕이 친히 갈 수가 없었다고 『고려사』는 전한다.[92]

1217년(고종 4)에 거란군이 침입하자 안종과 현종, 강종의 초상을 숭교사(崇教寺)로 이봉했다.[93] 후에 숭교사에 있던 강종의 신어(神御)는 왕륜사(王輪寺)로 다시 옮겨졌다.[94]

현화사는 현종이 창건한 이래 고려 왕실에서 매우 중시하는 사찰로

---

88 『東國通鑑』 卷18 高麗紀.
89 『高麗史』 世家 肅宗 6年 3月.
90 『高麗史』 世家 顯宗 9年 6月.
91 『高麗史』 世家 德宗 元年 5月.
92 『高麗史』 世家 高宗 12年 8月.
93 『高麗史』 世家 高宗 4年.
94 『高麗史』 世家 高宗 4年 8月.

유지되었다. 문종의 둘째 아들인 대각국사(大覺國師) 의천(義天)이 현화사에서 출가를 했으며, 고려의 최대 종파 중 하나인 유가종(瑜伽宗)의 중심 사원이기도 했다.

⑨ 국청사(國淸寺)

국청사는 문종비 인예왕후(仁睿王后)의 주도로 창건된 사찰이었다. 1089년(선종 6)에 짓기 시작해 1097년(숙종 2)에 낙성되었다. 이는 인예왕후의 넷째 아들인 의천의 요청에 따른 것이었다. 인예왕후는 10명의 아들을 낳았는데 그중 첫째 아들이 12대 왕인 순종(順宗)이고, 둘째 아들이 13대 왕인 선종, 셋째 아들이 15대 왕인 숙종이었다. 그리고 두 아들이 출가를 했는데 대각국사 의천과 도생승통(道生僧統) 왕탱(王竀)이다.

국청사는 태후의 전폭적인 지원하에 국가적인 비호를 받으며 창건되었다. 의천이 창종한 천태종(天台宗)의 중심사찰이 되었을 뿐만 아니라 인예왕후 사후에는 왕후의 진전이 마련되어 기신도량(忌晨道場)으로 활용되었다.

⑩ 숭교사(崇敎寺)

숭교사는 목종(穆宗)이 재위 3년째 되던 해인 1000년에 자신의 원찰로 창건한 절이었다.[95] 누구의 진전이 있었는지는 명확하지 않으나, 목종이나 그 시기 왕비의 진전이었을 것으로 추정된다. 목종대에 대량군(현종)이 천추태후(天秋太后)를 피해 숭교사에 은신한 적이 있었으며, 거란군 침입 당시에는 현화사에 있던 세 왕의 진영이 숭교사로 잠시 옮겨지기

---

95 『高麗史』 世家 穆宗 3年 10月.

도 했다.

⑪ 건원사(乾元寺)

건원사는 언제 창건되었는지는 명확하지 않으나 1217년(고종 4)에 폐
사되었다가 1225년(고종 12)에 중창된 절이다.[96] 당시 거란이 침입해오자
최충헌은 술사 이지식(李知識)으로부터 "건원사를 허물면 적이 물러갈
것"이라는 말을 믿고 건원사를 폐사시켰다.[97] 이후 고종 12년에 낙성되
었다는 기록만 나올 뿐 누구의 진전이었는지는 알려진 바가 없다.

⑫ 봉은사(奉恩寺)

위숙군조 맨 마지막에 실린 봉은사진전은 태조 왕건의 진전이었다.
봉은사는 951년(광종 2)에 개경의 성 남쪽에 지어졌다. 봉은사진전에는
다른 진전의 2배에 해당되는 4명의 산직장상이 배치되었다. 고려의 역
대 왕들은 태조의 기일에는 물론 국가에 큰일이 있을 때에도 봉은사에
자주 참배하러 갔는데, 이 전통은 고려말까지 계속되었다. 태조의 원당
은 봉은사 이외에도 영통사, 대안사, 개태사 등 여러 곳에 설치되었지만,
봉은사는 그중에서도 가장 대표격인 태조 진전이었다.

역대 왕의 진전사원 현황

『고려사』병지 위숙군조에 등장하는 진전사원은 총 12개에 불과하지
만, 『고려사』에서 왕과 왕비의 진전이 설치된 것으로 확인되는 사찰은

---

96 『高麗史』世家 高宗 12年.
97 『東國通鑑』高麗 高宗 4年.

표 4 고려 왕릉과 대표 진전사원

	왕명	왕릉	왕릉 소재지	대표 진전사원	진전사원 소재지
	세조(추존)	昌陵	예성강 동안		
1	태조	顯陵	개성시 개풍군 고령리	봉은사	개성시 태평동
2	혜종	順陵	개성시 가화동		
3	정종	安陵	개성시 개풍군 고남리		
4	광종	憲陵	개성시 삼거리		
5	경종	榮陵	개성시 판문군 판문읍		
6	성종	康陵	개성시 판문군 진봉리	건원사/개국사	개성
7	목종	義陵	미상		
8	현종	宣陵	개성시 개풍군 해선리	숭교사	개성시 歡喜坊 남쪽
	안종(추존)	乾陵	개성시 장풍군 월고리	현화사	개풍군 영남면 현리리
9	덕종	肅陵	미상		
10	정종	周陵	미상	대운사	개성
11	문종	景陵	개성시 판문군 선적리	영통사	개풍군 영남면 영통동
13	선종	仁陵	개성 동쪽		
14	헌종	隱陵	미상		
15	숙종	英陵	개성시 판문군 판문리	개국사/천수사	개성시 독암동 炭峴門밖/장단군 진서면 전체리
16	예종	裕陵	개성시 개풍군 오산리	안화사	개성시 송악산 자하동
17	인종	長陵	개성 남쪽	영통사	개풍군 영남면 영통동
18	의종	禧陵	미상	해안사/선효사	개성시 곡령리 해안동/도성 동쪽
19	명종	智陵	개성시 판문군 두매리	영통사	개풍군 영남면 영통동
20	신종	陽陵	개성시 개풍군 고남리	효신사	양릉 근처
21	희종	碩陵	강화군 양도면 능내리		
22	강종	厚陵	미상	현화사	개풍군 영남면 현화리
23	고종	洪陵	강화군 강화읍 국화리		
24	원종	韶陵	개성시 룡흥동	안화사	개성시 송악산 자하동
25	충렬왕	慶陵	미상	묘련사	개성 삼현리
26	충선왕	德陵	미상	흥천사	개성
27	충숙왕	毅陵	미상	천수사	장단군 진서면 전체리
28	충혜왕	永陵	미상	신효사	개풍군 중서면 토성리 묵사동
29	충목왕	明陵	개성시 개풍군 연릉리	귀산사	개성
30	충정왕	聰陵	개성시 개풍군 오산리	보제사	개성시 한천동
31	공민왕	玄陵	개성시 개풍군 해선리	왕륜사/보제사	개성시 송악산 고려동/개성시 한천동
32	우왕	禑王墓	미상		
33	창왕	昌王墓	미상		
34	공양왕	高陵	강원도 삼척시 근덕면		

60여 곳에 달한다.[98] 위숙군조 기록에는 산직장상이 파견된 사찰만 기재되었기 때문이다.

『고려사』 등의 기록을 토대로 고려 역대왕의 대표적인 진전사원을 정리하면 표 4와 같다. 왕비의 진전사원은 미확인되는 경우가 많아 왕의 진전사원을 대상으로 정리하였다. 표 4에 기재된 진전사원은 『고려사』에서 왕의 진전이 확인되거나 기일에 왕이 행차해 분향을 했던 사찰로, 오늘날의 개성과 개풍 지역에 절터만 남아 있거나 정확한 위치가 확인되지 않는 경우가 대부분이다.

대부분의 고려 왕의 진전사원이 개경 인근 지역에 위치해 있던 것과 달리, 태조의 진전은 전국 각지에 위치해 있었다. 태조의 대표적인 진전은 개경의 봉은사였으나 이외에도 여러 곳에 태조의 진전이 설치되었던 사실이 확인된다. 『고려사』에 따르면 태조의 진전은 영통사에도 마련돼 있었다. 영통사는 원래 인종의 진전사원으로 창건된 절이었으나, 태조의 부친인 세조와 태조, 인종의 진영이 영통사에 봉안돼 있었다.[99] 이후 충선왕대에는 명종의 진영도 영통사에 봉안됐다. 태조의 영정은 개경 대안사(大安寺), 논산 개태사(開泰寺), 안성 봉업사(奉業寺), 문경 양산사(陽山寺), 풍기 용천사(龍泉寺)에도 안치돼 있었다.

개태사는 태조가 살아생전 원찰로 창건한 사찰이었다. 태조는 후백제를 평정한 기념으로 황산 골짜기에 절을 짓고 개태사라 명명하였고, 이후 태조의 진영을 봉안한 사찰로 계속 유지되었다. 안성 봉업사와 문경 양산사(현 봉암사)에도 태조의 진영이 안치돼 있었다는 기록이 확인되지만, 난을 피해 진전을 옮긴 사실만 확인될 뿐 언제부터 진전이 설치되었

98 한기문, 『高麗寺院의 構造와 機能』, 민족사, 1998, 222~224쪽.
99 『高麗史』 世家 明宗 2年 3月.

는지는 확인되지 않는다. 개태사와 봉업사, 양산사의 태조 진전이 모두 후삼국 전쟁 당시의 군사적 요충지에 위치한 것으로 미루어 태조가 건국 과정에서 각 지역의 랜드마크로 세운 진전들로 추정된다.

광종 이후 경종과 성종대에는 사찰에 진전을 설치한 기록이 발견되지 않는다. 이때까지 진전사원 제도가 고려에 정착되지는 않았던 것인지 혹은 기록의 누락 때문인지는 알 수 없지만, 진전사원 제도가 체계화된 것이 확인되는 시점은 목종대부터이다. 목종은 모후인 헌애왕후(천추태후)의 진전사원으로 진관사를 창건하였다.[100] 이후 현종은 생부인 안종의 진전사원으로 현화사를 창건하였다. 그 밖에도 현종의 숭교사, 정종의 대운사, 문종의 영통사 등 왕의 진전사원은 본인 혹은 아들대에 마련되었다. 이로 볼 때 11세기 초가 되면 고려의 진전사원이 하나의 제도로 정착된 것으로 보인다.

무신집권기에는 진전사원 제도가 불안정한 양상을 보인다. 명종은 의종의 진전을 개경 해안사(海安寺)에 설치하였다가 선효사(宣孝寺), 불주사(佛住寺)로 재차 옮겼는데, 무신정권의 압박 때문에 세 번이나 진전을 옮겼던 것이다. 이후 명종의 진전은 영통사에, 신종의 진전은 효신사(孝信寺)에 마련되었지만 강화로 유배를 간 희종의 진전이 설치되었던 기록은 찾아볼 수 없다.

몽골 침입으로 강화 천도가 이루어진 시기에는 진전사원의 의례가 중단되었던 것으로 보인다. 이 시기는 사찰 내 진전에서 제사를 지냈다는 기록이 전혀 확인되지 않는다. 강종의 능은 강화에 있는 것으로 추정되지만, 강종의 진전은 개경에 있는 현화사에 마련되었다. 『고려사』에

---

100 『高麗史』 世家 穆宗 2年 7月.

따르면, "강종의 기일이면 현화사에 가서 분향하는 것이 상례였으나 경진년 이래로 나라가 다사다난해 왕이 친히 갈 수 없었다."고 하였다. 강화에서 사망한 고종의 능은 강화도에 마련되었으나, 진전사원이 설치되었던 기록은 확인되지 않는다.

원 간섭기에 들어서면서 진전사원의 설치와 의례는 재개되었다. 충렬왕비 제국공주의 진전이 묘련사(妙蓮寺)에 설치되었고, 충렬왕이 죽은 후에는 충렬왕의 진전도 묘련사에 마련되었으며, 충선왕의 진전도 묘련사에 설치되었다. 충선왕비 의비(懿妃)의 진전은 원래 청운사(青雲寺)에 있었으나 후에 묘련사로 옮겨졌다. 충목왕의 진전은 귀산사(龜山寺)에, 충정왕의 진전은 보제사(普濟寺)에 설치되었다.

공민왕비 노국대장공주의 진전은 왕륜사(王輪寺)에 설치되었는데, 정릉(正陵) 옆에 위치한 광통보제선사(廣通普濟禪寺)에도 추가로 진전이 마련되었다. 광암사(光巖寺), 운암사(雲巖寺)로 불리던 이 절은 정릉의 능침사가 되면서 공민왕으로부터 광통보제선사라는 사액을 받았다. 공민왕이 죽은 후에는 공민왕의 진전도 광통보제선사에 마련되었다. 고려의 마지막 진전사원은 공양왕의 부친인 한국공(韓國公)의 영당이 설치된 양릉사(陽陵寺)였다.

요컨대 고려시대에는 위숙군조에 실리지 않은 다수의 진전사원이 존재했고, 현재 확인되는 왕의 진전사원은 약 50~60개에 달한다. 고려 왕과 왕비의 진전사원은 대부분 개경 인근에 위치해 있었다. 『신증동국여지승람』에 나오는 고려의 왕실원찰도 대부분 소재지가 개성부와 그 인근에 위치해 있었다. 이는 국왕들이 참배를 다니기 쉽도록 개경 1~2리 이내에 진전사원들이 대부분 설치되었기 때문이다. 현화사나 묘련사, 영통사 등 복수의 왕이나 왕비의 진전이 함께 설치된 사찰도 있었으며, 태조와 같이 여러 곳에 진전이 설치된 경우도 있었다. 조선에서는 성리학의 영향으로 신주가 여러 곳에 봉안되는 것을 불경하다고 여겼던 반면 고려시대에는 여러 곳에 신주나 영정을 설치하는 것이 문제되지 않았다. 이로 인해 고려에서는 다수의 조상숭배시설에 왕과 왕비의 진영이 봉안되었다.

별묘(別廟)의 기능

고려 왕실의 진전사원은 조선의 능침사에 비해 별묘로서의 기능이 훨씬 더 컸다. 불교국가인 고려에서는 유교적 의례보다 불교적 의례가 더욱 성행했다. 태묘에서 이루어지는 의례보다 진전사원에서 치러지는 의례가 훨씬 더 빈번하게 확인되는 것은 불교국가로서의 특징을 보여준다. 왕이나 왕비의 기일재는 주로 진전사원에서 이루어졌다. 현종대에 경령전이 마련된 이후 경령전에서 기일재를 치르는 경우도 있었지만 대체로 고려의 왕들은 진전사원에 들러 행향했다.

진전사원에서 치러지는 가장 큰 연례행사는 연등회 때의 봉은행향(奉恩行香)과 기일재였다. 매년 2월 보름에 연등을 달고 부처의 탄생을 축하하는 행사가 열릴 때면 고려의 역대 왕들은 하루 전부터 태조의 진전이 있는 봉은사로 행차해 진영을 참배했다.[101] 진전사원에서 치러지는 또 하나의 연례행사는 국왕이 직접 참석하는 기일재였다. 대체로 현 국왕의 부왕이나 모후의 기일재에 참석하는 것이 일반적이었다. 『고려사』에는 진전사원을 일컬어 기신도량(忌晨道場) 내지 휘신도량(諱辰道場)이라 지

---

101 『高麗史』 世家 定宗 4年 2月.

칭하는 경우가 종종 확인되는데, 이는 진전사원의 주된 역할이 기신재(忌晨齋)의 설행이었음을 보여준다. 『고려사』에서는 '선왕의 기일에 진전에서 치르는 의식[先王諱辰眞殿酌獻儀]'이 다음과 같이 기록돼 있다.

　… 어가가 진전의 문 밖에 도착하면 국왕은 어연에서 내려 장막[幄次] 안으로 들어간다. 전(殿) 안에서 술을 따라 올리는[酌獻] 의례는 모두 연등소회(燃燈小會) 때 어가가 행차할 때의 의례와 같이 한다. 술을 따라 올릴 때, 재신(宰臣) 이하 문·무 백관은 모두 검은 허리띠[皂鞓]를 두른다.[102]

이처럼 진전에서 기일재를 치르는 의식은 문무백관이 모두 참석하는 국가적 예제로 구축되었다. 또한 연등회 때 태조진전에서 치르는 의식도 이와 같은 의례 절차에 따라 이루어졌다.

진전에서 의식을 치르기에 앞서 왕들은 스스로 절제하고 조정 대신은 물론 일반인들에게도 살생을 금지하고 근신할 것을 명했다. 성종은 "태조 및 부왕이신 대종과 모후이신 선의왕후께서 돌아가신 달에는 짐승의 도살을 금하고, 육식을 하지 말라."는 교서를 내렸으며, 문종은 부왕의 기일을 맞아 흰 난삼[素襴]을 착용하고 정전(正殿)을 피해 있으면서 전국에 지시해 한 달 동안 주악과 사냥을 금지시켰다. 진전사원에서 치러지는 기신재는 고려 국왕이 매년 수행해야 할 의무이자 중요한 국가의식으로 간주되었다.

고려 진전사원이 담당했던 별묘로서의 기능은 후에 조선초의 진전제도에 큰 영향을 끼쳤다. 조선초 문소전에 부속불당으로 내원당을 설

---

102 『高麗史』 禮誌 先王諱辰眞殿酌獻儀.

치한 것이나, 함흥과 전주 등에 마련된 진전에 부속사찰을 지정한 것은 고려 진전사원의 기본 골격을 계승한 것이었다.

왕릉의 수호와 관리

고려의 진전사원은 조선전기 능침사와 매우 유사한 특징을 지니고 있었지만, 왕릉에 딸린 사찰의 성격보다는 선왕의 제사를 담당하는 불교식 사당의 성격이 더 강했다. 고려 왕릉과 진전사원은 개경 내에서도 가까운 거리에 위치하기는 했지만 반드시 능 바로 옆에 마련되는 것은 아니었다. 그러나 간혹 왕릉 인근에 마련되는 경우도 있었는데, 대표적인 예가 현화사였다. 현화사의 창건 내역을 적은 「현화사비음기(玄化寺碑陰記)」에는 능침사의 성격이 다음과 같이 잘 드러나 있다.

능 동쪽 근처에 산수가 빙 둘린 형세가 있었다. 이 오묘한 경지에 유명한 사찰을 세워 부모를 추천(追薦)하여 명복을 빌기를 원했다. 황금의 길지에 시작된 공사가 막 끝나고 절 안 서북쪽에 따로 진전을 열어 황고안종헌경영문효의대왕(皇考安宗憲景英文孝懿大王) 황비효숙인혜순성대왕태후(皇妣孝肅仁惠順聖大王太后)와 아울러 황자성목장공주원정왕후(皇姊成穆長公主元貞王后)의 진영을 안치하니, 좋은 인연을 받들었고 옆에 계신 듯한 정성을 펴게 되었다.[103]

위의 비문 내용은 고려시대 왕릉과 진전, 사찰의 밀접한 관계를 잘 보여준다. 능 가까운 곳에 사찰을 세워 부모의 명복을 빌고 절 안에 진

---

103 『韓國金石全文』 「玄化寺碑陰記」

전을 마련하는 것이 효성을 다하기 위해서임을 강조한 것이다.

진전사원의 승려들은 매년 기일 때마다 기신재를 집전했을 뿐만 아니라 왕릉을 보호 및 수리하는 역할도 담당했다. 1208년(희종 4) 안종의 무덤인 무릉이 도굴당하는 사건이 발생하자, 희종은 능을 관리하는 예부(禮部)의 담당 부서로 하여금 모든 왕릉을 두루 살펴보게 하였다. 그 결과 이미 도굴 당한 왕릉이 대여섯 군데나 발견되었다. 이에 희종은 중사(中使)로 하여금 각 원찰의 승려를 동원해 수리하게 했다.[104] 이 조치는 역대 왕릉에 각각의 원찰이 지정되었고, 각 원찰의 승려들이 왕릉을 관리하였다는 사실을 알려준다.

북송대와 조선초에 설치된 능침사가 능역 안에 위치했던 것과 달리, 고려의 진전사원은 개경 인근에 위치하기는 했지만 반드시 능역 안에 설치된 것은 아니었다. 하지만 고려 왕릉과 진전사원이 매우 밀접한 관계를 갖고 있었던 것은 분명하다.[105] 현종이 안종의 능 옆에 현화사를 창건한 것이나, 희종이 신종의 양릉(陽陵) 옆에 신효사(神孝寺)를 중창하고 원당으로 삼은 것, 무릉이 도굴되자 원찰의 승려들로 하여금 수리하게 한 것, 공민왕대 노국공주의 정릉 옆에 있던 운암사를 원당으로 삼은 것 등을 통해 진전사원이 왕릉의 추천시설이자 관리기구로 역할했음을 확인할 수 있다.

국왕의 정치적 기반

고려의 역대 왕들은 선왕이나 자신의 진전사원을 세워 왕권의 기반을

---

104 『高麗史』世家 熙宗 4年.
105 한기문, 앞의 책, 231~232쪽.

확보하고 불교계를 통제하는 구심점으로 삼고자 하였다. 태조가 개경 10사(寺)를 창건한 것도 이러한 맥락으로 이해된다. 이후 광종은 봉은사, 불일사(佛日寺), 숭선사(崇善寺) 등을 창건하고 태조와 신명왕후의 원당으로 삼은 후 자주 법회를 개최했다. 여기에는 왕권을 강화하고 호족세력을 약화시키기 위한 정치적 의도가 내재돼 있었다.[106]

현종이 현화사를 창건해 생부와 모후의 원당으로 삼은 것은 자신의 정통성을 확보하는 동시에 현종을 지지하는 유가종단과의 결속을 강화시키는 역할을 했다. 현화사의 창건에 관여한 인물들은 현종의 즉위에 큰 공로를 세운 인물들이었고, 현화사 주지도 현종의 지지 세력과 연관 있는 인물들이었다. 현종의 아들 문종은 흥왕사를 창건해 자신의 원당으로 삼는 동시에 흥왕사를 화엄종에 소속시켰다. 현종 대에 현화사를 중심으로 유가종의 세력이 지나치게 커지자, 흥왕사를 화엄종의 구심점으로 삼고 화엄교단을 적극 결집하려는 의도였다.[107]

숙종이 동생인 의천을 통해 천태종을 개창하고 국청사를 모후의 진전사원으로 삼은 것이나, 예종이 천수사를 완성해 숙종과 명의왕후의 진전사원으로 삼았던 것도 불교계 내에 국왕의 정치적 기반을 확보하려는 의도가 깔려 있었다.

이처럼 고려의 진전사원은 선왕 선후를 추모하는 조상숭배시설이었을 뿐만 아니라 국왕의 불교계 지지기반 확보를 위한 정치적 시설물로도 기능했다. 진전사원을 창건하는데 적극적이었던 왕대는 대체로 강력한 왕권을 행사하거나 왕권 강화를 도모하던 시기였다.[108] 고려시대는

---

106 한기문, 앞의 책, 252쪽.
107 한기문, 「高麗中期 興王寺의 創建과 華嚴宗團」, 『鄕土文化』 5, 1990.
108 한기문, 앞의 책, 255쪽.

불교를 국교로 하는 시기였기 때문에 불교 교단의 통제는 왕권 강화와 직결되는 문제였다. 왕권이 약화된 시기일수록 지방 호족층의 지지기반이 되는 종파나 사찰이 번성했다. 고려의 역대 왕들은 진전사원을 통해 표면적으로는 효를 실천하고 선왕 선후를 위한 각종 예제를 설행했지만, 그 이면으로는 불교계와 민심을 장악함으로써 국정 운영의 효율성을 높이고자 하였다.

2부

조선시대 왕릉
수호사찰 현황

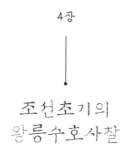

4장

조선초기의
왕릉수호사찰

1. 이성계 4대조 묘의 봉릉과 재궁

4대조 묘를 왕릉으로 추봉

태조는 조선 개국 직후인 1392년(태조 1) 8월에 자신의 4대조 묘를 능으로 승격시키고 능역을 정비하는 작업을 시행하였다. 태조의 명을 받은 이방원은 동북면 4대조의 능에서 제사를 지내고 능호를 올려 환조(桓祖) 이자춘(李子春)의 정릉(定陵), 환조비 의혜왕후(懿惠王后)의 화릉(和陵), 도조(度祖) 이춘(李椿)의 의릉(義陵), 도조비 경순왕후(敬順王后)의 순릉(純

陵), 익조(翼祖) 이행리(李行里)의 지릉(智陵), 익조비 정숙왕후(貞淑王后)의 숙릉(淑陵), 목조(穆祖) 이안사(李安社)의 덕릉(德陵), 목조비 효공왕후(孝恭王后)의 안릉(安陵)이 정비되었다.[109] 곧이어 10월에는 각 능마다 능직(陵直) 권무(權務)와 수릉호(守陵戶)를 두었고 재궁을 설치했다.[110]

불교식 재궁의 설치

이성계 4대조의 능에 능침사가 설치되었다는 기록은 나타나지 않지만, 『세종실록』을 통해 1392년(태조1)에 세워진 각 능의 재궁이 능침사로 기능하였음을 확인할 수 있다. 『세종실록』에는 예조에서 "지릉·숙릉·의릉·순릉·정릉·화릉·덕릉·안릉의 재궁을 수호하는 중들에게 이제부터 의릉 재궁의 예에 의거해서 각 5명분의 삭료(朔料)를 급여하기를 청한다."고 계를 올린 내용이 등장한다.[111] 이 기록은 동북면에 위치한 여덟 곳의 왕릉 재궁을 승려들이 수호했다는 사실과 더불어 재궁이 불교식 시설로 운영되었음을 알려준다. 하지만 당시 재궁에 별도의 사찰명이 있었는지에 대해서는 확인되지 않는다. 동북면 8릉 국내에 사찰이 있었다는 기록이 전무한 것으로 미루어, 왕릉 인근의 사찰 승려들이 파견돼 재궁에서 상주하는 형태로 운영되었던 것이라 추측된다.

조선후기에 이르면 동북면 8릉의 불교식 재궁은 모두 철폐되었거나 다른 용도로 변경된 것으로 보인다. 1726년(영조 2)에 영조는 북로에 있는 여러 능을 봉심하게 하였는데, 당시 가주서(假注書) 이수해(李壽海) 등

---

109 『태조실록』 권1, 태조 1년 8월 8일.
110 『태조실록』 권2, 태조 1년 10월 28일.
111 『세종실록』 권24, 세종 6년 4월 21일.

표 5 『묘전궁릉원묘조포사조』에 실린 동북면 8릉의 조포사

王陵名	陵主	位置	造泡寺	位置	類型
德安陵	穆祖 孝恭王后	新興郡加平面陵里	成佛寺	定平郡長原面東溪里	造泡寺
智陵	翼祖	安邊郡瑞谷面陵里	없음	-	-
淑陵	貞淑王后	文川郡都草面陵前里	青蓮寺	文川郡龜山面故宗里	造泡寺
義陵	度祖	咸興雲田面雲興里	大洞寺	北青郡	造泡寺
純陵	敬順王后	咸興郡西湖面陵前里	隱寂寺	洪原郡孝賢面頭無山	造泡寺
定和陵	桓祖 懿惠王后	咸興郡北州東面慶興里	龍興寺	咸興郡白雲山	造泡寺
		〃	開心寺	新興郡千佛山	造泡寺

이 보고한 바에 따르면 함경도에 위치한 능 가운데 지릉과 숙릉에는 지사승(持寺僧)이라 불리는 승려들이 배속돼 있었지만, 나머지 능에는 배속되지 않았다. 지릉과 숙릉에 지사승이 있고 이들의 본찰이 모두 능에서 수십리 밖에 있다는 기록만 나올 뿐 절 이름은 전해지지 않는다.[112]

『묘전궁릉원묘조포사조』에는 함경도에 위치한 각 능의 조포사에 관한 기록이 표 5와 같이 남아있다.

① 덕릉(德陵)·안릉(安陵)

덕릉은 이성계의 고조부 목조 이안사의 능이고 안릉은 목조비 효공왕후의 능이다. 함경남도 신흥군 가평면 능리에 위치해 있다. 두 능은 쌍릉으로 조성되었지만, 왕과 왕비릉에 각각의 능호가 붙었다.

조선 초에 불교식 재궁이 설치된 것은 확인되나 절 이름은 알 수 없다. 『묘전궁릉원묘조포사조』에는 함남 정평군 장원면에 위치한 성불사(成佛寺)가 두 능의 조포사로 기록돼 있다. 원래는 덕·안릉에서 약 40리

---

112 『승정원일기』 33책 영조 2년 5월 20일.

정도 떨어져 있는 신흥군 원평면의 개심사(開心寺)가 덕·안릉의 조포사였으나 역의 부담이 너무 커서 조포역을 포기하고 정·화릉의 조포사인 귀주사(歸州寺)를 돕는 역할로 바뀌었다고 한다. 이후 개심사 대신 성불사가 덕·안릉의 조포사로 지정되었다. 『묘전궁릉원묘조포사조』가 작성될 당시인 1930년경의 성불사는 승려가 없는 빈 절로 남아있었다. 성불사가 조포의 역을 담당한 대가로 받은 보조나 경제적 지원은 없었다고 조사되었다.[113]

② 지릉(智陵)

지릉은 이성계의 증조부 익조 이행리의 능으로, 함경남도 안변군 서곡면 능리에 위치해 있다. 조선초에 능역 안에 불교식 재궁이 설치되었다. 조선후기에는 석왕사(釋王寺)가 지릉의 입번을 담당하였으나 석왕사가 내수사의 속사로 지정되면서 조포의 역은 혁파되었다. 『승정원일기』에는 석왕사의 조포역이 혁파된 후 다른 절의 승려가 입번을 담당하였다고 했으나, 절 이름은 확인되지 않는다.[114]

1732년(영조 9) 지릉의 정자각을 수리하면서 작성된 『지릉정자각개건의궤(智陵丁字閣改建儀軌)』에는 정자각 공사에 승군들이 동원되었다는 내용이 실려 있다. 당시 역군 민정이 1,212명, 승군 810명이 부역에 동원되었으며, 화승 6명도 참여하였다.[115] 승려들은 주로 석왕사를 비롯한 함경도 지역의 사찰의 승려들이 동원되었고, 화승은 단청을 칠하는 작업을 위해 동원된 것으로 보인다.

---

113 『廟殿宮陵園墓造泡寺調』, 24쪽.
114 『승정원일기』 33책 영조 2년 5월 20일.
115 『智陵丁字閣改建儀軌』(K2-3593) 17~20쪽.

『묘전궁릉원묘조포사조』에 따르면 조선말에는 조포사가 없는 것으로 조사되었다.[116]

③ 숙릉(淑陵)

숙릉은 익조비 정숙왕후의 능으로, 함경남도 문천군 도초면 능전리에 위치해 있다. 조선초에 능역 내에 불교식 재궁이 설치되었다. 이후의 능침사 관련 기록은 전무하며, 『묘전궁릉원묘조포사조』에는 숙릉의 조포사가 문천군 귀산면에 위치한 청련사(靑蓮寺)로 기록돼 있다. 숙릉과 청련사의 거리는 15리(약 5.9km) 정도 떨어져 있다.[117] 1931년 동아일보 기사에 문천 청련사가 등장하는 것으로 보아,[118] 일제강점기까지 사세가 유지되었던 것으로 보인다. 하지만 오늘날까지 유지되고 있는지의 여부는 확인되지 않는다.

④ 의릉(義陵)

의릉은 이성계의 조부 도조 이춘의 능으로, 함경남도 함주군 운남면 운흥리에 위치해 있다. 조선초에 능역 안에 불교식 재궁이 설치되었다. 조선말 의릉의 조포사는 북청군 대동사(大洞寺)로, 매년 청명 제향 때마다 북청사의 승려 1명이 의릉으로 가서 제반 제수품을 조달하고 제향을 도왔다.[119]

---

116 『廟殿宮陵園墓造泡寺調』, 25쪽.
117 『廟殿宮陵園墓造泡寺調』, 26쪽.
118 「동아일보」 1931년 1월 3일자. 문천 청련사에 묵고 있던 청년들이 비밀 결사를 조직한 죄로 체포되었다는 내용의 기사가 실렸다.
119 『廟殿宮陵園墓造泡寺調』, 27쪽.

⑤ 순릉(純陵)

순릉은 도조비 경순왕후의 능으로, 함경남도 함주군 서호면 능전리에 위치해 있다. 조선초에 능역 안에 불교식 재궁이 설치되었다. 조선말 순릉의 조포사는 홍원군의 은적사(隱寂寺)였다. 매년 청명 제향 때마다 은적사의 조포승 1명이 능으로 가서 제수품을 조성하고, 두부와 채탕을 마련했다. 은적사와 순릉의 거리는 약 130~140리(51~55km)에 달했다.[120]

⑥ 정릉(定陵)·화릉(和陵)

정릉은 태조의 부친인 환조 이자춘의 능이고, 화릉은 환조비 의혜왕후의 능이다. 함경남도 함주군 동천면 경흥리에 쌍릉으로 조성돼 있다.

조선초에 능역이 조성될 당시 불교식 재궁이 설치되었고 승려들이 상주하고 있었으나 영조대에는 조포사가 없었다. 1726년(영조 2) 이수해 등이 함경도의 여러 능침 상황을 보고한 바에 따르면 지릉과 숙릉에는 절에 상주 승려들이 배속돼 있으나 나머지 능에는 없다고 하였다. 또한 정릉과 화릉은 가까운 곳에 귀주사가 있으나 예로부터 입번을 서지는 않았다고 하였다.[121] 하지만 1795년(정조 19) 함경감사 조종현(趙宗鉉)의 장계에는 귀주사와 관련해 다음의 내용이 실려 있다.

"(…) 귀주사의 역(役)을 견감하고 폐단을 없애 구제하며 승려들을 모집해서 들이는 일들에 대해서는 신이 본사에 묻고 폐단의 근원에 대해 따져 보았습니다. 그들이 아뢰기를 '본사는 정화릉(定和陵) 소속 절인 이상 제향(祭享) 때에 두부를 만들고 떡을 만드는 것은 1년에 한 차례 하는 역에 불과하고

---

120 『廟殿宮陵園墓造泡寺調』, 28쪽.
121 『승정원일기』 33책 영조 2년 5월 20일.

소중한 것이 자별하니 어찌 감히 면하기를 도모하겠습니까. 그렇지만 본궁에 진상하는 것과 제향에 쓰이는 백지(白紙), 유지(油紙), 진초승(眞草繩)과 향을 모시고 오는 관리가 왕래할 때와 진상 물품을 바치러 갈 때 으레 주어야 하는 짚신은 잔약한 중이 견디기 어려운 폐단이 됩니다. (…) 그래서 현재 본사의 중은 겨우 10여 명이 될 뿐이니 참으로 역에 응할 수가 없습니다. 경내에 있는 천불사(天佛寺)와 백운사(白雲寺) 두 절의 중 가운데 10명에 한하여 모집해서 본사에 넘겨주시어 일체 수호하게 해 주소서.'라고 하였습니다.

본사의 역은 원래 몇 건의 일에 불과하고 그 가운데 두부를 만들고 떡을 만드는 것은 속사(屬寺)에서 당연히 행해야 하는 역이고 또 소중한 분을 제향하는 데에 관계되므로 그들도 감히 폐단을 말하지 않았습니다. 유지, 백지, 진초승 등의 물건은 이미 진상하거나 제사를 지낼 때에 쓰이는 것으로 일의 체모가 원래 다르니 완전히 줄여서는 안됩니다. 그러므로 별차(別差)에게 엄히 신칙하여 지금부터 3분의 1에 한하여 줄여 주고, 짚신의 경우는 영원히 혁파하게 하였습니다. 중을 모집해 들이는 한 조항 역시 위의 두 절에 신칙해서 10명에 한하여 즉시 옮겨 소속시켜서 편히 머물러 살 수 있게 하였습니다."[122]

위의 장계에 따르면, 정조대 귀주사는 정·화릉의 조포사를 맡아 1년에 한차례씩 제향 때 두부와 떡을 공급했다. 또한 함흥본궁에 진상하는 것과 제향에 쓰이는 백지, 유지, 진초승과 더불어 향배리(香陪吏)가 왕래할 때와 진상품을 바치러 갈 때마다 짚신을 제공하였다. 귀주사 승려들은 역의 과중함을 토로하며, 인근 천불사와 백운사의 승려들을 귀주사에

122 『일성록』 정조 19년 6월 9일.

배치해달라고 요청하였다. 이에 함흥감사는 귀주사의 잡역을 1/3로 건감하는 한편 천불사와 백운사의 승려들을 귀주사로 소속시키도록 조치했다.

『묘전궁릉원묘조포사조』에 따르면 조선말에는 함흥군 백운산에 위치한 용흥사(龍興寺)와 신흥군 천불산에 위치한 개심사(開心寺)가 정·화릉의 조포사를 담당하였다. 정·화릉의 제향이 있을 때마다 두 절에서 각각 2명의 조포승을 보내 약과 제조 등을 담당하였고, 제사에 사용된 두부는 각 사찰에서 제조해서 봉납하였다.[123]

2. 태조 건원릉(健元陵)의 수호사찰

피장자	태조
능 형태	단릉
위치	경기도 구리시 인창동 동구릉
조성시기	1408년
능침사	개경사
조포사	불암사, 석천사
조포속사	성흥사, 반룡사, 서흥사
건원릉과 개경사 간 거리	약 200~300m로 추정
건원릉과 불암사 간 거리	4.7km(도보 1시간 10분)

---

123 『廟殿宮陵園墓造泡寺調』, 29쪽.

건원릉 조성과정

건원릉은 조선왕조의 개창자 태조(太祖) 이성계(李成桂, 1335~1408)의 능이다. 태조는 화령부(영흥) 출신으로, 이자춘과 부인 최씨 사이에 둘째 아들로 태어났다. 왕비는 신의왕후 한씨와 신덕왕후 강씨이다. 신의왕후와의 사이에는 6남 2녀를, 신덕왕후와의 사이에는 2남 1녀를 두었다. 1392년 조선을 개국한 태조는 개국 7년 만인 1398년(태조 7)에 둘째 아들 정종에게 선위했다. 1408년(태종 8) 5월 24일 창덕궁 별전에서 붕어했다.

건원릉은 경기도 구리시 인창동 동구릉 내에 위치해 있다. 원래 태조는 신덕왕후 옆에 묻히기를 원해 정릉(貞陵)에 자신의 수릉(壽陵)을 축조했으나, 태종이 지금의 자리에 건원릉을 조성하였다. 각도의 군인들이 산릉 조성 공사에 참여했는데, 충청도에서 3,500명, 풍해도에서 2,000명, 강원도에서 500명이 동원되었다. 건원릉은 고려 현릉(玄陵)과 정릉(正陵)의 제도를 바탕으로 했기 때문에 세 개의 단으로 구성되었다.[124]

건원릉 능침사: 개경사

산릉 조성이 끝난 후 태종은 능역 안에 불교식 재궁을 설치하고 개경사(開慶寺)라 사액(賜額)하였다.[125] 개경사가 현릉(顯陵) 동쪽에 있었다는 『신증동국여지승람』의 기록으로 볼 때[126] 건원릉에서 남쪽으로 약 200~300m 지점에 위치해 있었던 것으로 추정된다.

---

124 국립문화재연구소, 『조선왕릉 종합학술보고서 Ⅰ』, 국립문화재연구소, 2009, 50~54쪽.
125 『태종실록』 권16, 태종 8년 7월 29일.
126 『新增東國輿地勝覽』 제11권 京畿 楊州牧.

태종은 자신이 묻힐 헌릉에는 절을 세우지 말라고 명하였지만, 부모 능에는 모두 능침사를 설치하였다. 건국 초에 불교식 예제를 대체할 만한 의례가 정비되지 않은 상황에서 불교식이라는 이유로 모든 예제를 생략할 수 없었기 때문이다. 태종이 개경사를 창건한 것은 고려식 예제를 그대로 계승한 것이라 할 수 있다.

개경사는 고려 진전사원의 전통을 이어받아 지어진 절이었음에도 사찰 내에 진전이 설치되지 않았다. 개경사 창건 당시에 태조의 진전이 마련되었다는 기록은 찾아볼 수 없다. 건원릉이 보일 정도로 가까운 곳에 위치했기 때문에 초상화를 모신 건물을 별도로 마련하지 않았던 것으로 보인다. 하지만 태조의 위패는 불전 안에 있었는데, 『세종실록』에는 다음의 기사가 등장한다.

"신이 개경사에서 보오니, 태조의 위판(位版)을 항상 불전의 앞 기둥에 봉안하고 날마다 시주 밥을 올리는데, 그 앞 기둥은 중과 속인 잡류가 모여드는 곳이어서 신명(神明)에 설압(褻狎)되니, 참으로 미편합니다. 청하옵건대 위판을 혁파하시고 만일 오래 이미 행하여서 혁파할 수 없다면 별전(別殿)에 신위(神位)를 봉안하는 것이 어떠합니까. 또 기명과 상(床)은 만든 지가 이미 오래이어서 실로 모두 더럽고 깨어졌으며, 또 공향(供享)하는 쌀이 공신의 보미(寶米)로써 밑천은 살리고 이자를 취하는 것인데, 지금 승도들이 장리를 놓지 못하여 간신히 공진(供進)하니 역시 미안합니다. 신은 엎드려 바라옵건대 재탁 결단하여 시행하소서."[127]

---

127 『세종실록』 권121, 세종 30년 7월 23일.

위의 기사는 사복소윤(司僕少尹) 정효강(鄭孝康)이 올린 상서(上書)로, 세종대에 태조의 위패가 불전 앞 기둥에 봉안돼 있었음을 알려준다. 정효강은 일반인들이 드나드는 불전 기둥에 태조의 위패가 걸려있는 것이 불편하니 위판을 혁파하거나 별도의 건물을 마련해 위패를 봉안하고자 건의하였지만 세종은 별다른 답변을 하지 않았다. 이후의 기록에서도 개경사 내에 태조의 진전이 설치되었다는 내용은 확인되지 않는다. 태조의 위패가 제대로 된 격식 없이 기둥에 걸려 있었다는 것으로 보아, 이는 왕실에서 마련한 것이 아닌 사찰에서 재(齋) 의식을 설행하기 위해 임의로 만든 것으로 추정된다.

왕실 축원도량으로 활용된 개경사

개경사는 건원릉의 능침사로 기능했을 뿐만아니라 왕실의 추천재(追薦齋)를 비롯한 크고 작은 법회들을 자주 설행하였다. 정안왕후의 7재(齋), 정종의 7재, 원경왕후의 6재, 태종의 2재와 4재 등이 개경사에서 치러졌다. 원경왕후가 병석에 눕자 개경사에서 관음정근과 약사여래 기도 등을 설행하였으며, 세종이 직접 양녕대군, 효령대군과 함께 대비를 모시고 개경사로 피병(避病)하기도 했다.[128] 개경사는 태종의 축수재도량(祝壽齋道場)이기도 했다. 태종은 고려말 1382년(우왕 8) 감시(監試)에 합격했는데, 태종이 왕위에 오른 후 감시에 함께 합격했던 이들이 재물을 모아 태종의 생일 때마다 개경사에서 만수무강을 축원하는 축수재를 올렸다.[129] 이는 개경사가 단순히 태조의 능침사일 뿐만 아니라 왕실의 축

---

128 『세종실록』 권8, 세종 2년 6월 6일.
129 변계량(卞季良)의 「개경사입보문(開慶寺立寶文)」에 따르면 "임술년 감시(監試)에 상과 함께 합

원도량(祝願道場)로 활용되었음을 보여준다.

1452년(단종 즉위년)에 문종의 현릉(顯陵)이 건원릉 옆에 마련되면서 개경사는 현릉의 재궁 역할까지 담당하게 되었다. 단종은 현릉을 참배할 때면 개경사에 들러 곡식을 하사했다. 하지만 개경사가 현릉과 너무 가깝다는 이유로 신료들은 수차례 이전을 요청했고, 결국 단종은 개경사를 다른 곳으로 이전하기로 결정했다. 하지만 절이 옮겨지기 전에 단종이 폐위되면서 이전 논의는 무산되었다.

개경사의 이전과 폐사

개경사의 이전 문제는 성종대에 또다시 제기되었고, 1483년(성종 14) 개경사는 능역 밖으로 옮겨졌다. 당시 개경사는 창건한지 70여 년이 지나 상당히 퇴락한 상태였기 때문에 인수대비와 인혜대비는 성종에게 대대적인 중창 공사를 요청했다. 성종은 승려 200명을 역사(役事)에 동원하고 도첩(度牒)을 준 데 이어,[130] 부역승 200명을 추가로 모집해 도첩을 발급하였다.[131]

당시 개경사가 이전된 정확한 위치는 확인되지 않는다. 『신증동국여

격한 사람들 가운데 서울에 사는 이들이 서로 포를 내서 모두 250필을 모았다. 개경사에 두고 승려 1명을 뽑아 주관하게 하고, 때로 나누어 주었다가 거두어들여 본필(本疋)은 보존하고 이식(利殖)을 씀으로써 해마다 탄신에 주상을 위해 축원할 밑천을 삼도록 하였으니, 무궁토록 신들의 구구한 정성이 깃들기를 기약하고자 한다"고 하였다. 고려말 태종과 같은 과거에 합격한 이들이 재물을 모아 태종의 축수재를 설행하고 이를 기념하기 위해 글을 작성한 것으로 보인다. 조선초기에는 각 부서의 관원들이 사재를 모아 왕의 탄신을 축하하기 위한 축수재를 사찰에서 올리는 것이 관례처럼 내려왔다. 이 관습은 성종대까지 계속 이어졌으나 1477년(성종 8)에 이르러 공식 폐지되었다.

130 『성종실록』 권157, 성종 14년 8월 26일.
131 『성종실록』 권158, 성종 14년 9월 18일.

지승람』에서 "(원래 절이) 능침과 가깝다하여 지금은 남곡(南谷)으로 옮겼다."고 한 것으로 볼 때[132] 오늘날의 동구릉 매표소 주변 내지 그 아래쪽으로 이전한 것으로 추정된다. 이전된 후에도 한동안 개경사는 건원릉의 능침사 역할을 계속 유지하였으나, 『연산군일기』에서 "건원릉의 개경사도 매우 협소하다."[133]는 기사를 끝으로 더 이상 관련 기록이 확인되지 않는다. 1799년(정조 23)에 편찬된 『범우고(梵宇攷)』에는 "현릉 동쪽에 있다가 남쪽 골짜기로 이전했으나 지금은 폐사되었다."고 기록되었다.[134]

동구릉과 태·강릉의 조포사: 불암사, 석천사

조선후기에 이르면 불암산 기슭에 위치한 불암사(佛巖寺)가 건원릉을 비롯한 동구릉과 태·강릉의 조포역을 담당하였다.[135] 불암사는 건원릉에서 약 4.7㎞ 떨어져 있었지만, 인근에 조포사로 지정될만한 사찰이 마땅치 않아 원거리에 위치한 불암사가 조포역을 담당하게 된 것으로 보인다. 조선전기까지만 해도 건원릉 부근에는 현릉과 태릉, 강릉만 위치했지만, 조선후기에 이르러 목릉, 휘릉, 숭릉, 혜릉, 원릉, 경릉, 수릉이 연달아 조성되면서 건원릉 일대는 조선의 가장 큰 왕릉군을 이루게 되었다. 이에 따라 불암사는 동구릉과 태·강릉 등 총 11기 능의 조포역을 담당하게 되었다.

---

132 『신증동국여지승람』 제11권 양주목.
133 『연산군일기』 권25, 연산군 3년 7월 17일.
134 『梵宇攷』 舊在顯陵東以近於陵移南谷今廢.
135 『廟殿宮陵園墓造泡寺調』 30쪽, 『승정원일기』 1714책 정조 17년 2월 21일.

▲ 동구릉의 조포사인 양주 불암사

「불암사사적비(佛庵寺寺跡碑)」에 따르면 불암사는 조선 세조~성종대에
일현(一玄)이라는 승려에 의해 중창불사가 이루어졌다. 조선후기에 이르
러 승려들이 양식 걱정을 할 정도로 절이 피폐해지자 1728년(영조 4)에
이르러 불암사의 신도들이 원력을 세워 시주를 거두어 사찰 부근의 토
지를 사모아 불공 비용을 충당하게 했다는 내용이 사적비에 실려 있
다.[136] 「불암사사적비」는 조선 중후기 불암사의 상황을 알려주는 기록이
지만 왕실이나 동구릉과의 연관성을 파악할 수 있는 단서는 전혀 없다.
이로 미루어 조선 중기까지는 이 절이 왕실과 크게 관련 없이 운영되었
던 것으로 짐작된다.

정조대 불암사는 석천사(石泉寺, 현 불암사의 부속암자인 석천암)와 함께 아

---

136 「佛庵寺寺跡碑」.

홉 능(건원릉, 현릉, 목릉, 휘릉, 숭릉, 혜릉, 원릉, 태릉, 강릉)의 조포역을 담당하고 있었다. 그런데 거주 승려가 7~8명에 불과해 경제적으로 빈곤하고 절의 사세도 크게 쇠잔해져 있다는 보고가 올라왔다. 1797년(정조 21) 경기감사 이재학(李在學)은 정조에게 "양주 불암사와 석천사는 9개 능침의 조포사이기 때문에 영읍(營邑)에서 건립을 돕게 되어 있지만, 절이 몹시도 가난하고 쇠잔하여 형편없으므로 장차 뿔뿔이 흩어질 염려가 있다."며 "서오릉 조포사의 예에 따라 다른 도의 사찰을 떼어주어 힘을 빌릴 수 있기를 원하고 있으니 다른 도의 사찰 중 합당한 두 곳을 정해주고 예조에서 공문을 보내도록 해달라."고 요청했다. 이에 정조는 "서도(西道)의 조포사에 속사 3개는 지나치니 그 중 하나를 동도(東道)의 조포사로 옮기라."고 명했다.[137] 그 결과 서오릉의 조포속사였던 웅천 성흥사(聖興寺)와 자인 반룡사(盤龍寺)가 동구릉의 조포속사로 이속되었다.[138]

불암사의 지속적인 재정난

정조대 조포속사를 추가로 배속한 이후에도 불암사는 지속적인 재정난에 시달렸다. 건원릉 주변으로 능이 계속 추가되면서 산릉 제사가 늘어나고 조포사의 부담은 점점 늘었던 반면 이에 대한 조정의 조치는 크게 변하지 않았기 때문이다.

1805년(순조 5) 영조비 정순왕후 김씨가 사망한 후 왕후릉이 조성될 당시 원릉 수릉관 서춘군(西春君) 이엽(李燁)이 순천부의 송강사(松岡寺)를 원릉의 조포속사로 지정해달라고 요청하였다.[139] 당시 불암사가 9곳의

---

137 『비변사등록』 정조 21년 10월 6일.
138 『일성록』 정조 21년 12월 18일.

조포 역을 맡고 있는데다 정순왕후의 능이 추가로 조성되었으므로,[140] 원릉의 조포속사를 별도로 마련해 금전적으로 보조하려 했던 것으로 보인다. 이에 예조에서는 이미 동구릉의 조포사가 불암사와 석천사로 정해졌고 반룡사와 서홍사를 속사로 정하였으니 더 이상 추가할 필요가 없고, 능소에서 조포속사를 정하는 것은 격식에도 어긋난다는 이유로 수릉관의 요청을 묵살했다.

헌종대에도 불암사의 역이 과도해 사세를 유지하기 힘들 정도로 퇴락했다는 보고가 조정에 올라왔다. 1847년(헌종 13) 동부승지(同副承旨) 박래만(朴來萬)은 예조에 다음의 계를 올렸다.

> "건원릉을 비롯한 10능침(건원릉, 현릉, 태릉, 강릉, 목릉, 휘릉, 숭릉, 혜릉, 원릉, 경릉)의 조포사가 경기도 양주의 불암사인데, 예전에는 속사(屬司)에서 도와주었으나 근래에는 세납이 모두 끊어져서 절의 모양새가 점점 퇴락하고 승려 무리들은 나날이 줄어들고 있어(능침의) 제향 시에 조포와 향반 등의 역을 분배해 거행할 수가 없을 지경이니, 속사(屬寺)를 정해주거나 위토(位土)를 지급해 세를 보충해 주는 등의 방안을 마련함으로써 승려들을 다시 모아 역을 담당케 해야 합니다."[141]

즉 건원릉을 비롯해 총 10개의 사찰에 대한 조포의 역을 불암사가 맡고 있는데다 하급 관청들의 세납이 모두 끊어져서 불암사가 도저히

---

139 『일성록』 순조 5년 10월 15일 기사에는 송강사(松岡寺)로 나오지만 순천 송광사(松廣寺)의 오기(誤記)로 추정된다.
140 『승정원일기』 1,901책 순조 5년 10월 15일.
141 『승정원일기』 2,468책 헌종 13년 12월 23일.

조포를 담당할 수가 없으니 대책을 마련해야 한다는 것이었다. 이에 헌종은 통천과 간성의 소속이 없는 한포(閒浦)의 조세권을 불암사로 이관하도록 조치했다. 1854년(철종 5)에도 불암사의 건물들이 무너진 지 오래되어 승려들이 거처할 곳이 없어 떠돌고 있다는 보고가 올라와 공명첩 100장을 지급해 중창을 돕도록 하였다.[142]

이처럼 불암사가 수차례 폐사 위기에 몰렸음에도 조정에서는 장기적인 자립 기반을 마련해 주지 않았고, 이를 해결하기 위한 대책으로 조포속사를 지정해 금전적으로 지원하고 한포의 조세권을 주는 등의 미온적 조치를 취했다.

조선후기의 불암사가 수차례에 걸쳐 폐사 위기를 맞은 것은 동구릉의 조포역으로 인한 경제적 부담이 크게 작용하였다. 한 사찰이 감당하기에는 과도했던 승역이 불암사의 경제를 파탄지경에 이르게 했던 것이다.

지속적인 재정난을 겪었음에도 불암사는 조선말까지 조포사의 역할을 근근이 이어나갔다. 일제강점기에 작성된 『묘전궁릉원묘조포사조』에는 동구릉의 조포사로 불암사가 기재되었으며, 보조 방법으로는 "매년 복호전(復戶錢) 중에 30~80냥씩 보조해 주었다."라고 기록돼 있다.[143]

건원릉과 불암사 간의 거리는 약 4.7km이며, 도보로는 약 1시간 10분이 소요된다.

---

142 『비변사등록』 철종 5년 6월 20일.
143 『廟殿宮陵園墓造泡寺調』, 30쪽.

3. 태조 원비 신의왕후 제릉(齊陵)의 수호사찰

피장자	태조 원비 신의왕후
능 형태	단릉
위치	경기도 개성시 부소산
조성시기	1391년 조성, 1392년 왕릉 추봉
능침사	연경사
조포사	연경사, 도선암
제릉과 연경사 간 거리 1km 이내로 추정	

제릉 조성과정

제릉은 태조 이성계의 첫 번째 부인인 신의왕후 한씨(神懿王后 韓氏, 1337~1391)의 능이다. 한씨는 조선 개국 직전인 1391년에 세상을 떠났기 때문에 사후에 왕비로 추존되면서 절비(節妃)로 불려졌다. 태조대에는 시호가 정해지지 않았고 정종 즉위 직후 신의왕후로 추존되었다.

한씨의 묘는 개성 부소산 남쪽 기슭에 조성되었다. 조선왕조 개창 직후 절비로 추증될 때 봉릉되었다. 1398년 9월 5일 태조가 정종에게 양위한 후 1주일 뒤인 9월 12일 봉녕후(奉寧侯) 이복근(李福根)을 보내 정종이 왕위에 오른 것을 왕비에게 고하는 의식이 이루어졌다.[144] 이복근은 태조의 장자인 이방우(李芳雨)의 큰아들로, 신의왕후의 장손자이다. 왕조 개창이 이루어진 후 7년 뒤에야 비로소 왕비릉에서 의식이 이루어진 것은 그간 신의왕후에 대한 예우가 외면되고 있었음을 의미한다.[145]

---

144 『태조실록』 권15, 태조 7년 9월 12일.
145 정해득, 앞의 책, 88쪽.

제릉이 본격적으로 정비된 것은 정종과 태종이 왕위에 오른 후 생모 추숭사업을 진행하면서부터였다. 정종이 즉위하면서 제릉에 대한 예우가 시작되었지만 본격적인 정비 작업은 태조 승하 이후부터 이루어졌다. 정종과 태종은 태조가 사망하기 전까지 15차례나 제릉에 참배할 정도로 신의왕후에 대한 추모에 정성을 기울였다. 실제 제사에는 정종이 더 많이 참여한 반면 태종은 제릉의 각종 시설물 마련 및 관리에 몰두하는 모습을 보였다.[146] 태종은 1404년(태종 4) 권근에게 제릉의 신도비문을 짓게 하여 신도비를 건립하였고, 1408년(태종 8) 5개월에 걸쳐 왕릉으로 가봉하였다. 이후 1410년(태종 10) 태조와 함께 신의왕후의 신주를 종묘에 배향함으로써 신의왕후에 대한 추존 사업을 완수하였다.

제릉 능침사: 연경사

제릉의 능침사는 경기도 개풍군 부소산에 위치했던 연경사(衍慶寺)이다. 『전등사본말사지(傳燈寺本末寺誌)』에 수록된 「연경사지(衍慶寺誌)」에는 624년(고구려 영류왕 7) 고구려 승려 혜량(惠亮)이 연경사를 창건했으며 고려 충정왕 때 신욱(信旭)이 중창하였다고 전한다.[147] 이 절이 제릉이 조성되기 훨씬 전부터 부소산에 위치했던 것으로 보이지만, 1391년 한씨 묘가 조성될 당시부터 연경사가 재사(齋寺)로 기능했는지는 명확하지 않다.

이 절이 능침사로서의 격을 갖추게 된 것은 정종의 재위 이후였다. 『정종실록』에는 1399년(정종 1) 정종이 한식을 맞아 친히 제릉에서 제사

---

146 한형주, 「조선초기 왕릉제사의 정비와 운영」, 『역사민속학』 제33호, 한국역사민속학회, 2010, 120쪽.
147 『傳燈寺本末寺誌』 「衍慶寺誌」.

를 지냈는데, 이때 승려들이 재궁을 수리하고 있다는 내용이 등장한
다.[148] 태조 재위 시에는 제릉에서 친제(親祭)는 물론 섭행(攝行)조차 이루
어진 적이 없는 것으로 미루어 그 전에 연경사가 중창되었을 가능성은
희박하다. 그러므로 정종의 즉위 직후 제릉에 대한 예우가 이루어지면
서 능 인근에 위치한 연경사가 능침사의 격을 갖추었을 것으로 추측된
다. 정종은 즉위 직후 금자(金字)『화엄경(華嚴經)』을 새롭게 조성해 연경
사에 안치하고 법석을 열었다.[149]

　연경사에 대한 왕실의 지원이 본격적으로 이루어진 것은 이성계가
세상을 떠난 직후부터였다. 태종은 1408년(태종 8) 건원릉을 조성할 당시
개경사에 노비와 전지를 배치하면서 연경사의 원속 노비 20구를 추가로
정속시켰다.[150] 이에 연경사는 원래 80구의 노비에다 20구가 더 배정됨
에 따라 100구의 노비를 확보하게 되었다. 이듬해 태종은 연경사에 토지
100결을 하사하였다.[151] 태종은 1409년(태종 9)에 거의 창건 수준으로 중
창공사를 진행하였는데, 사재를 희사해 승려들의 법의(法衣)와 법발(法鉢)
을 갖추게 하고 연화경법회(蓮華經法會)를 베풀어 낙성식(落成式)을 개최하
였다.[152]

왕실의 지속적인 보호와 지원

　연경사는 조선후기까지 제릉의 조포사로 계속 역할하면서 왕실의 지

---

148 『정종실록』 권1, 정종 1년 2월 19일.
149 『정종실록』 권1, 정종 1년 1월 3일.
150 『태종실록』 권16, 태종 8년 7월 29일.
151 『태종실록』 권17, 태종 9년 6월 9일.
152 『태종실록』 권19, 태종 10년 4월 6일.

원을 받았다. 1792년(정조 16) 정조는 연경사에 공명첩 150장을 내려 공사를 진행했고,[153] 1796년(정조 20) 제릉의 석물을 수리하는 공사가 이루어졌을 때 연경사의 승려들이 동원돼 공사에 참여했다.[154] 순조대에도 제릉의 조포사인 연경사를 중수했다는 사실이 확인된다.[155] 또한 1895년(고종 32)에 작성된 「제릉 조포사 연경사 승려 계조 등이 올린 발괄(齊陵造泡寺衍慶寺僧繼照等白活)」에서도 1895년에 연경사가 제릉의 조포사를 맡고 있었음을 확인할 수 있다. 이 발괄에는 "연경사에는 국초부터 내려온 사패전답(賜牌田畓)이 있는데 그동안 면세 특혜를 받다가 1894년 신정식(新定式)이 시행된 후부터 세납을 내기 시작했으나 1년의 소출로는 도저히 세금을 낼 수 없으니 시정해 달라."는 내용이 실려 있다.[156] 발괄에서 언급한 신정식은 갑오승총(甲午陞摠)을 지칭하는 것으로 보인다. 1894년(고종 31) 갑오개혁 이후 왕실과 개별 국가기관의 직접적인 지배 아래 있던 토지들을 모두 조세지로 일원화한 갑오승총이 실시되었는데, 사패지(賜牌地) 명목으로 면세의 특권을 누리던 사찰의 토지도 세금을 납부하게 되었다. 이에 따라 연경사도 면세 특권을 박탈당한 것으로 보인다.

연경사는 조선말까지 제릉 인근에 위치해 있었다. 영조~정조 연간에 작성된 『가람고(伽藍攷)』에는 "제릉 동구 내에 위치해 있다.(在齊陵洞口內)"

---

153 『일성록』 정조 16년 8월 17일.
154 『정조실록』 권45, 정조 20년 8월 30일.
155 『비변사등록』 203책 순조 13년 12월 11일.
156 公文編案 齊陵造泡寺衍慶寺僧繼照等白活, 本寺有國初勳功이온고로 賜牌田畓이 有ㅎ와 一年의 賭地數百斗을 收捧ㅎ여 莫重祭享의 造泡寺을 專管ㅎ와 無頉擧行ㅎ옵고 僅爲支保ㅎ옵더니 昨年新定式後로 前의 無ㅎ옵든 度支出稅가 有ㅎ오니 然則一年所出노 一年稅納을 勘當이 無路ㅎ옵기노 緣由仰訴ㅎ오니 地方官에 關旨ㅎ옵셔 依前免稅ㅎ옵시든지 依前賭地例을 私畓幷作分半例로 施行ㅎ옵기 千萬望良爲只爲. 題 免稅一款은 今不可擧論이요 賭租與打作은 本寺의 主掌홀쑨더러 또 作人輩도 必不無利害相半之誼니 持此題往示ㅎ야 從公議歸正向事. 齊陵造泡寺衍慶寺僧繼照等 乙未八月三日 (『各司謄錄』 1895년 8월 3일)

고 기록되었고,[157] 『한국사찰전서』에도 그 내용이 그대로 기재되었다.[158] 연경사가 조선말까지 제릉 가까이에 남아있을 수 있었던 것은 신료들의 관심이 상대적으로 약했기 때문인 것으로 보인다. 건원릉을 비롯한 도성 인근의 능에는 왕과 신료들이 자주 참배했기 때문에 지속적으로 능침사 철폐 논의가 제기되었던 반면 연경사는 개성에 위치한데다 세종대 이후 왕의 친제가 치러진 적이 없었기 때문에 별다른 철폐 요구가 제기되지 않았다.

하지만 1932년에 작성된 『묘전궁릉원묘조포사조』에는 연경사가 연관 있는 사찰로만 언급되고 있으며, 도선암(道詵庵)이 제릉의 조포사로 역할했다고 기록돼 있다.[159] 도선암은 『한국불교전서』에 도선사(道詵寺)로 소개된 경기도 개풍군 유교면 진봉산(현 황해북도 개성시)의 절로 추정된다. 이 절은 도선국사(道詵國師)가 창건한 절로, 1809년(순조 9) 세규 선사(世奎禪師)가 중건하고 1925년 화주 손제영(孫濟永)에 의해 삼창(三創)된 절로 소개되었다.[160] 『묘전궁릉원묘조포사조』에서 연경사를 연관 있는 사찰로만 언급한 것은 1930년대 담당 관리가 연경사와 제릉의 관계를 제대로 파악하지 않고 보고서를 작성했기 때문으로 추정된다.

제릉과 연경사의 거리는 약 1km 이내로, 도보로 약 10~20분 정도 걸리는 위치에 있었던 것으로 짐작된다.

157 류명환, 『역주 가람고』, 도서출판 역사문화, 2016, 55쪽.
158 權相老, 『韓國寺刹事典』, 이화문화출판사, 1994, 1244쪽.
159 『廟殿宮陵園墓造泡寺調』, 31~32쪽.
160 『韓國寺刹事典』 上券, 490쪽.

4. 태조 계비 신덕왕후 정릉(貞陵)의 수호사찰

피장자	태조 계비 신덕왕후
능 형태	단릉
위치	서울 중구 정동→서울 성북구 정릉동 이전
조성시기	1396년 조성→1409년 이장
능침사	흥천사
조포사	신흥사(현 흥천사), 봉국사
왕릉과 사찰 간 거리	(조선초 정릉-흥천사) 약 250m(도보 5분)
	(현재의 정릉-흥천사) 약 350m(도보 6분)

정릉 조성과정

정릉은 신덕왕후 강씨(神德王后 姜氏, 1356~1396)의 단릉이다. 신덕왕후
는 태조의 둘째 부인으로 상산부원군(象山府院君) 강윤성(康允成)의 딸이
다. 조선이 건국되기 바로 전해에 첫째 부인 한씨가 세상을 떠났기 때문
에 강씨는 실질적으로 조선의 첫 왕비가 되었다. 조선 건국 직후 현비(顯
妃)로 책봉되었고, 강씨의 둘째 아들인 방석이 세자로 책봉되었다. 1396
년(태조 5) 신덕왕후가 병으로 사망하자, 태조는 왕비릉을 도성 안에 마련
하고 능호를 정릉으로 하였다.

정릉은 조선 건국 이후에 조성된 최초의 능이다. 정릉의 공사는 내관
김사행(金師幸)이 주도를 했다. 김사행은 고려의 내관 출신으로 노국공주
의 정릉(正陵)과 공민왕의 현릉(玄陵) 공사에 참여했던 인물이었다. 정릉
의 양식은 현·정릉의 전통을 이어받은 것으로 평가되는데 현·정릉 공사
에 참여했던 공장(工匠)이 대거 정릉 공사에 투입되었기 때문인 것으로

보인다.

정릉은 오늘날의 영국대사관 자리에, 홍천사(興天寺)는 서울시의회 자리에 위치했던 것으로 추정된다.[161] 태조는 강씨의 능을 지극정성으로 조성하였지만, 태조 사망 직후 정릉은 도성 밖 사을한(沙乙閑) 골짜기로 이장되었다. 태종은 강씨를 왕비로 인정하지 않겠다는 의도로 강씨의 위패를 종묘에 봉안하지 않고 태조와 신의왕후의 위패만 종묘에 배향했다. 태종대부터 정릉에 대한 제사나 왕실 차원의 보호는 전혀 이루어지지 않아 그 후 200여 년간 정릉은 버려지다시피 방치되었다. 정릉이 이장된 사을한 골짜기는 오늘날의 서울 성북구 정릉동으로, 선조대에 강씨의 복권 문제가 논의될 당시 조정 신료들조차 정릉의 정확한 위치를 모를 정도였다. 이후 현종대에 강씨가 왕비로 복권되면서 정릉은 왕릉으로 재조성되었다.

정릉 능침사: 흥천사

정릉의 능침사는 흥천사로, 정릉사(貞陵寺)라 불리기도 했다. 태조는 정릉을 도성 안에 조성하면서 정릉 바로 곁에 흥천사를 창건하였다. 흥천사는 서울시의회 자리에 위치했던 것으로 추정되는데, 정릉과 흥천사 간의 거리는 약 250m 정도에 불과했다. 태조의 독려 하에 대대적인 공사가 진행되어 흥천사는 1년도 채 되지 않아 완공되었다. 불전(佛殿)·승방(僧房)·대문·행랑·부엌·욕실 등이 170여 칸의 규모로 조성되었다. 신덕왕후의 소상(小祥)에 맞추어 낙성식이 열렸고, 전지 1,000결이 지급되었

---

161 윤정, 「太祖代 貞陵 건설의 정치사적 의미」, 『서울학연구』 제37호, 서울학연구소, 2009, 179쪽.

으며, 조계종 본사(曹溪宗本寺)로 삼아 승당(僧堂)을 설치하고 참선 공부하는 것을 영구한 규정으로 삼게 하였다. 낙성식 이후 사리전(舍利殿) 공사가 진행되었는데, 흥천사의 대표 전각인 사리전은 5층 건물로 매우 크고 화려해서 도성 안 어디에서도 볼 수 있을 만큼 그 위용을 자랑했다.

태조가 도성 안에 왕비의 능을 만들고 육조거리가 끝나는 지점에 도성의 랜드마크와 같은 흥천사 사리전을 조성한 것은 다분히 정치적 의도가 담긴 행위였다. 경복궁 정면에 정릉과 흥천사를 조성한 것은 개국 왕비로서 신덕왕후의 존재를 환기시킴으로써 왕비의 아들인 세자 방석의 위상을 드러내기 위한 것으로 파악된다.[162]

사리전의 공사가 끝난 후에는 환조 이자춘의 진전인 계성전(啓聖殿)이 건립되었다.[163] 하지만 흥천사 내에 신덕왕후의 진전이 마련되었다는 기록은 없다. 왕릉이 바라보이는 곳에 능침사가 위치했기 때문에 진영이나 위패를 모신 전각을 별도로 마련하지 않은 것으로 보인다.

정릉이 사을한 골짜기로 이전된 이후에도 흥천사는 한동안 그 자리에 남아 있었다. 능침사로서의 기능은 자연히 사라졌지만, 왕실의 비호 하에 흥천사는 왕실의 크고 작은 법석을 설행하는 도량으로 운영되었다. 도성 내 웅장한 규모로 조성된 흥천사는 왕실불교의 상징으로 간주되었고, 동시에 유생들의 표적이 되었다. 그로 인해 두 차례의 방화를 겪은 흥천사는 결국 폐사되었다. 연산군 대에 원인 모를 화재로 사리전을 제외한 나머지 전각이 불에 탄 데 이어 중종 대 유생들의 방화로 사리전마저 전소되면서 정동의 흥천사는 완전히 철폐되었다.

---

162 윤정, 앞의 논문, 184쪽.
163 『정종실록』 권4, 정종 2년 6월 1일.

복릉 후의 조포사: 신흥사

　현종대 정릉이 추봉될 당시에 능 인근에는 작은 암자가 위치해 있었다. 왕릉을 정비하면서 이 암자는 능역 밖으로 옮겨졌고 절 이름을 신흥사(新興寺)라고 하였다. 신흥사가 원래 있던 암자의 이름인지, 흥천사를 새롭게 지었다는 의미로 지어진 이름인지는 불분명하다.

　이후 신흥사는 정릉의 조포사로 역할하였고, 정릉 인근에 있는 봉국사(奉國寺)도 정릉의 제사를 보조하는 역할을 담당하였다. 신흥사는 고종대 흥선대원군의 시주로 대대적으로 중창되었는데, 이때 절 이름이 흥천사로 바뀌었다. 『묘전궁릉원묘조포사조』에는 "고종 즉위 7년(1870) 정릉의 삼림 내 목재들과 국태공 흥선대원군이 하사한 엽전 3,000냥으로 (흥천사를) 중건했다는 내용이 흥천사 현판기에 남아 있다. 고종 19년(1882) 임오군란(壬午軍亂) 때 절의 문서들과 참고할 만한 물건들이 불에 타 더 이상은 알 수 없다. 능침의 좌측 기슭에 봉국사가 있는데, 다만 조포만

▲ 정릉의 추봉 이후 조포사로 역할한 흥천사

행하고, 건축 연대는 미상이다. 왕가로부터 보조·보호가 있었는지의 여부 또한 알 수 없다."고 기록돼 있다.[164]

　조선초 정동에 있던 정릉과 홍천사 간의 거리는 약 250m로, 도보로 5분 가량 소요되었다. 조선후기 정릉과 신흥사(현재의 홍천사) 간의 거리는 약 350m로, 도보로 약 6분 정도 소요된다.

5. 정종과 정안왕후 후릉(厚陵)의 수호사찰

피장자	정종, 정안왕후
능 형태	쌍릉
위치	경기도 개풍군 흥교면 흥교리
조성시기	1414년(妃), 1419년(王)
능침사	흥교사
조포사	흥교사
후릉과 흥교사 간 거리	약 100~200m 추정

후릉 조성과정

　후릉은 조선의 2대 왕 정종(定宗, 1357~1419)과 정안왕후 김씨(定安王后 金氏, 1355~1412)의 쌍릉이다. 정종은 태조와 신의왕후의 둘째 아들로 1398년(태조 7) 제1차 왕자의 난이 일어난 후 왕위에 올랐고, 2년 뒤인 1400년(정종 2) 11월 11일에 태종에게 양위했다. 왕위에서 물러난 뒤에는 개성의 인덕궁에서 여생을 보냈다.

---

164 『廟殿宮陵園墓造泡寺調』, 32쪽.

후릉은 경기도 개풍군 홍교면 홍교리(현 황해북도 개풍군 영정리)에 위치해 있다. 1412년(태종 12) 정안왕후가 사망한 후 처음 조성되었고, 1420년(세종 1)에 정종이 사망하면서 쌍릉으로 재조성되었다.

후릉 능침사: 홍교사

후릉의 능침사는 홍교사(興教寺)이다. 『세종실록지리지』에 "(후릉을 조성할 때) 홍교사를 혁파하지 아니하고 그대로 두어 재궁을 삼고, 선종(禪宗)에 붙여 밭 250결을 주었다"고 하였다.[165] 이로 볼 때 홍교사는 후릉 조성 전부터 개성 동쪽 백련산에 있었으며, 후릉과 매우 가까운 곳에 위치했음을 알 수 있다. 『가람고』에는 홍교사가 후릉 동구 안에 있다고 하였으며,[166] 『신증동국여지승람』에는 홍교사는 백련산에 있는 것으로 기록돼 있다.[167]

후릉을 조성할 당시 절을 혁파하지 않고 재궁으로 삼은 것은 정종의 뜻에 의한 것이었다. 정종은 재위에 있을 때 자신의 원당인 화장사(華藏寺)에 석가와 오백나한상을 내탕금으로 조성했으며, 순천 송광사(松廣寺)를 중창해 수륙사(水陸社)를 설치할 정도로 독실한 불교신자였다. 이 때문에 자신이 묻힐 후릉에 능침사가 있기를 원했던 것으로 보인다. 정종은 후릉 공사가 완료된 직후 홍교사에서 정안왕후를 위한 법석을 베풀었고,[168] 이듬해 정종의 청에 따라 태종은 전지 30결을 홍교사에 하사했

---

165 『세종실록지리지』 경기 해풍군 조.
166 『역주 가람고』, 55쪽.
167 『신증동국여지승람』 京畿道 豊德郡 佛宇條.
168 『태종실록』 권24, 태종 12년 9월 24일.

다.[169]

　홍교사는 후릉의 능침사로 지정된 이후 국가적인 비호를 받게 되었다. 세종대에 이루어진 선교양종(禪敎兩宗) 36사 정비 시에 선종 18사 중하나로 지정되었다. 원래 1424년(세종 6) 4월에 발표된 36사 정비 계획안에는 홍교사가 포함되지 않았지만 그해 10월에 황해도 은율 정곡사(亭谷寺) 대신 개성의 홍교사가 선종 18사에 부속되고, 구례 화엄사(華嚴寺) 대신 순천 송광사가 교종에 부속되었었다. 홍교사와 송광사가 36사에 포함된 것은 정종을 예우하기 위함이었다. 송광사는 정종이 수륙사로 중창한 절이고, 홍교사는 후릉의 재궁이므로 어느 종에도 속하지 않으면 미편하다는 이유였다.[170] 명종대에는 "후릉의 능침사인 홍교사가 파괴된 지 오래여서 수리하고 있으니 목청전(穆淸殿)의 고사목(枯死木)을 벌채해 (전달하라)"는 하교가 내려지기도 하였다.[171]

　조선후기에도 홍교사가 후릉의 수호사찰로 기능했다는 사실이 여러 기록을 통해 확인된다. 1799년(정조23) 후릉 참봉 최문현이 쓴 「홍교사중수기(興敎寺重修記)」에는 "처음 후릉 재랑(齋郎)으로 부임했을 때 후릉의 조포사 승도들이 내방해 주변의 크고 작은 사찰들의 퇴락하고 어려운 실태에 대해 고하였다. (중략) 이 절은 제향 시에 두부를 찌는 곳이라 중요한 곳이니 중건을 어찌 모의하지 않을 수 있단 말인가"라고 하였다.[172]

　홍교사는 순조대에 또 한차례 중수가 이루어졌으며,[173] 1857년(철종 8)과 1880년(고종 17)에도 중창이 이루어졌다. 1880년(고종 17)에 작성된 「경

---

169 『태종실록』 권26권, 태종 13년 12월 21일.
170 『세종실록』 권26, 세종 6년 10월 25일.
171 『명종실록』 권13, 명종 7년 11월 6일.
172 韓國學文獻硏究所 編, 『傳燈本末寺誌』「興敎寺重修記」, 亞細亞文化社, 1978, 274쪽.
173 『비변사등록』 순조 13년 12월 11일.

기우도 풍덕군 백룡산 홍교사 중수기(京畿右道豊德郡白龍山興敎寺重修記)」에는 "홍교사는 정종 공정대왕의 원당이자 시저(匙箸)를 보관하는 장소로, 제향 시에 향반(香盤)과 조포(造泡)를 거행하는 곳이며, 더불어 춘추 봉심(春秋奉審) 시에 사람과 말을 공궤(供饋)하는 등 여타의 절과는 다른 매우 중요한 사찰이다."라고 하였다. 이를 통해 고종대까지 홍교사가 후릉 조포사로 역할하였다는 사실을 확인할 수 있다.[174]

하지만 『묘전궁릉원묘조포사조』에는 "본릉으로부터 서북쪽으로 약 1정(町, 약 109m) 위치의 지점에 고려시대에 건설된 홍교사[造泡寺]라고 칭해지는 (절이 있으나) 이미 1,000여 년간 왕가로부터 하등의 보조나 보호를 받는 것 없고, 지금으로부터 약 70여 년 전 청나라 광서(光緒) 6년(1880)에 그 절의 건물이 파괴되었다."라고 하였다.[175] 이로 볼 때 『묘전궁릉원묘조포사조』가 작성되던 1930년대 초에는 홍교사가 폐사되었던 것으로 추정된다. 조선후기까지 홍교사에 대한 왕실의 경제적 지원이 이어졌음에도 불구하고 이 보고문을 작성한 후릉참봉 이병재(李秉宰)가 "1,000여 년간 왕가로부터 하등의 보조나 보호를 받은 것이 없다."고 보고한 것은 당시 홍교사 토지 관련 자료나 고증을 해줄 승려가 없어 잘못된 정보를 기재한 것으로 추정된다. 홍교사는 1937년에 다시 한번 중창되었으나[176] 지금은 절터만 남아있다고 전해진다.

---

174 『傳燈本末寺誌』「京畿右道豊德郡白龍山興敎寺重修記」, 275~276쪽.
175 『廟殿宮陵園墓造泡寺調』, 33쪽.
176 『傳燈本末寺誌』, 277쪽.

6. 태종과 원경왕후 헌릉(獻陵)의 수호사찰

피장자	태종, 원경왕후
능 형태	쌍릉
위치	서울 서초구 내곡동
조성시기	1420년(妃), 1422년(王)
능침사	없음
조포사	봉헌사, 봉서사, 자운암, 용덕사
조포속사	봉헌사, 비봉사(봉서사), 창선사, 백운사
헌릉과 자운암 간 거리	11.4km(도보 2시간 50분)

헌릉 조성과정

헌릉은 조선의 3대 왕 태종(太宗, 1367~1422)과 원경왕후 민씨(元敬王后 閔氏, 1365~1420)의 쌍릉이다. 태종은 태조와 신의왕후 한씨의 다섯째 아들이다. 1398년(태조 7) 제1차 왕자의 난을 일으켜 왕세자 이방석과 정도전 등을 제거해 실권을 장악했고, 1400년 11월에 왕위에 올랐다. 1418년(태종 18) 셋째 아들 충녕대군에게 왕위를 물려주고 상왕이 되었다. 원경왕후는 여흥부원군(驪興府院君) 민제(閔霽)의 딸로, 1382년(우왕 8)에 이방원과 혼인했다. 1420년(세종 2) 7월 수강궁 별전에서 사망했고 9월에 국장이 거행되었다. 2년 뒤인 1422년(세종 4) 5월 태종이 연화동에 있던 이궁(離宮)에서 사망했고, 그해 9월 국장이 치러졌다.

헌릉은 경기도 광주군 대모산 자락(현 서울시 서초구 내곡동)에 조성되었다. 1420년(세종 2) 원경왕후 사망 후 처음 조성되었고, 1422년(세종 4) 태종 사망 후에 쌍릉으로 만들어졌다. 원경왕후 사망 직후 국장도감이

설치되었고, 제릉과 건원릉을 조성한 박자청(朴子靑)이 산릉도감 제조로
참여했다. 원경왕후릉 조성과정에는 상왕 태종이 깊게 관여했다. 태종
은 4도감 12색을 설치해 국장을 진행하던 방식을 바꾸어 3도감(국장도감,
빈전도감, 산릉도감)만 설치하고 나머지 업무는 각 사에서 담당하도록 하였
다. 또한 왕릉에 능침사를 설치하는 관례를 없애도록 조치했다. 이때
태종이 정비한 산릉제도는 조선 왕릉제도의 골격이 되었다. 1422년 5월
10일 태종이 사망하자 국장도감, 빈전도감, 산릉도감이 설치되었고 9월
6일에 국장이 거행되었다.

능침사가 없는 첫 왕릉

헌릉은 조선시대에 들어 능침사를 설치하지 않은 첫 사례에 해당한
다. 원래 세종은 원경왕후의 능 주변에 절을 지을 계획이었지만, 상왕
태종이 "산릉은 백세 후에 내가 갈 땅이라, 지금 비록 깨끗한 중을 불러
모은다 하더라도, 훗날까지 늘 그럴 수는 없을 것이다. 더러운 중의 무
리가 내 곁에 가깝게 있게 된다면, 내 마음에 편하겠느냐."며 절을 짓지
말라고 명했다.[177] 이 때문에 헌릉에는 사찰이 건립되지 않았고, 능역
안에 불교식 재궁이 들어서는 전통은 중단되었다.

그 후 세조가 헌릉과 영릉이 위치한 대모산 기슭에 보은사(報恩寺)를
짓기로 하고 영사 제조(營寺提調)와 풍수학 제조(風水學提調)·선공감 제조
(繕工監提調) 등을 보내 절터를 살펴보게 했다.[178] 하지만 여름 홍수에 절
을 짓기 위해 쌓아놓은 목재가 떠내려간 뒤, 세조가 영릉의 이장을 고민

---

177 『세종실록』 권8, 세종 2년 7월 11일.
178 『세조실록』 권41, 세조 13년 1월 28일.

하면서 보은사 창건은 잠정 중단되었다. 곧이어 세조가 승하하면서 능침사 건립 계획은 유야무야되었다. 예종대에 영릉이 여주로 옮겨진 뒤 신륵사(神勒寺)가 영릉의 능침사로 지정되었지만, 헌릉에는 이후에도 능침사가 설치되지 않았다.

태종의 능침사로 잘못 기재된 회암사

『명종실록』에는 "회암사(檜巖寺)가 태종의 능침사"라고 소개돼 있다. 1549년(명종 4) 문정왕후가 승정원에 내린 전교 가운데 "회암사는 태종대왕의 능침사인데, 유생들이 난입하여 소란을 피워서야 되겠는가."라고 언급한 내용이 등장한다.[179] 이 기록을 제외한 다른 어떤 사료에서도 회암사가 헌릉의 능침사였다는 내용은 등장하지 않는다. 7년 뒤인 1556년(명종 11)의 실록 기사에서는 "회암사는 유명하고 큰 사찰이어서 각 능의 기신재를 비록 여기에서 설행하지만 능침과 동일하게 볼 수는 없다."고 예조에서 아뢴 내용이 등장한다.[180] 즉 회암사가 헌릉의 기신재를 지내는 사찰이기는 하지만 왕릉의 부속시설로 볼 수는 없다는 것이다. 이로 볼 때 회암사가 직접 헌릉을 관리하는 능침사는 아니었지만 명종대까지 헌릉의 기신재를 치르는 사찰이었기 때문에 문정왕후가 능침사와 동격의 사찰로 간주해 태종의 능침사라고 언급한 것이라 추측된다.

헌릉과 회암사의 거리는 거의 60km에 육박하기 때문에, 회암사의 승려들이 직접 헌릉을 수호하거나 헌릉 제사에 제수를 공급했을 가능성은 희박하다. 하지만 명종대까지 태종과 원경왕후의 기신재가 회암사에서

179 『명종실록』 권9, 명종 4년 9월 8일.
180 『명종실록』 권21, 명종 11년 9월 3일.

봉행되었고 임진왜란 이후에도 회암사 내에 어실(御室)이 유지되었던 사실로 미루어, 회암사가 조선전기 내내 헌릉의 기신도량(忌晨道場)으로 역할한 것으로 보인다. 1420년(세종 2) 회암사에서 원경왕후의 제7재(49재)를 올린 이래 매년 회암사에서 헌릉의 기신재를 설행한 것으로 추정된다.[181]

헌릉 조포사: 봉헌사, 봉서사, 자운암

헌릉은 조선전기 내내 능침사가 없는 능으로 유지되었으나, 조선후기에 들어 여러 사찰들이 조포사로 지정돼 헌릉의 제사를 보조하였다.

정조 연간에 작성된『헌릉지(獻陵誌)』에는 헌릉의 조포사로 용인 봉서사(鳳棲寺), 과천 자운암(紫雲庵) 등 두 곳이, 조포속사로는 대모산 봉헌사(奉獻寺), 비봉사(飛鳳寺), 수원 창선사(昌善寺), 광주(廣州) 백운사(白雲寺) 등 네 곳이 기재되었다.

조포사

- 용인 봉서사【광교산에 있으며 능침과의 거리는 40리이다.】제향을 설행할 때마다 2명의 승려가 번갈아 와서 두부를 만든다.【예전에는 봉헌사를 조포사로 삼았으나 사찰이 무너지고 승려가 흩어진 탓에, 본 사찰을 조포사로 삼은 지가 벌써 수십 년이 되었다.】
- 자운암【과천 관악산에 있으며 능침과의 거리는 30리이다. 봉서사의 승려가 차츰 줄어들자, 무진년(1748, 영조 24)부터 자운암을 조포사로 새로

---

181 탁효정, 「조선시대 회암사와 왕실불교」, 『회암사와 왕실문화』, 양주회암사지박물관, 2015, 199~200쪽.

정하였다. 매양 제향을 설행할 때 두 사찰에서 각각 1명의 승려가 와서 두부를 만들고 향을 굽는다.】

속사

- 봉헌사【대모산 북쪽에서 조금 서쪽 지점의 화소 안에 있다. 지금은 이미 무너져, 법당 2칸만이 덩그러니 남아 불상을 보관하고 있다.】
- 비봉사【바로 봉서사이다.】
- 창선사【수원에 있는데 역시 무너졌다.】
- 백운사【광주 백운산에 있다.】

【예전 관례에 의하면, 해마다 비봉사에서 백지(白紙) 2속을 바쳤고, 창선사에서 백지 3속을 바쳤다. 봉헌사의 경우는 두부를 만들므로, 세납(稅納)이 없었다. 지금은 창선사도 무너졌기 때문에, 오직 봉서사에서 백지 2속을, 백운사에서 백지 2속을-예전에는 1속을 가을 이후에 바친다. 또한 두 사찰은 초백지(草白紙) 1속씩을 이방(吏房)의 소용(所用)으로 바치고, 봄가을로 짚신 10죽과 미투리 4~5켤레를 바친다.】[182]

『헌릉지』에 기록된 조포사 가운데 가장 먼저 조포사로 지정된 곳은 헌릉 화소(火巢) 내에 있던 봉헌사였다. 대모산에 위치한 봉헌사는 헌릉에서 가까운 사찰이라 조포사로 지정되었던 것으로 보인다. 하지만 절이 무너지고 승려들이 흩어지자 용인 광교산에 위치한 봉서사를 조포사로 삼았다. 헌릉참봉 김명연(金命淵)이 1798년(정조 22)『헌릉지』를 집필할 당시에 "봉헌사가 퇴락한 탓에 봉서사를 헌릉의 조포사로 삼은 지가

---

182 김덕수,『역주 헌릉지』, 한국학중앙연구원 장서각, 2010, 137~138쪽.

▲ 헌릉의 조포사 관악산 자운암

이미 수십 년이 되었다."고 기록하였으므로, 봉서사가 조포사로 지정된
것은 숙종~영조 연간으로 추정된다.

광교산 봉서사는 헌릉과의 거리가 40리(약 15.7km)에 달했음에도 헌릉
의 조포사로 지정되었다. 봉헌사가 퇴락한 후 인근에 조포역을 담당할
만한 절이 없어 원거리의 절이 조포사로 지정되었던 것으로 짐작된다.
헌릉에 제향이 있을 때마다 봉서사 승려 2명이 번갈아 와서 두부를 만들
었다. 당시 봉서사의 법당은 6칸, 승방이 6칸, 황각(黃閣)이 6칸이었으며,
승려는 약 8~9명이 머무르고 있었다.

이후 1748년(영조 24) 헌릉에서 30리(약 11.7km) 떨어진 관악산 자운암
이 조포사로 추가 지정되었는데, 봉서사의 승려가 줄어들었기 때문이
다. 자운암이 조포사로 지정된 이후에도 봉서사와 자운암의 승려가 각
각 1명씩 파견돼 제향 때마다 두부를 만들고 향을 굽는 역을 담당했
다.[183]

헌릉에 유독 조포사가 많았던 이유

『헌릉지』에 다수의 조포사와 조포속사가 기재된 것은 헌릉에 속한 사찰의 폐사가 잦았기 때문이다. 숙종~영조 연간에 헌릉의 조포사인 봉헌사가 퇴락해 더 이상 조포사로 역할하지 못하자 속사로 있던 비봉사(봉서사)가 조포사로 지정되었다. 『헌릉지』가 작성될 당시에는 4곳의 속사 중 두 절은 퇴락해서 속사로 기능하지 못하고, 봉서사와 백운사만 역할하고 있었다. 하지만 정조대에 이들 사찰이 모두 제 역할을 하지 못했던 것으로 보인다. 1800년(정조 24) 헌릉이 위치한 대모산에 나무가 하나도 없을 정도로 황폐해졌다는 보고가 올라오자, 예조판서 이만수(李晩秀)는 "능졸(陵卒) 가운데서 통수(統首)를 뽑아 세우고, 민가 안에 감고(監考)를 두는 한편 조포사를 중건하자"는 의견을 제시했다.[184] 1798년(정조 22)에 작성된 『헌릉지』에 조포사 두 곳과 조포속사 네 곳 등 총 6개의 사찰이 기재돼 있음에도 2년 뒤인 1800년에 헌릉 주변에 조포사를 중건하자는 건의가 나온 것은 당시 헌릉 조포사들이 왕릉 관리나 능 주변의 산림 보호 역할을 거의 수행하지 못했음을 보여준다. 승려가 1~2명에 불과한 암자나 능에서 수 십리 떨어진 영세한 사찰이 헌릉 인근의 불법 경작과 무분별한 벌목을 막기란 사실상 불가능했다.

조선초기와 중기에 능침사로 지정된 사찰들은 대부분 조선말까지도 건재했던 반면 조선후기에 조포사로 지정된 후 아무런 보조를 받지 못한 사찰들은 헌릉의 예처럼 폐사하는 경우가 잦았다. 헌릉의 조포사와 같이 조포역을 수행하기 위해 창건된 사찰들은 경제적으로 자립할 수

---

183 『역주 헌릉지』, 137~138쪽.
184 『정조실록』 권54, 정조 24년 5월 9일.

있는 기반을 마련하기가 매우 힘들었다. 이로 인해 헌릉은 다른 능에 비해 훨씬 더 많은 조포사와 조포속사가 지정되었음에도 불구하고, 제대로 된 조포사 운영이나 관리가 이루어지지 않았다.

헌릉의 조포사 창건은 19세기 후반에 이르러 또 한번 이루어졌다. 1930년에 『묘전궁릉원묘조포사조』의 헌인릉 보고서를 작성한 참봉 이병욱(李丙旭)과 이제문(李擠文)이 인근에 거주하는 노인들에게 들은 바에 따르면 "약 60여 년 전(1870년경)에 대모산 남쪽 자락에 용덕사(龍德寺)를 건설한 후 헌릉의 조포를 담당케 하였다."고 하였다.[185] 용덕사는 1910년 경에 폐사된 것으로 전해진다.

헌릉의 조포사로 지정된 사찰 가운데 현존하는 절은 자운암이 유일하며, 조포속사 중에는 백운사만이 남아 있다. 헌릉과 자운암의 거리는 11.4km이고, 도보로 약 2시간 50분이 소요된다.

7. 세종과 소헌왕후 영릉(英陵)의 수호사찰

피장자	세종, 소헌왕후
능 형태	합장릉
위치	서울 강남구 내곡동→경기도 여주시 능서면 번도리
조성시기	1446년(妃), 1450년(王)→1468년 천릉
능침사	신륵사(보은사 사액)
조포사	신륵사
영릉과 신륵사 간 거리	5.2km(도보 1시간 20분)

---

185 『廟殿宮陵園墓造泡寺調』, 35쪽.

영릉 조성과정

영릉은 조선의 4대 왕 세종(世宗, 1397~1450)과 소헌왕후 심씨(昭憲王后 沈氏, 1395~1446)의 합장릉이다. 세종은 태종과 원경왕후의 셋째 아들로, 1418년(태종 18) 6월에 왕세자에 책봉되었다가 2개월 뒤인 8월에 태종의 양위로 왕위에 올랐다. 소헌왕후는 청천부원군(靑川府院君) 심온(沈溫)의 딸로, 1408년(태종 8) 충녕대군과 가례를 올렸고, 세종이 왕위에 오르면서 왕비가 되었다. 세종과 소헌왕후는 슬하에 8남 2녀를 두었다.

1446년(세종 28) 소헌왕후가 승하하자 세종은 헌릉의 서쪽 기슭에 왕후의 능을 조성하였다. 세종은 이미 1438년(세종 20)에 헌릉 옆을 자신의 수릉(壽陵)으로 내정하였다.[186] 수릉 후보지를 정할 때 서운관 관리 최양선이 '맏아들이 죽는 자리[絶嗣損長子]'라며 반대했지만, 세종은 "부모의 곁보다 좋은 명당은 없다."고 주장하며 대모산 기슭에 수릉을 조성하였다. 헌릉이 쌍릉의 형태로 조성된 데 반해 영릉은 기획 단계부터 합장릉으로 조성되었다. 1446년(세종 28) 소헌왕후가 사망하자 하나의 봉분 아래 방을 두 개로 만들어 동쪽 방에 왕비의 무덤을 조성하였으며, 서쪽 방은 세종의 수릉으로 마련되었다. 1450년(세종 32) 세종이 승하한 후 이곳에 안장되었다.

그 후 문종, 의경세자, 단종, 인성대군이 연달아 요절하자, 세조대에 영릉의 천릉 논의가 제기되었다. 하지만 논의가 진행되던 중에 세조가 사망하면서, 영릉 이장은 예종대로 넘어가게 되었다. 예종은 1468년(예종 즉위년)에 여주에 천릉할 땅을 마련해 이듬해인 1469년(예종 1) 2월에

---

186 『세종실록』 권83, 세종 20년 10월 1일.

영릉을 이장하였다.

보은사 창건의 무산

영릉에는 원래 능침사가 설치되지 않았다. 태종의 명으로 헌릉부터 능침사를 설치하는 관례를 중단했기 때문이다. 하지만 세조는 헌릉과 영릉이 위치한 대모산 기슭에 보은사를 짓기로 결정했다. 세조대 연달아 발생한 왕실의 흉사들을 불사(佛事)로 극복하기 위한 조치로 파악된다. 세조는 1467년(세조 13) 1월에 영사제조(營寺提調) 등을 대모산으로 보내 절터를 살펴보게 했다.[187] 이후 보은사의 지도까지 완성되었지만[188] 공사가 채 시작되기 전 언덕에 쌓아놓았던 재목들이 장마로 인해 모두 유실되고 말았다.[189] 그후 세조는 영릉의 이장을 고민했고 새 능지가 결정되기 전에 세조가 승하하면서 천릉은 물론 보은사의 창건계획도 원점으로 돌아갔다.

영릉 능침사: 신륵사

영릉을 여주로 천장하고 3년 뒤인 1472년(성종 3) 정희왕후는 세조의 유지를 받들어 보은사 건립을 재추진하기로 결정했다. 영릉 이장 후 3년이나 지나서야 보은사 건립이 논의된 것은 그 사이에 광릉 조성, 봉선사 창건, 영릉 이장 등의 대규모 토목공사가 연달아 이루어졌기

---

187 『세조실록』권41, 세조 13년 1월 23일.
188 『세조실록』권41, 세조 13년 1월 28일.
189 金守溫, 『拭疣集』 報恩寺重創賜額記

▲ 영릉의 능침사인 여주 신륵사

때문이었다.

정희왕후는 1472년(성종 3) 한명회와 한계희 등을 보내 능침에서 멀지 않은 곳에 새롭게 절을 세울 곳을 택정하라고 명했다. 한명회 등이 답사를 마치고 돌아온 후 "능실좌지(陵室坐地) 안에는 가히 집을 세울 땅이 없고 근처에 신륵사 일명 벽사(甓寺)라 불리는 절이 있는데 옛 현인이 유람한 자취가 완연하고 또 선왕의 능역과도 가까우니 이를 수리해 새롭게 하면 일의 공력도 반으로 줄어들 것이고 이보다 편리할 수가 없을 듯하다."는 보고를 올렸다.[190]

이에 정희왕후는 새 절을 세우는 대신 신륵사를 중창해 능침사로 삼기로 결정하고 내수사의 자금을 투입해 중창공사를 진행시켰다. 1472년 2월부터 10월까지 공사가 진행돼 약 200여 칸의 건물들이 준공되자,

---

190 『拭疣集』「報恩寺重創賜額記」.

성종은 신륵사에 보은사(報恩寺)라고 사액하였다.[191]

보은사에는 세종과 소헌왕후의 위패가 봉안된 어실이 마련되었으나, 현종대에 철폐되었다. 1661년(현종 2) 전국 사찰에 모셔진 왕의 위패를 매안하는 작업이 이루어졌는데, 신륵사의 어실도 이때 철폐되었다.[192] 어실이 혁파된 후에도 신륵사는 영릉의 조포사로 기능하였으며, 효종의 영릉(寧陵)이 세종의 영릉 옆으로 이장된 후에는 효종 능의 조포역까지 담당하였다. 신륵사의 조포역은 1910년에 폐지되었다.[193]

영릉과 신륵사의 직선거리는 5.3km이고, 도보로 1시간 20분이 걸린다.

8. 문종과 현덕왕후 현릉(顯陵)의 수호사찰

피장자	문종, 현덕왕후
능 형태	동원이강릉
위치	경기도 구리시 인창동 동구릉
조성시기	1452년 왕릉 조성, 1513년 현덕왕후 소릉 천장
능침사	개경사
조포사	불암사, 석천사
조포속사	성흥사, 반룡사
현릉과 개경사 간 거리	200m(도보 5분)
현릉과 불암사 간 거리	5.3km(도보 1시간 20분)

---

191 『拭疣集』「報恩寺重創賜額記」.

192 許穆, 『記言』「記行」.

193 『廟殿宮陵園墓造泡寺調』, 36쪽.

현릉 조성과정

현릉은 조선의 5대 왕 문종(文宗, 1414~1452)과 현덕왕후 권씨(顯德王后 權氏, 1418~1441)의 동원이강릉(同原異岡陵)이다. 문종은 세종과 소헌왕후의 장자로, 1450년 왕위에 올랐으나 2년 뒤인 1452년(문종 2)에 사망했다. 현덕왕후는 화산부원군(花山府院君) 권전(權專)의 딸로, 세자궁에 궁녀로 들어갔다가 1431년(세종 13) 승휘(承徽)에 봉해지고 1437년(세종 19) 순빈 봉씨가 폐위된 후 세자빈으로 책봉되었다. 1441년(세종 23) 7월 24일 아들(단종)을 낳은 지 3일 만에 동궁(東宮)의 자선당(資善堂)에서 사망했다. 그해 9월에 안산군의 신영(新塋)에 장사하였다. 문종이 즉위한 뒤 왕비로 추숭되면서 세자빈 묘는 소릉(昭陵)으로 추봉되었다.

1452년 문종이 사망하자 대모산 영릉 곁이 능 후보지로 선정되었다. 하지만 산릉공사 도중 광중(壙中) 9척쯤에서 물이 솟아나오자, 대모산 대신 건원릉 부근에 현릉을 조성하게 되었다.

1457년(세조 3) 현덕왕후의 모친 아지(阿只)와 동생 권자신(權自愼)이 단종복위사건에 연루되어 주살당하자 현덕왕후는 사후임에도 폐비되었다. 이때 세조는 현덕왕후의 능을 바닷가 쪽에 옮기고 서인(庶人)의 묘로 개장(改葬)하였다. 1513년(중종 8)에 왕후가 복권된 후 소릉의 천장이 결정되어 문종의 현릉 옆으로 옮겨지고 능호는 현릉으로 유지되었다.[194]

현릉은 왕과 왕비의 능침이 주맥에서 능선을 달리하여 좌우 언덕에 각각 단릉 형식으로 조성되고 능선 아래 중심에 정자각을 배치하여 하나의 능원을 이루는 동원이강릉으로 조성되었다.

---

194 『중종실록』 권18, 중종 8년 5월 6일.

현릉 능침사: 개경사

현릉은 건원릉 바로 옆에 조성되었기 때문에 건원릉의 능침사인 개경사가 현릉의 재궁 역할까지 함께 담당하게 되었다. 단종은 현릉에 들러 제사를 지낼 때 개경사의 승려들에게 쌀과 콩 등을 하사하곤 하였다. 하지만 개경사가 현릉 바로 옆에 위치해 조석으로 범종 소리가 능침을 시끄럽게 한다는 이유로 이전 논의가 제기되었고 단종대에 이전이 결정되었다. 하지만 세조의 즉위와 함께 이전 논의는 유야무야되었다. 성종대에 개경사가 능역 밖으로 옮겨졌고, 이후에도 건원릉과 현릉의 능침사 역할을 계속 유지하였다.

개경사가 폐사된 이후에는 불암사가 현릉의 조포사 역할을 맡았다. 『묘전궁릉원묘조포사조』에는 현릉을 비롯한 동구릉의 9개 능에 관한 조포역을 불암사가 담당했으며, 1909년(융희 3)에 조포 역이 폐지되었다고 기록되었다.[195] 【건원릉 참조】

9. 단종 장릉(莊陵)의 수호사찰

피장자	단종
능 형태	단릉
위치	강원도 영월군 영월읍 영흥리
조성시기	1457년(노산군묘)→1698년(왕릉 추숭)
능침사	없음

---

195 『廟殿宮陵園墓造泡寺調』, 30쪽.

조포사	금몽암(노룽암), 보덕사
조포속사	남장사, 안국사
장룡과 보덕사 간 거리	380m(도보 6분)

장릉 조성과정

장릉은 조선의 6대 왕 단종(端宗, 1441~1457)의 단릉이다. 단종은 문종과 현덕왕후의 외아들로, 1441년(세종 23)에 태어나 1452년 왕위에 올랐다. 1455년(단종 3) 수양대군에게 선위하고 상왕으로 물러났으나 1457년(세조 3) 영월 유배지에서 사사되었다.

장릉은 강원도 영월군 영월읍 영흥리에 위치하였다. 조선 왕릉 가운데 유일하게 경기도 밖에 위치한 능이다. 단종이 죽은 뒤 청령포에 버려져있는 것을 영월의 호장 엄흥도가 시신을 거두고 산기슭에 암매장하였다고 전해진다. 1516년(중종 11) 여러 사람의 증언을 토대로 묘를 찾아 봉분을 갖추게 되었다. 1681년(숙종 7) 노산대군으로 추봉되었고 1698년(숙종 24) 왕으로 복위됨에 따라 노산대군묘는 장릉으로 추봉되었다.

노산군묘를 수호한 노릉암

장릉 부근에는 단종과 관련된 두 개의 사찰이 위치해 있다. 한 곳은 금몽암(禁夢庵)으로 단종이 살아생전 즐겨 찾던 암자로 전해지며, 또 한 곳은 보덕사(報德寺)로 노산군묘가 장릉으로 추봉되면서 새롭게 조성된 절이다.

금몽암은 단종의 유배 이전부터 영월에 있던 절이다. 원래의 이름은

▲ 단종의 원당 영월 금몽암

지덕암(旨德庵)이었으나 단종이 궁궐[宮禁]에 있을 당시 꿈[夢] 속에서 본 사찰[庵]이라 금몽암으로 개칭했다고 전해진다. 양란을 거치면서 전소되었다가 광해군대에 영월군수 김택룡(金澤龍)이 승려들을 모집하여 중창한 뒤부터 노릉암(魯陵庵)으로 불렸다. 이때부터 노릉암의 승려들이 노산군묘를 수호했던 것으로 보인다.

현종 연간에 장령 윤순거(尹舜擧)가 영월군에 부임한 뒤 금몽암을 중건하고는 지덕암으로 개칭하였다. 윤순거가 편찬한 『노릉지(魯陵志)』「지덕암중건기(旨德庵重建記)」에는 다음의 내용이 실려 있다.

무덤이 강가의 나지막한 곳에 위치하고 초목이 무성해 해마다 산불이 날 우려가 있었다. 게다가 읍치와의 거리가 6리도 채 되지 않아 초동목수(樵童牧豎)가 허구한 날 찾아오므로, 6명의 수복이 금지시키고 꾸짖는 것이 역부족이

었다. (중략) 혹시라도 대궐에서 향축을 내려주어 시종신이 제사를 설행하게
되면 언제나 좁아터진 공간 때문에 근심스러웠다. 이러한 연유로 가까운 곳
에 암자를 짓지 않을 수 없었다. 암자를 지음으로써 화재를 막고 벌목을 엄금
하며 때때로 그곳에 들어가 청재할 수 있으니, 이것이 바로 이 암자를 세운
까닭이다.[196]

『노릉지』에 따르면 금몽암은 현종대에 노산군묘의 제사와 산림 관리
를 위해 중건되었다. 하지만 이 암자가 얼마 지나지 않아 퇴락하였고
영조대에는 폐사되었던 것으로 확인된다. 1745년(영조 21) 장릉참봉 나삼
(羅蔘)은 "금몽암은 바로 단종께서 꿈속에서 현몽하여 창건한 곳이거늘
어찌 폐사된 채로 남겨 후세에 전하지 않을 수 있겠는가."라고 탄식하며
사재를 출연하고 조력자를 모아 옛 터에 암자를 다시 지었다.[197] 오늘날
의 금몽암은 나삼이 중건한 것으로, 보덕사의 산내암자로 속해있다.

장릉 조포사: 보덕사

숙종대에 노산군묘가 장릉으로 추봉될 당시에는 금몽암이 폐사된 상
태였기 때문에 조정에서는 장릉 옆에 새롭게 보덕사를 조성해 조포사로
삼았다.[198] 『장릉지 속편』에는 보덕사에 관한 내용이 부록으로 다음의
내용이 실려 있다.

---

196 『魯陵志』 「旨德庵重建記」.
197 장서각, 『역주 장릉지 속편』, 한국학중앙연구원출판부, 2011, 177쪽.
198 『廟殿宮陵園墓造泡寺調』, 37쪽.

▲ 장릉의 조포사로 창건된 영월 보덕사

　1720년(영조 2)에 이르러 터를 새로 정하여 보덕사를 창건했는데, 능으로 봉해진 후에는 두부를 만들고 능침을 수호하는 사찰이 되었다. 현재 금몽암은 보덕사의 부속암자이다. 정조 경술년(1790, 정조 14)에 보덕암의 승려 한명(漢溟)이 글을 올려 세금을 면해주기를 요청하자 정조가 비국에 계하하셨고 호조가 다시 회계하여 수호승 5명에게 급료로 쌀을 주도록 하였다. 예조에서 팔도에 권선문을 보내 사찰을 건립하고 보수케 했는데 금몽암도 이때 개건하였다. 임자년(1792, 정조 16)에 예조에서 보덕사는 능침을 수호하는 사찰로서 사체(事體)가 다른 절과 다르니 도내도승통 겸 수호총섭(道內都僧統兼守護總攝)을 설치할 것을 입계하였다. 이에 주상께서는 승통에게 인신(印信)을 만들어 보내고 해당 사찰의 망보(望報)와 예조의 차첩(差帖)을 작성하여 도내의 여러 사찰에 발송한 뒤 시행하도록 판하하셨다. 병진년(1796, 정조 20) 예조 당상관이 장릉을 봉심하고 복명하며 사찰의 폐단을 아뢰자 본도에 행회하여 오대산사고의 번승 규례에 따라 도승통에게 요미(料米)를 정급하게 하였다.[199]

『장릉지 속편』에는 보덕사가 1720년에 창건된 사찰이라고 설명돼 있지만, 영월 보덕사는 고려시대에도 존재했던 절이다. 1161년(고려 인종 32) 원경국사(元敬國師)가 이 절을 중창하였다는 사실이 확인된다. 이로 볼 때 절터만 남아 있던 보덕사를 장릉 추봉을 계기로 중창한 것으로 추정된다. 보덕사 중창을 위해 조정에서는 팔도권선문(八道勸善文)을 전국에 유포하였고 조포사에 도승통(都僧統)을 임명하는 한편 수호 승려들에게 급료를 지급하였다. 이는 장릉이 여타의 왕릉과 달리 경기도 밖에 위치해 있는데다 조정의 관리가 미치기 힘든 지역에 위치해 있었기 때문에 특별히 내린 조치로 파악된다.

조포속사: 남장사

이후 순조대에 경상도 상주의 남장사(南長寺)가 장릉의 조포속사로 지정되었다. 원래는 강원도에 있는 한두 곳의 절을 조포속사로 배속하라는 명이 내려졌지만,[200] 강원도의 사찰 대신 상주의 남장사가 조포속사로 지정되었다. 1806년(순조 6) 승지 남공철(南公轍)이 올린 계에 따르면 "지난 여름에 도내의 한두 사찰을 조포속사로 정급하라고 명하셨으나, 강원도 내의 사찰 태반이 영세해서 속사로 역할할 수 없는 실정이라 경상도 상주의 남장사를 조포속사로 정하고자 한다."고 설명하였다.[201]

『묘전궁릉원묘조포사조』에는 경주 운악산의 안국사(安國寺)가 조포속사로 역할했다고 기록돼 있다. 순조대 이후 남장사 대신 안국사가 조포

---

199 『역주 장릉지 속편』, 173~174쪽.
200 『승정원일기』 1,910책 순조 6년 4월 17일.
201 『승정원일기』 1,919책 순조 6년 11월 11일.

속사로 지정되었던 것으로 보인다.

장릉과 보덕사간의 거리는 380m이고 도보로 6분이 걸린다.

10. 단종 원비 정순왕후 사릉(思陵)의 수호사찰

피장자	단종 원비 정순왕후
능 형태	단릉
위치	경기도 남양주시 진건읍 사릉리
조성시기	1521년(노산군부인묘 조성)→1698년(왕릉 추숭)
능침사	없음
조포사	없음

사릉 조성과정

사릉은 단종비 정순왕후 송씨(定順王后 宋氏, 1440~1521)의 단릉이다. 정순왕후는 여량부원군(礪良府院君) 송현수(宋玹壽)의 딸로, 1454년(단종 2) 왕비에 책봉되었다. 1455년 세조의 왕위 찬탈로 인해 대비로 물러났다가 1457년(세조 3) 단종이 사사된 후 정업원(淨業院) 비구니가 되었다. 연산군 대에 도성 내 정업원이 철폐된 이후에는 동대문 밖 인창방(현 서울 창신동)에 새롭게 정업원을 마련하고 정업원 주지를 역임하였다.[202]

정순왕후는 살아생전 자신이 살던 집의 일부를 단종의 조카인 해평부원군(海平府院君) 정미수(鄭眉壽)에게 상속하였는데, 정순왕후가 증여한 가

---

202 탁효정, 「15~16세기 정업원의 운영실태 운영실태 - 새롭게 발견된 端宗妃 定順王后의 고문서를 중심으로」, 『朝鮮時代史學報』 82집, 조선시대사학회, 2017, 46~54쪽.

옥에는 단종의 사당이 있었다. 말년에 이르러 정순왕후는 정미수의 집에서 세상을 떠났고, 정미수의 후손들은 단종과 정순왕후가 복위될 때까지 제사를 이어갔다.[203] 1771년(영조 47) 영조는 정미수의 후손을 불러 정순왕후의 옛 집터를 고증한 뒤 인창방에 정업원구기(淨業院舊基)라 새긴 비석을 세웠다.[204]

정순왕후가 사망할 당시 왕비로 복권되지 못했기 때문에 송씨의 묘는 해주정씨 집안에서 마련하였다. 사릉이 위치한 경기도 남양주시 진건읍 사릉리는 해주정씨 집안의 선산이다. 사릉 오른쪽 언덕에는 지금도 해주정씨 집안의 묘역이 조성돼 있다. 숙종대에 정순왕후의 복위가 이루어질 당시 봉릉도제조(封陵都提調) 최석정(崔錫鼎)이 "사릉의 능역 안에 정씨 집안의 여러 무덤이 이미 수백 년간 있었으니, 정릉(貞陵) 안에 있는 옛 무덤들을 파서 옮기지 않은 예에 따라 (사릉 능역 안의 해주정씨 묘소들 또한) 특별히 그대로 두도록 허락하시더라도 방해되지 않을 듯하다."고 건의한 의견을 따른 것이다.[205]

1698년(숙종 24) 장릉(莊陵)과 함께 왕비의 묘가 추봉되면서 사릉이라는 능호가 내려졌다.

수호사찰 대신 해주정씨 집안이 관리

사릉에는 능침사나 조포사가 설치되지 않았다. 능으로 추봉된 이후에

---

203 탁효정, 「조선시대 淨業院의 위치에 관한 재검토 -영조의 淨業院舊基碑 설치를 중심으로-」, 『서울과 역사』 97집, 서울역사편찬원, 2017, 58~60쪽.
204 『영조실록』 권117, 영조 47년 8월 28일.
205 『숙종실록』 권32, 숙종 24년 11월 29일.

도 사찰에서 조포의 역을 수행한 기록이 확인되지 않는다. 사릉 추숭 이후에도 해평부원군 가에서 능을 관리했기 때문에 별도의 조포사를 마련할 필요가 없었기 때문인 것으로 짐작된다.

『묘전궁릉원묘조포사조』에도 사릉에는 연관 있는 능침사나 조포사가 없다고 기록돼 있다.[206] 사릉의 제사는 오늘날까지 전주이씨 대동종약원와 해주정씨 대종회가 공동으로 개최하고 있다.

---

206 『廟殿宮陵園墓造泡寺調』, 39쪽.

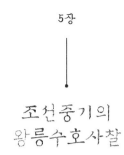

5장

조선중기의
왕릉수호사찰

11. 세조와 정희왕후 광릉(光陵)의 수호사찰

피장자	세조, 정희왕후
능 형태	동원이강릉
위치	경기도 남양주시 진접읍 부평리
조성시기	1468년(王), 1483년(妃)
능침사	봉선사
조포사	봉선사
광릉과 봉선사 간 거리	900m(도보 9분)

광릉 조성과정

광릉은 조선의 7대 왕인 세조(世祖, 1417~1468)와 정희왕후 윤씨(貞熹王后 尹氏, 1418~1483)의 동원이강릉(同原異岡陵)이다. 세조는 세종과 소헌왕후의 둘째 아들로, 계유정난(癸酉靖難)을 일으켜 단종을 폐하고 1455년 왕위에 올랐다. 1468년(세조 14) 수강궁 정침에서 사망하였다. 정희왕후는 영평 부원군(鈴平府院君) 윤번(尹璠)의 딸로, 1483년(성종 14)에 사망하였다.

광릉은 경기도 남양주시 진접읍 부평리에 위치해 있다. 1468년에 세조가 승하하면서 세조의 능침이 조성되었고, 1483년 정희왕후가 승하하자 세조와 능선을 달리하여 동쪽 언덕에 왕후의 능침이 조성되어 동원이강릉의 형태를 띠게 되었다.

광릉은 "왕릉을 간소하게 하라"는 세조의 유지를 따라, 이전에 조성된 왕릉과 달리 석실과 사대석(병풍석) 없이 난간석과 석주로만 조성되었다. 하지만 사대석이 없어 광릉의 사토가 해마다 무너지자 이를 견고하게 할 방안들이 논의되었다. 그리하여 석회, 세사, 황토의 삼물을 좀 얕게 깎아내고 황토를 두껍게 쌓은 후에 사토를 덮는 형식으로 재조성되었고,

▲ 동원이강릉으로 조성된 광릉

봉분은 높지 않게 하고 아래 터는 넓고 두텁게 하였다.[207]

광릉 능침사: 봉선사

광릉의 능침사는 봉선사(奉先寺)이다. 이 절은 980년(고려 광종 20)에 법인국사(法印國師) 탄문(坦文)이 창건했으며 운악사(雲岳寺)로 불렸다고 전해진다. 봉선사가 오늘날의 사세를 갖추게 된 것은 세조의 능침사로 지어지면서부터이다. 운악산에 광릉이 조성되면서 정희왕후가 왕릉 근처의 길지에 능침사를 짓도록 명하였다. 김수온의 「봉선사기」에는 "능실 남쪽에 하나의 그윽한 구역이 있는데 산은 돌고 물은 맑고 차가워 진실로 불우(佛宇)의 적당한 땅이 있었다."라고 하였다.

1469년 6월에 공사가 시작되어 그해 9월에 완료되었다. 대웅보전(大雄寶殿), 보응당(普應堂), 해공당(海空堂), 방적당(訪迹堂), 운하당(雲霞堂) 등 총 89칸의 전각으로 조성되었으며, 9월 7일 낙성식을 겸하여 세조의 추천재(追薦齋)가 설행되었다.

현재 남아있는 봉선사의 전각들은 한국전쟁 이후에 재건된 것이지만, 창건 당시 절의 규모와 배치를 비교적 상세하게 기술한 창건기가 남아있어 절의 가람 배치를 대략적으로 추측할 수 있다. 김수온의 「봉선사기」에는 다음의 내용이 실려 있다.

(…) 긴 회랑[長廊] 6칸에 정문 1칸이 있으니 원적문(圓寂門)이라 하였고, 종루층각(鍾樓層閣) 3칸이 있는데 청원루(淸遠樓)라 하였으며, 중행랑(中行廊) 13칸

---

207 『조선왕릉 종합조사보고서』 II, 310쪽.

에 내천왕문(內天王門) 1칸이 있으니 증진문(證眞門)이라 하였고, 문 동쪽 행랑
[門東廊] 3칸은 운집요(雲集寮)요, 다음 3칸은 원헐요(猿歇寮)이며, 서쪽 행랑[西
廊] 3칸은 해납요(海納寮)이고, 다음 3칸은 진정요(塵靜寮)이며, 동루방(東樓房)
3칸은 허적요(虛寂寮)요, 서루방(西樓房) 3칸은 연죽요(燕寂寮)이며, (…) 총 89칸
이다.[208]

위의 「봉선사기」에 따르면 봉선사에는 긴 회랑이 6칸이 설치되었고,
중행랑이 13칸 설치되었으며, 동쪽과 서쪽에 행랑이 3칸씩 설치되었다.
또한 정문(원적문)과 중문(내천왕문)을 설치했다는 것이 확인된다.
절의 창건 직후 정희왕후는 봉선사 옆에 세조의 진전을 짓도록 하였
다. 정희왕후는 "절은 이미 건립되었으나 능침의 거리가 산봉우리로 서

▲ 광릉의 능침사인 남양주 봉선사

---

208 金守溫, 『拭疣集』, 「奉先寺記文」.

로 막혀있으니 마땅히 절 곁에 진전을 구성하여 대행대왕의 하늘에 계신 영혼으로 하여금 귀의하시어 명유(冥遊)를 즐겁게 하여야 한다."며 영전(影殿)을 건립하게 했다. 즉 능이 보이지 않는 위치에 능침사가 있었기 때문에 어진을 모실 공간이 필요하다고 판단해 어실을 설치한 것이다. 이때의 이름은 숭은전(崇恩殿)이었으나 후에 봉선전(奉先殿)으로 개칭하였다. 진전 내에는 세조의 영정이 안치되었다. 절이 완공된 후 예종은 봉선사라는 이름을 사액하였다.[209]

봉선전의 과도기적 특징

봉선사는 조선초의 불교식 재궁이나 조선중기 능침사와 비교해 볼 때 과도기적 형태를 보이고 있다. 우선 위치상으로 왕릉과 가깝지도 멀지도 않은 곳에 자리잡고 있다. 봉선사보다 먼저 설치된 능침사들은 능역 안에 위치하고 있었고 왕릉이 바라보이는 위치에 자리잡고 있었다. 봉선사 이후에 조성된 능침사들은 왕릉과 훨씬 더 멀리 떨어져 있었다.

봉선사 이전의 능침사들이 왕릉의 부속시설인 재궁으로 불렸던 것과 달리 봉선사와 이후의 사찰들은 능침사라 칭해졌다. 이는 능침사가 재궁과 달리 능에서 독립된 별개의 시설로 설치되었음을 의미한다.[210]

또한 조선초의 불교식 재궁에는 진전이 설치되지 않았던 반면 봉선사에는 숭은전(봉선전)이라는 진전이 마련되었다. 봉선전에 위패가 아닌 초상화가 모셔졌다는 것도 이후에 설치되는 어실들과 다른 점이다. 「봉선

---

209 「奉先寺記文」.
210 탁효정, 「조선초기 陵寢寺의 역사적 유래와 특징」, 『朝鮮時代史學報』 77, 조선시대사학회, 2016, 32쪽.

사기」에는 "절 동쪽에 영전(影殿)을 건립했다."는 기록이 등장하는데, 이는 세조의 진영을 모신 건물을 지었음을 의미한다. 어실 안에 초상화를 모시는 것은 고려 진전사원의 풍습이다. 봉선사 이전에 설치된 불교식 재궁에는 진전이 마련되지 않았고, 봉선사 이후의 능침사에는 위실이 마련되었던 반면 봉선사에는 초상화를 봉안한 진전이 설치된 것이다. 봉선전에 모셔진 세조의 영정은 임진왜란 때 강화 전등사로 이안되었다가 전쟁이 끝난 후 한양의 숭은전(남별전)으로 옮겨졌다.

봉선전은 불교식 진전사원과 유교식 사당의 특징을 동시에 지니고 있었다. 매일 조석예불이 치러졌고, 초하루와 보름에는 왕실에서 헌관을 보내 왕릉과 진전에서 재를 치르게 하였다.[211] 예종과 성종은 자주 광릉을 참배했는데, 능 참배가 끝나면 봉선전을 들러 예를 올렸다. 참배가 끝난 후에는 봉선사 경내에서 신료들과 식사를 하였는데, 이 때문에 조정 신료들은 절에서 식사를 하는 것이 참람하다고 불만을 토로하기도 하였다. 이처럼 봉선전은 사찰 경내에 위치해 있으면서도 능의 부속기관으로 운영되었다.

어실의 철폐와 복구

봉선사는 임진왜란 때 왜적의 침입으로 상당 부분 불에 탔고, 그 중에서도 봉선전은 전소되었다. 임진왜란 이후에도 봉선사는 광릉의 능침사 역할을 계속 유지했기 때문에 왕실에서는 전쟁이 끝난 후 내수사에 명하여 봉선전 터 서쪽에 어실을 짓고 세조와 정희왕후의 위패를 봉안케

---

211 金守溫, 『拭疣集』 奉先寺記.

하였다.[212]

그러나 효종~현종대에 전국 사찰에 봉안된 왕의 위패를 모두 매안할 때 봉선사에 모셔진 세조의 위패도 매안되었다.[213] 『숙종실록』에는 "예전에 봉선사에 열성(列聖)의 위판(位版)을 봉안하였는데 유생의 상소 때문에 폐지하였다."고 기록돼 있다.[214]

봉선사 어실각은 철폐된지 얼마 지나지 않아 복구되었던 것으로 확인된다. 1927년 편찬된 『봉선본말사지』 중 '이조 열성조위패(李朝列聖朝位牌)'에는 표 6의 내용이 실려 있다. 『봉선본말사지』에는 총 8명의 위패가 기록돼 있다.[215] 세조와 정희왕후, 숙종과 3명의 왕비 그리고 숙종의 후궁 영빈김씨의 위패까지 모셔진 것으로 미루어 숙종~경종 연간에 어실각이 다시 설치된 것으로 추정된다. 『봉선본말사지』에 실린 강희 61년

표 6 『봉선본말사지』 이조 열성조위패 목록

봉안 대상	봉안 건물	위치
世祖惠莊大王位牌	安御室閣	西便
貞熹王后尹氏位牌	同	東便
肅宗顯義大王位牌	同	正面
仁顯王后閔氏位牌	同	同
仁元王后金氏位牌	同	同
仁敬王后金氏位牌	同	同
寧嬪金氏位牌	同	同

---

212 『韓國寺刹全書』「雲岳山奉先寺記實碑」.
213 봉선사의 세조 위패가 정확하게 언제 매안되었는지는 확실하지 않다. 봉은사는 효종대에, 신륵사는 현종대에 어실이 철폐되었는데, 봉선사는 봉은사와 더불어 조선시대 대표적인 왕실사찰이었기 때문에 봉은사와 거의 비슷한 시기에 매안 작업이 이루어졌을 것으로 추정된다.
214 『숙종실록』 권23, 숙종 17년 4월 2일.
215 한국학문헌연구소편, 『奉先本末寺誌』, 아세아문화사, 1978, 22쪽.

고문서에도 봉선사에 어실각이 재설치되었음을 확인할 수 있는 내용이 다음과 같이 실려 있다.

> 양주목에 위치한 운악산 봉선사는 세조대왕과 정희왕후 현궁(玄宮)이 있는 중요한 곳이고, 열성조(列聖朝)의 위패가 봉안된 곳이므로 관계의 소중함이 예사에 비할 바가 아니다. 전쟁으로 인한 재해를 겪으면서 건물들이 불에 타 소실되고 승도들이 조잔해짐에 막중한 수호를 거행할 수가 없을 지경 이라고 한다. (…)[216]

이 완문의 작성 시기는 강희 61년 즉 1722년(경종 2)이다. 이 글에 따르면 경종대 봉선사에는 열성조의 위패 즉 세조와 정희왕후 뿐만아니라 다른 왕들의 위패도 봉안돼 있었다. 즉 효종대 능침사의 위패가 철거된 후 얼마 지나지 않아 봉선사에는 다시 어실이 설치되었고 왕과 비빈들의 위패가 봉안되었던 것이다. 이 완문의 원본에 어보가 찍혀있었다는 『봉선본말사지』의 기록으로 미루어, 봉선사의 어실은 왕실의 명을 받아 다시 마련된 것으로 보인다.[217] 이 고문서의 뒷부분에는 1847년(헌종 13)에 작성된 완문의 내용도 실려 있는데, 여기에도 "본사(봉선사)는 양릉(兩陵)과 열성조의 위패가 봉안된 곳"이라고 명시돼 있다.

---

216 『奉先本末寺誌』, 31쪽.
217 『봉선본말사지』에 따르면 이 고문서는 사지편찬을 종료하고 인쇄에 들어가기 직전 봉선 사 대웅전 약사여래존상을 개금하기 위해 불상을 이안하다가 순안법흥사사적(順安法興寺事 蹟)과 함께 발견되었다. "약 80년 전에 숭은전수호판사(崇恩殿守護判事)를 역임하던 월성(月 城) 대사가 등록(謄錄)하고 원본은 법당에 모셔두었다."는 기록을 확인하고 봉선사 승려들 이 원본의 소재를 찾았으나 끝내 고문서의 원본은 찾지 못했다. 부연 설명에 따르면 이 고문서를 찾기 약 40년 전까지 법당 탁자 위에 있던 보물함을 도둑이 훔쳐갔고, 이 문서 의 원본도 그때 유실된 것으로 추정된다고 하였다. (『奉先本末寺誌』, 30~31쪽.)

『봉선본말사지』의 기록은 효종~현종대에 철폐되었던 봉선사의 어실이 숙종대 이후 복원되었고, 조선말까지 계속 유지되고 있었다는 사실을 알려준다. 이로 인해 봉선사는 조선말까지도 계속 광릉의 수호사찰로 인식되고 있었다. 『정조실록』에도 "봉선사는 광묘(光廟)의 원당이며 정조가 광릉을 참배한 뒤 선전관에게 명하여 봉선사의 중을 위무했다."고 기록돼 있다. 1930년대 작성된 『묘전궁릉원묘조포사조』에는 "봉선사가 광릉의 능사(陵寺)이며, 양주와 포천, 보령, 예산, 과천, 광주(光州) 등지의 전답을 왕실에서 하사했다."고 하였다.[218] 이들 기록을 통해 봉선사의 어실이 효종~현종대 원당 철폐령에 의해 일시적으로 훼철되었다가 숙종대 이후 재설치돼 조선말까지 계속 유지되었음을 확인할 수 있다.

내수사에서 관리한 봉선사 위전

봉선사는 광릉의 능침사로 지정된 이래 조선말까지 상당한 사위전(寺位田)을 보유했던 것으로 확인된다. 1787년 내수사에서 작성한 『내수사급각궁방전답총결여노비총구도안(內需司及各宮房田畓摠結與奴婢摠口都案)』[219], 1880 ~1883년간 호조에서 작성한 『내국세출입표(內國稅出入表)』[220], 1895년 탁지부에서 조사한 『결호화법세칙(結戶貨法稅則)』[221] 등의 궁방전 관련 자료에는 사위전의 내역이 실려있다. 그중 봉선사는 봉은사에 이어 두 번째로 많은 사위전을 보유한 사찰로 확인된다. 『도안』에 실린 기록에

---

218 『廟殿宮陵園墓造泡寺調』, 40쪽.
219 『內需司及各宮房田畓摠結與奴婢摠口都案』(奎 9823).
220 『內國稅出入表』(奎 27377).
221 『結戶貨法稅則』(奎 古5127-10).

따르면 봉선사는 경기도 포천의 1결 4부 4속, 파주의 5결 41부 5속, 양주의 5결 20부 4속, 충청도 충주의 1결 8부 6속, 덕산의 11결 45부 9속, 보령의 11결 47부 4속, 전라도 광주의 4결 72부 5속 등 총 40결 40부 7속의 사위전을 관리하고 있었다. 이와 같은 궁방전의 분포 내역은 『묘전궁릉원묘조포사조』의 기록과도 거의 일치한다.

『도안』에는 각 사찰의 사위전이 지역별로 상세하게 기록된 데 반해 『내국세출입표』와 『결호화법세칙』에는 전체 전답의 수량만 기록돼 있다. 하지만 『도안』과 수치가 일치하는 것으로 볼 때, 『도안』이 작성될 당시의 사위전이 1895년 탁지부의 조사 때까지도 계속 유지되었던 것으로 보인다. 이들 자료를 통해 조선말까지도 봉선사가 상당한 규모의 사위전을 보유하고 있었다는 사실을 확인할 수 있다.

광릉과 봉선사 간의 거리는 약 900m이고, 도보로 9분 정도 걸린다. 광릉 남동쪽에 봉선사가 위치해 있지만 구릉으로 막혀 있기 때문에 광릉에서 봉선사가 보이지 않는다.

12. 덕종과 소혜왕후 경릉(敬陵)의 수호사찰

피장자	덕종, 소혜왕후
능 형태	동원이강릉
위치	경기도 고양시 덕양구 신도동
조성시기	1457년 세자묘 조성→1471년 왕릉 추숭→1504년 왕후릉 조성
능침사	정인사
조포사	수국사
조포속사	반룡사, 성흥사, 용문사
경릉과 정인사 간 거리	200~300m 내외 추정
경릉과 수국사 간 거리	1.8km(도보 30분)

경릉 조성과정

경릉은 추존왕 덕종(德宗, 1438~1457)과 소혜왕후 한씨(昭惠王后 韓氏, 1437~1504)의 동원이강릉이다. 덕종은 세조와 정희왕후의 첫째 아들로, 1455년 세조의 즉위와 함께 왕세자로 책봉되었으나 1457년(세조 3) 병으로 세상을 떠났다. 이후 의경세자의 둘째 아들 잘산군(성종)이 즉위하면서 1471년(성종 2) 덕종으로 추존되었다. 소혜왕후는 서원부원군(西原府院君) 한확(韓確)의 딸로, 1455년 세자빈으로 책봉되었다가 의경세자가 사망한 뒤 아들들을 데리고 궁궐을 나왔다. 성종 즉위 이후 인수대비에 봉해졌다. 1504년(연산군 10) 창경궁 경춘전에서 세상을 떠났다.

1457년 의경세자가 사망하자 세조는 두 달여 동안 과천, 양주, 광주, 용인, 교하 등을 둘러보게 하였고 수차례의 논의 끝에 고양현 봉현(현재의 고양시 덕양구 신도동)에 택지하였다. 이후 인수대비가 세상을 떠난 후 덕종의 봉분과는 다른 언덕에 왕비의 봉분이 마련되어 동원이강릉으로 조성되었다. 본래 왕릉과 왕후릉의 능위는 서쪽에 왕의 능이 마련되는 것이 원칙이었으나 경릉의 경우에는 동서의 위차가 반대로 조성되어 왕릉이 동쪽에 위치하였다.

인수대비의 능은 왕비의 격에 맞게 석물이 배설된 반면 덕종의 능은 지금까지도 세자묘의 형식으로 남아있다. 덕종이 왕으로 추존된 지 7년 뒤인 1478년(성종 9) 조정에서 덕종의 능실에도 왕릉에 맞는 석물을 갖추어야 한다는 논의가 제기된 적이 있었다. 한명회를 비롯한 조정대신들은 "이미 고명(誥命)을 받아 왕으로 추봉하였으니 능실의 의물(儀物)은 선왕의 제도에 의하는 것이 좋겠다."고 건의했지만, 인수대비의 반대로 무산되었다. 무덤을 잘못 건드리면 화를 입는다는 구기(拘忌) 때문에 인수대비가 능실을 새롭게 고치는 것을 반대했던 것으로 보인다.

의경세자 재사로 창건한 정인사

경릉의 능침사는 정인사(正因寺)이다. 정인사는 원래 의경세자가 죽은 직후 세자묘의 재사(齋寺)로 마련된 곳이었다. 1471년(성종 2) 의경세자묘가 경릉으로 추봉되면서 인수대비는 정인사를 대대적으로 중창하는 공사를 진행하였다. 인수대비는 "(처음 절을 지을 때) 영조(營造) 재목(材木)이 정밀하지 못하고 기와를 이은 것이 정밀하지 못하여 오래지 않아 비가 새어 썩어 무너질 것이다. 부득이 궁중에서 절약하여 저축해 놓은 공어지물(供御之物)을 다시 내놓고 날짜를 당기어 옛것을 철거하고 새것으로 차립하라."고 명하였다. 2년여의 공사 끝에 총 119칸의 사찰이 완공되었고, 1473년(성종 4) 사월 초파일에 낙성식이 개최되었다. 김수온이 「정인사중창기」에서 "집이 높다랗고 상설(象設)이 빛나서 사찰로서의 아름다움이 봉선사와 서로 첫째 둘째를 견줄만하다."고 언급했을 정도로, 중창된 정인사는 매우 크고 화려했던 것으로 보인다. 이후 경릉 옆에 예종의 창릉이 들어서면서, 정인사에서는 매년 덕종과 예종의 기일(忌日)에 나라에서 수륙재를 거행하였다.[222] 정인사는 덕종과 예종을 위해 조석으로 정근하고 향화하는 능침사로 역할했으나,[223] 사찰 내에 어실은 마련되지 않았던 것으로 보인다. 「정인사중창기」에는 범웅전(梵雄殿)을 비롯해 총 119칸 건물들의 명칭이 나열돼 있으며, 절의 가람배치에 대한 설명이 포함돼 있다.

---

222 『拭疣集』「正因寺重創記」.
223 『성종실록』 권32, 성종 4년 7월 16일.

10월에 역사가 다 이루어졌으니 정천층각(正殿層閣) 3칸은 범웅전(梵雄殿)이니 동서에 익실(翼室)이 있고 동상실(東上室) 4칸은 이름이 원징당(圓澄堂)이요, 서상실(西上室) 4칸은 이름이 법락당(法樂堂)이다. 승당 3칸은 이름이 탐현당(探玄堂)이고 선당(禪堂) 3칸은 이름이 법운당(法雲堂)이다. 동서로 나누어져 뜰을 서로 마주보고 남으로 가로지르는 긴 회랑[長廊]이 17칸인데, 반승이 밥을 먹는 곳이요, 정문 1칸은 이름이 원적문(圓寂門)이다. 동별실 2칸은 이름이 팔환요(八還寮)요, 긴 행랑 밖에 종각 한칸을 세로 세웠으니 이름은 진법루(振法樓)인데, 위에는 종과 북을 달고 아래는 출입을 통하게 하였다. 누실(樓室) 3칸의 이름은 반학요(伴鶴寮)요, 서쪽의 누실 3칸의 이름은 탁마요(琢磨寮)라 하였다. 중문의 동쪽 2칸은 단감요(斷感寮)라 하고 다음 2칸은 칠징요(七徵寮)라 하며, 다음 2칸은 침운요(枕雲寮)라 하였다. 서쪽 2칸은 완주요(玩珠寮)라 하고 다음 2칸은 발진요(發眞寮)라 하며, 다음 2칸은 대각허실재(待客虛室齋)라 하였다. 부엌방이 5칸이요, 삼보정청(三寶正廳)이 3칸이니 이름을 쌍청요(雙清寮)라 하였다. 서쪽 상하누고(上下樓庫)가 각 3칸이요 숙설방(熟設房)이 3칸이며 정전 위에 나한전(羅漢殿)이 3칸이니 이름을 웅진전(應眞殿)이라 하였고 외사문 3칸은 이름을 사홍문(四弘門)이라 하였으며 절 밖의 남쪽에다 두부를 만들고 [造泡] 우마(牛馬)를 기르는 집을 지은 것이 도합 15칸이요 객실이 3칸이며, 보장고(寶長庫)가 동서로 9칸이니 총 119칸이다.[224]

위의 중창기 내용 가운데 진전이나 위실로 보이는 건물은 확인되지 않는다. 특이한 점은 정인사의 가람배치가 궁궐과 흡사한 구조로 조성되었다는 것이다. 정인사에는 회랑 17칸이 길게 조성되었고 중문이 설

---

224 金守溫, 『拭疣集』, 「正因寺重創記」.

치되었다는 것이 확인된다. 이는 궁궐에서 흔히 볼 수 있는 가람배치로, 정인사보다 2년 앞서 완공된 봉선사도 이와 유사한 가람 배치로 구성되었다. 정인사 밖 남쪽에 두부를 만드는 조포소(造泡所)가 있었다는 사실도 확인된다.

정인사는 연산군대에 화재로 전소되었다.[225] 화재 이후 경릉과 창릉의 보호·관리는 성녕대군의 원찰인 대자사(大慈寺)가 일시적으로 담당했다.[226] 하지만 『명종실록』에서 정인사를 '덕종대왕의 능침사찰'이라 칭하고[227] 정인사에 사찰위전(寺刹位田)이 지급되었다는 기록으로 볼 때[228] 중종~명종 연간에 중창된 것으로 추정된다. 임진왜란 이후 정인사에 관한 기사가 전혀 확인되지 않는 것으로 미루어 임진왜란을 겪으면서 완전히 폐사된 것으로 보인다.

수국사는 정인사터에 세워졌을까

정인사는 조선후기에 폐사된 데다 절터도 남아있지 않기 때문에 정확한 위치를 알 수 없다. 김수온의 「정인사중창기」를 통해 대략적인 위치를 짐작할 수 있는데, "세조가 내수사에 유지를 전하여 말씀하시기를 (…) 현실(玄室)에서 거리가 멀지 아니한 곳 한 구역에 절을 지어 영구히 보존하라 하시었다. 드디어 그해 어느 달에 좌지(坐地) 동쪽에 위치를 정하고 역사(役事)를 시작한지 12개월을 지나 공사를 마치니 의경대왕을

---

225 『연산군일기』권55, 연산군 10년 9월 24일.
226 『중종실록』권6, 중종 3년 5월 7일.
227 『명종실록』권9, 명종 4년 9월 8일.
228 『명종실록』권13, 명종 7년 1월 28일.

위하여 매년 춘추에 수륙재를 설행케 하였다."고 하였다.[229] 이 내용으로
볼 때 세조대에 조성된 정인사는 세자묘와 상당히 가까운 곳에 위치하
였으며, 묘 동쪽에 자리잡고 있었음을 알 수 있다. 또한 「정인사중수기」
에 "의경대왕과 예종대왕의 현실(玄室)이 한 절에서 가까워 종소리와 북
소리가 서로 들린다."고 한 것으로 미루어 정인사는 현재의 서오릉 능역
안에 있었던 것으로 추정된다.

조선후기에는 수국사(守國寺)가 경릉의 조포역을 담당했다. 일설에는
수국사가 옛 정인사 터에 세워졌다고 하나, 조선중기의 기록에 비추어볼
때 이는 사실이 아닌 것으로 보인다. 『신증동국여지승람』 고양군 편에는
정인사와 경릉에 관해 다음의 내용들이 실려있다.

○ 노사신(盧思愼)의 시에, "교산(橋山)에 아름다운 기운이 성한데, 탑묘(塔廟)는
  원침(園寢) 앞에 높다랗다. 바다도 안 보이는 구름 탄 신선이 멀고, 공덕이
  성취하니 각월(覺月)이 불등(佛燈)을 전한다."라고 하였다.
○ 성임(成任)의 시에, "서쪽으로 능원을 바라보니 어디쯤인가, 송추(松楸)에서
  보일락말락 절문 앞일세. 산 중에는 구름이 아침마다 변하고, 달 아래
  종소리가 밤마다 들려온다."라고 하였다.
○ 강희맹(姜希孟)의 시에, "노반(露盤)이 구름가에 솟았으니, 멀리 원릉(園陵)이
  절 앞에 있는 줄 알겠다. 첩첩 골짜기 송추에는 아름다운 기운이 감쌌고,
  상방(上方) 종소리는 묘한 여운(餘韻)을 전한다. (…)"라고 하였다.[230]

위의 내용에서 공통적으로 등장하는 능원은 경릉이고, 절은 정인사이

---

229 『拭疣集』「正因寺重創記」.
230 『신증동국여지승람』 제11권 경기 고양군 편.

다. 세 편의 시에는 모두 절 바로 앞에 능이 있다는 내용이 등장한다. 『신증동국여지승람』과 「정인사중창기」의 내용을 종합해볼 때 정인사는 경릉과 매우 가까운 곳에 위치해 있었으며, 경릉에서 동쪽으로 약 200~300m 지점에 정인사가 있었던 것으로 짐작된다. 이에 반해 수국사는 경릉에서 약 1.8km 정도 떨어진 곳에 위치해 있다. 따라서 수국사가 정인사 터에 세워진 것이 아님을 알 수 있다. 그럼에도 수국사가 정인사의 후신으로 전해져온 것은 정인사가 담당했던 덕종과 예종의 능침 수호 역할을 이어갔기 때문인 것으로 추정된다.

수국사가 창건된 정확한 시기는 확인되지 않지만, 『승정원일기』 1761년(영조37) 4월 26일자 기사에서 "명릉(明陵)의 지적에 수국사가 있으니 해조(該曹)에 명하여 봉선사와 봉은사의 예에 따라 돌보아 보호하고, 착실하게 수호하도록 하라."고 영조가 명을 내린 것이 확인된다. 이로 볼 때 숙종의 명릉 조성을 전후해 수국사를 서오릉 가까이에 창건하였고 정인사가 담당하던 능역을 계승하도록 조정에서 조치했던 것으로 파악된다.

서오릉 조포사: 수국사

1855년경 필사된 『경릉지』에는 조포사 관련 내용이 등장하지 않지만, 정조대 『승정원일기』나 『비변사등록』 등에는 서오릉의 조포사로 수국사가 기재돼 있다. 『승정원일기』 정조 17년(1793) 4월 3일 기사에는 "서도(西道)의 능묘는 예전부터 수국사에서 조포를 담당했으나 절의 건물이 퇴락하고 승려의 수도 매우 적어져 조포역을 분배하고 거행할 수 없을 지경이라 하니 절을 중수할 수 있게 모연(募緣)하도록 하였다."라고 기록

▲ 서오릉의 조포사인 수국사

되었다.[231]

이후 조정에서는 수국사의 경제적 보조를 위해 조포속사를 지정하였다. 『비변사등록』 정조 20년(1796) 8월 23일 기사에는 "서도 각 능의 조포사 가운데 수국사가 가장 중요한데 절이 쇠잔하고 중이 적어 지탱할 수가 없기 때문에 작년에 예조에서 경상도의 자인 반룡사(盤龍寺)·웅천 성흥사(聖興寺)·남해 용문사(龍門寺)를 본 수국사에 이속시키고 대소 잡역을 일체 면제해 주게 하면서 수국사에서 수세(收稅)하도록 하였다."라고 기록되었다. 이들이 조포속사로 배정된 것은 세 사찰의 승려들이 비변사와 예조에 찾아와 수국사에 소속시켜 줄 것을 요청했기 때문이다.[232] 세 사찰은 당시 경상 감영과 통영 관아의 잡역을 담당하고 있었는데,

---

231 『승정원일기』 1,716책 정조 17년 4월 3일.
232 『비변사등록』 정조 20년 8월 23일.

막대한 승역을 피하기 위해 비변사와 예조에 이속을 요청했던 것으로 보인다. 세 사찰이 수국사의 속사로 지정된 후 예조에서는 이들 사찰의 크고 작은 잡역을 모두 견감해주고 수국사에 적절한 세를 납부하도록 조치했다.[233]

1797년(정조 21)에 반룡사와 성흥사는 동구릉의 조포속사로 이속되었고, 남해 용문사만 서오릉에 소속되었다. 이후 수국사에서 담당하는 창릉과 홍릉의 조포 역은 진관사에 배속되었고 수국사는 경릉, 창릉, 익릉, 순창원의 역만 담당하게 되었다.[234]

대한제국 황실 원찰로 재탄생하다

수국사는 1900년에 이르러 대한제국 황실의 지원을 받아 대대적으로 중창되었다. 「수국사불량대시주기(守國寺佛糧大施主記)」에는 중창 당시의 시주 내역으로 '대황제폐하 5만냥, 명성황후 선가(仙駕) 5만냥, 황태자폐하 5만냥, 황태자하기씨 5,000냥, 귀인마마 2만500냥'이 기재돼 있다. 이밖에도 영평군(永平君)과 완화군(完和君) 청안군(淸安君) 등의 왕자들과 민영환(閔泳煥), 민영휘(閔泳徽) 등의 민씨 일족들, 영의정 심순택(沈舜澤) 등 조정 대신들이 각각 200~1,000냥을 보시하였고, 다수의 상궁들도 시주에 참여하였다. 이처럼 황제 일가와 황실 종친, 민씨 일가들 그리고 조정대신까지 모연에 동참한 것은 수국사는 대한제국 황실의 안녕을 발원하기 위한 원당사찰로 조성되었음을 시사한다.

또한 대웅전에 봉안된 아미타불도 등 4점의 불화는 1907년(광무 11)

---

233 『승정원일기』 1,766책 정조 20년 8월 23일.
234 『승정원일기』 1,851책 순조2년 4월 21일.

▲〈수국사 괘불도〉[235](문화재청)

황실에서 발원하여 황태자와 황태자비, 의친왕, 의친왕비, 영친왕 등의
안녕을 발원하기 위해 조성된 것이다. 1907년에 제작된 수국사 괘불도
의 화기(畵記)에는 왕실 상궁들과 민영휘 부부 등의 시주 내역이 기록돼
있다.

수국사의 조포역은 조선말까지 계속 이어졌다. 『묘전궁릉원묘조포사
조』에는 경릉과 명릉, 익릉, 순창원의 조포사가 수국사라고 기재되었

235 守國寺 掛佛圖, 1908년, 비단, 670×397.5, 1폭, 황금보전.

다.[236]

경릉과 수국사 간의 거리는 약 1.8km이며 도보로는 30분 정도 소요된다.

13. 예종과 안순왕후 창릉(昌陵)의 수호사찰

피장자	예종, 안순왕후
능 형태	동원이강릉
위치	경기도 고양시 창릉동 서오릉
조성시기	1469년(王), 1498년(妃)
능침사	정인사
조포사	진관사, 수국사
창릉과 정인사 간 거리	600~700m로 추정(도보 7~8분)
창릉과 진관사 간 거리	4.6km(도보 1시간 9분)

창릉 조성과정

창릉은 조선의 제8대 왕인 예종(睿宗, 1450~1469)과 계비 안순왕후 한씨 (安順王后 韓氏, 미상~1498)의 동원이강릉이다. 예종은 세조와 정희왕후의 둘째 아들로, 세조 즉위 후 해양대군에 봉해졌다가 1457년(세조 3) 의경 세자가 죽자 왕세자에 책봉되었다. 1468년 왕위에 올랐으나 13개월만인 1469년(예종 1) 11월에 승하하였다. 안순왕후는 예종의 계비로 청천부원 군(淸川府院君) 한백륜(韓伯倫)의 딸이다. 예종의 왕세자빈(장순왕후로 추존)이 사망한 뒤 1463년(세조 9) 동궁의 후궁인 소훈으로 간택되어 궁에 들어갔

---

236 『廟殿宮陵園墓造泡寺調』, 41쪽.

고 예종이 왕위에 오르자 왕비로 책봉되었다. 예종 사망 이후 인혜대비(仁惠大妃)로 봉해졌다. 1498년(연산군 4) 12월 23일 창경궁에서 사망하였다.

창릉은 경기도 고양시 창릉동의 서오릉 내에 위치해 있다. 창릉은 같은 능역 내 서쪽 구릉에 예종의 능실이, 동쪽 구릉에 안순왕후의 능실에 위치한 동원이강형을 이루고 있다.

창릉 능침사: 정인사

창릉의 능침사는 정인사이다. 창릉이 경릉의 북쪽 언덕에 조성되면서 정인사가 창릉의 능침사도 겸하게 되었다. 「정인사중창기」에는 "의경대왕과 예종대왕을 위하여 두 분 기일(忌日)에 나라에서 수륙재를 설행하고 거기에 소용되는 잡물은 각사(各司)에서 내게 하였으며, 매년 이 절에서 설행하는 것은 소격서로 하여금 음식을 베풀게 하고 향과 쌀을 내주는 것을 상규(常規)로 하였다."라고 기록돼 있다.

정인사가 폐사된 이후에는 진관사가 창릉의 조포사로 배속되었다. 그 후 진관사마저 폐사된 후에는 수국사가 조포역을 담당하게 되었다. 수국사는 서오릉에 위치한 다섯 개의 능과 대빈묘(희빈장씨의 묘) 등의 조포역을 동시에 담당하였기 때문에 사찰 경제가 매우 피폐해졌다. 이후 1802년(순조 2) 진관사가 중창되면서 창릉과 홍릉의 조포역은 다시 진관사로 옮겨갔다.[237] 『묘전궁릉원묘조포사조』에도 진관사가 창릉의 조포사라고 기록돼 있는 것으로 볼 때 조선말까지 진관사가 창릉의 조포사

---

237 『승정원일기』 98책 순조 2년 4월 21일.

로 계속 이어졌음을 알 수 있다.[238]

정인사는 창릉에서 남동쪽으로 약 600~700m 지점에 위치했을 것으로 추정된다. 진관사와 창릉의 직선거리는 4.6km, 도보로는 1시간 10분 정도 걸린다.【敬陵 참조】

14. 예종 원비 장순왕후 공릉(恭陵)의 수호사찰

피장자	예종 원비 장순왕후
능 형태	단릉
위치	경기도 파주시 조리읍 봉일천리 파주삼릉
조성시기	1462년
능침사	없음
조포사	운신암(영신암), 보광사
조포속사	미황사
공릉과 보광사 간 거리	7.8km(1시간 55분 소요)

공릉 조성과정

공릉은 예종의 원비 장순왕후 한씨(章順王后 韓氏, 1445~1461)의 단릉이다. 장순왕후는 상당부원군(上黨府院君) 한명회(韓明澮)의 딸로 1460년(세조 6) 세자빈으로 책봉되었다. 1461년 11월 원손(인성대군)을 낳은 뒤 산후병으로 그해 12월에 세상을 떠났다.

공릉은 경기도 파주시 조리읍 봉일천리 파주삼릉 내에 위치해 있다.

---

238 『廟殿宮陵園墓造泡寺調』, 41쪽.

예종이 왕으로 즉위한 뒤 왕후로 추존되었으나 예종이 재위 13개월 만에 사망하면서 성종대에 왕릉으로 추봉되었다. 당시 대왕대비 정희왕후는 예조에 의지(懿旨)를 내려 "공릉(恭陵)과 경릉(敬陵)은 지금 존호(尊號)로 높였으니, 능 위에는 마땅히 의물(儀物)을 갖추어야 할 것이다. 다만 신도(神道)는 고요한 것을 숭상한다고 생각한다. 두 능은 안치된 지가 이미 오래되었으므로 동요시킬 수가 없으니, 그 의상(儀象)의 잡물(雜物)은 가설(加設)하지 말라."고 하였다.[239] 이에 따라 능으로 추존된 이후에도 세자빈묘의 격식으로 유지되었다. 조선후기에 이르러 공릉과 순릉(順陵), 영릉(永陵)이 하나의 왕릉군을 이루게 되면서 공·순·영릉(恭順永陵) 또는 파주삼릉(坡州三陵)이라 불렸고, 세 왕릉이 함께 관리되었다.

공릉 조포사: 운신암

공릉에는 별도의 능침사가 설치되지 않았다. 공릉에는 조포사도 없었으나 1793년(정조 17)에 각 능묘의 조포사를 정비할 당시 운신암(雲神庵)이 조포사로 지정되었다.[240] 하지만 운신암이 어디에 위치한 암자인지에 대해서는 『승정원일기』를 제외한 다른 사료에서 전혀 확인이 되지 않는다. 『일성록』에는 공릉의 조포사가 영신암(靈神庵)이라고 기록돼 있다.[241] 영신암 또는 운신암이 정확히 어디에 소재한 암자인지에 대해서는 확인이 불가능하지만, 이 암자들을 유추할 수 있는 내용이 『영릉고사(永陵故事)』에 실려 있다. 1804년(순조 4)의 파주삼릉에서 예조에 올린 보고에

---

239 『성종실록』 권2, 성종 1년 1월 25일.
240 『승정원일기』 91책 정조 17년 4월 3일.
241 『일성록』 정조 17년 4월 3일.

따르면 "삼릉의 조포사는 원래 인근의 개인 무덤에 딸린 분암(墳庵)들이 맡았고, 이들 암자는 황재궁(黃齋宮), 조재궁(趙齋宮)이라 부른다."고 하였다.[242] 이들 중 어느 암자가 운신암 또는 영신암인지는 확인되지 않는다.

파주삼릉 조포사: 보광사

파주삼릉의 조포역을 담당하던 분암들은 조포사로 지정된 지 얼마 지나지 않아 모두 폐사하였다. 개인 분암을 왕릉의 조포사로 지정한 뒤에 왕릉 관리들이 여러 번 수고비를 주지 않고 승역을 부과하자 승려들이 모두 절을 버리고 도망을 갔기 때문이다.[243]

이후 조포승을 구하지 못해 동분서주하던 파주삼릉의 관리는 예조에 새 절을 지어줄 것을 요청하였다. 하지만 조정에서는 새롭게 절을 창건하는 대신 파주 지역에서 가장 큰 사찰이자 소령원의 조포사인 보광사로 하여금 파주삼릉의 조포사를 겸하게 했다. 대신 보광사의 경제적 부담을 덜어주기 위해 전라도 영암의 미황사를 조포속사로 지정해 조포비용을 보조하도록 조치했다.[244]

이후 조선말까지 공릉을 비롯한 파주삼릉의 조포사는 보광사가 맡았

---

242 『永陵故事』(장서각, 文 K2-4451), 3쪽. 『일성록』 정조 23년 8월 22일 기사에는 파주의 유학 (幼學) 황처검(黃處儉)이 "저는 고(故) 상신 익성공(翼成公) 황희(黃喜)의 후손입니다. 익성공의 묘가 파주에 있으나 후손들이 영락하여 나무꾼과 목동이 묘산(墓山)으로 들어가는 것을 금하지 못하고, 재사(齋寺)는 공릉에 있는 조포사인데 서너명의 승도로도 보존할 수가 없습니다."라고 올린 상언이 나온다. 이 내용으로 미루어 『영릉고사』에 나오는 황재궁은 황희 집안의 재궁을 지칭하는 것으로 추정된다. 하지만 조재궁은 어느 집안의 재궁이었는지 확인되지 않는데, 파주삼릉에서 약 4.5km 떨어진 파주시 광탄면 용미리에 임천조씨 집안의 묘역이 위치한 것으로 미루어 이 집안의 분암이었을 것으로 추측된다.

243 『永陵故事』, 3~5쪽.

244 『永陵故事』, 15~18쪽.

고 1910년경까지 조포역을 담당했다는 사실이 확인된다.[245] 『영릉고사』
와 『묘전궁릉원묘조포사조』에 따르면 미황사는 매년 200냥을 보광사에
조포 비용으로 납부하였으며, 사세가 쇠락하거나 곡물이 흉작일 때는
반이나 3분의 1만 납부하였다. 또한 보광사와 미황사 인근의 산을 파주
삼릉의 향탄봉산(香炭封山)으로 정해 사찰 승려들로 하여금 수호케 했다.
보광사에는 조포사 역할을 담당하기 위한 답토(畓土)가 지급되었다.[246]
이 전답이 영조대에 지급된 소령원의 위전인지 이후에 파주삼릉의 조포
역을 맡아 추가로 지급된 것인지는 불분명하다.

공릉과 보광사 간의 거리는 약 7.8km이고, 도보로 약 1시간 55분이
소요된다.

▲ 파주삼릉과 소령원의 조포사인 보광사

---

245 『廟殿宮陵園墓造泡寺調』, 43~44쪽.
246 『廟殿宮陵園墓造泡寺調』, 44쪽.

15. 성종과 정현왕후 선릉(宣陵)의 수호사찰

피장자	성종, 정현왕후
능 형태	동원이강릉
위치	서울 강남구 삼성동
조성시기	1494년(王), 1530년(妃)
능침사	견성사(봉은사)
조포사	봉은사
선릉과 봉은사 간 거리	1.2km(도보 18분)

선릉 조성과정

선릉은 조선의 제9대 왕 성종(成宗, 1457~1494)과 계비 정현왕후 윤씨(貞顯王后 尹氏, 1462~1530)의 동원이강릉이다. 성종은 추존왕 덕종과 인수대비의 둘째 아들이다. 1469년 예종이 재위 1년만에 사망하자 그 뒤를 이어 13세의 나이로 즉위하였다. 1494년(성종 15) 창덕궁 대조전에서 사망하였다. 성종의 계비 정현왕후는 영원부원군(鈴原府院君) 윤호(尹壕)의 딸이다. 1473년(성종 4) 숙의에 봉해졌고 연산군의 생모인 중전 윤씨가 폐비되자 1480년(성종 11)에 왕비에 책봉되었다. 1530년(중종 25) 8월 22일 경복궁 동궁에서 세상을 떠났다.

선릉은 서울특별시 강남구 삼성동에 위치해 있다. 선릉은 1494년 12월 24일에 성종이 승하한 후 이듬해 4월에 처음 조성되었다. 능지로 택정한 곳에 세종의 다섯째 아들인 광평대군의 묘가 있었기 때문에 대군 묘를 광수산 자락으로 이장하고 선릉을 조성하였다. 36년 뒤 정현왕후가 1530년 10월 29일에 승하하자 보름 뒤에 선릉의 왼쪽 축좌미향(丑

坐未向)의 언덕에 묻혔다. 왕릉과 왕비릉이 정자각 뒤로 각각 다른 언덕에 조성된 동원이강릉 형태이다.

광릉이나 경릉 등의 동원이강릉이 정자각을 사이에 두고 왕과 왕비가 서로 마주보고 있는 형태로 조성된 것과 달리 성종과 정현왕후의 능은 각기 다른 방향을 바라보고 있고 그 가운데로 큰 숲이 우거져 있어 각각 별개의 능처럼 보인다.

선릉 능침사: 견성사

선릉의 능침사는 봉은사(奉恩寺)이다. 봉은사는 선릉의 능침사로 정해지기 전까지 견성사(見性寺)라 불리던 절이었다. 원래 견성암(見性庵)이라는 암자였는데, 광평대군 부인 신씨가 남편의 명복을 빌기 위해 광평대군묘 부근에 재사(齋寺)로 중창하였고, 절의 규모가 커짐에 따라 견성사로 개칭되었다.[247] 선릉이 들어선 이후 3년간 그대로 유지되며 선릉의 능침사로 역할하였다. 조정 신료들이 "견성사가 능 가까이 있어 중들이 불경 외는 소리와 새벽 종소리, 저녁 북소리가 능침을 소란하게 하고 있으니, 하늘에 계신 성종대왕의 영(靈)이 어찌 심한 우뇌(憂惱)가 없으시겠냐."며 거듭 폐사를 주장했지만,[248] 정현왕후의 반대로 인해 한동안 능역 안에 남아 있었다. 이때의 견성사와 선릉간 거리는 200~300m 내외였을 것으로 추정된다.

---

247 탁효정, 「봉은사의 기원과 수륙재의 설행」, 『'수륙재의 향연' 학술 세미나 자료집』, 대한불교조계종 포교원, 2013.
248 『연산군일기』 권11, 연산군 1년 12월 7일.

사찰 이전 후 봉은사로 사액

관료들의 폐사 요구가 거듭되자, 정현왕후는 1498년(연산군 4) 건성사를 옮겨 짓기로 결정했다.[249] 절의 이전이 끝난 후 연산군은 봉은사라고 사액하였다. 이때 중창된 봉은사는 현재의 정릉(靖陵) 주변에 위치했던 것으로 추정된다. 『선정릉지(宣靖陵誌)』에 실린 「봉은사사적(奉恩寺事蹟)」에는 "절은 예전에 선릉 동쪽 기슭 안에 있었는데, 명종 임술년(1562, 명종 17)에 정릉(靖陵)을 옮긴 뒤에 이곳에 옮겨 세웠다. 당시 조가(朝家)에서 도감(都監)을 설치하여 전우(殿宇)와 요사(寮舍)를 새롭게 세우니, 이전보다 넓고 우뚝하여 경산(京山)의 여러 사찰 중에 으뜸이었다."고 기록하였다.[250]

▲ 1920년대 봉은사(국립중앙박물관)

---

249 『연산군일기』 권29, 연산군 4년 2월 24일.
250 장서각, 『譯註 宣靖陵誌』, 한국학중앙연구원출판부, 2014, 218쪽.

이들 기록을 종합해 볼 때 원래의 건성사는 선릉에서 약 200~300m 떨어진 곳에 위치했다가, 능침과 사찰의 거리가 너무 가깝다는 이유로 동쪽 기슭으로 이전하면서 봉은사로 개칭되었고, 1562년(명종 17) 중종의 정릉(靖陵)이 선릉 동남쪽으로 천릉하면서 봉은사는 또 한번 옮겨져 현재의 터에 자리잡게 되었다. 절이 옮겨진 이후에도 봉은사는 선릉과 정릉의 능침사로 기능하였고, 조선말까지 두 능의 조포사로 역할하였다.

열성조의 위패 봉안

봉은사에는 성종과 정현왕후의 위패를 비롯해 총 12명의 열성조(列聖朝) 위패가 봉안돼 있었다. 『선정릉지』「봉은사사적」에는 봉은사의 여러 건물들이 열거돼 있는데, 이 중 금속루(金粟樓)라는 건물에 대해 "옛날에는 누각 위에 12위패를 봉안하여 어선루(御宣樓)라 하였는데, 중간에 수진궁(壽進宮)으로 위패를 이봉(移奉)하여 금속루로 명칭이 바뀌었다."라고 부기돼 있다.[251] 이들 12위패 중에는 성종과 정현왕후, 중종, 문정왕후 등이 포함돼 있었을 것으로 추정되지만, 12명의 봉안 대상이 정확히 누구였는지는 확인되지 않는다. 하지만 어실 내에 12명의 왕과 왕비의 위패가 모셔져 있었다는 사실은 봉은사가 선·정릉 능침사의 기능을 넘어 왕실의 위축원당으로 역할하였음을 알려준다.

효종~현종대에 전국 사찰에 봉안된 왕과 왕비의 위패를 매안하는 작업이 이루어지면서[252] 봉은사는 가장 먼저 왕의 위패를 철거하게 되었고, 어선루에 모셔져 있던 12위패는 수진궁으로 이봉되었다. 이에 따라

---

251 『역주 선정릉지』, 218쪽.
252 『현종실록』 권4, 현종 2년 1월 5일.

능침사의 기능은 사라지고, 능역을 관리하고 제향 때 제수를 공급하는 역할만 담당하게 되었다. 그후 봉선사의 경우처럼 봉은사에도 어실이 재설치되었는지는 확인되지 않는다.

19세기에 작성된 『선정릉지』에는 "봉은사의 승려가 선릉에 제향을 지낼 때마다 두명의 승려가 와서 두부를 만든다."고 기록돼 있으며,[253] 『묘전궁릉원묘조포사조』에도 봉은사가 선릉의 조포사로 기재돼 있다.[254]

현재 왕릉과 능침사 간의 거리는 약 1.2km이다. 도보로 약 18분 정도 소요된다.

16. 성종 원비 공혜왕후 순릉(順陵)의 수호사찰

피장자	성종 원비 공혜왕후
능 형태	단릉
위치	경기도 파주시 조리읍 봉일천리 파주삼릉
조성시기	1474년
능침사	없음
조포사	화성암, 보광사
조포속사	미황사
왕릉과 사찰 간 거리	파주삼릉-보광사 7.6km(도보 1시간 55분)

---

253 『역주 선정릉지』, 120쪽.
254 『廟殿宮陵園墓造泡寺調』, 45~46쪽.

순릉 조성과정

순릉은 성종의 원비 공혜왕후 한씨(恭惠王后 韓氏, 1456~1474)의 단릉이다. 공혜왕후는 상당부원군(上黨府院君) 한명회(韓明澮)의 딸로 1467년(세조 13) 의경세자의 둘째 아들 잘산군과 가례를 올렸고, 1469년 성종이 즉위하자 왕비에 책봉되었다. 1474년(성종 5) 4월 15일 19세의 나이로 창덕궁 구현전에서 사망하였다. 1474년 6월 7일에 파주의 공릉(恭陵) 남쪽 산등성이의 서향 언덕에 장사지냈다. 현재 경기도 파주시 조리읍 봉일천리 파주삼릉 내에 위치해 있다.

순릉 조포사: 화성암

순릉의 능침사는 별도로 설치되지 않았다. 1793년(정조 17) 능원묘의 조포사가 정비될 당시 화성암(化成菴)이 순릉의 조포사로 지정되었다.[255] 『일성록』에도 화성암(化成菴)으로 기재돼 있다.[256] 화성암은 순릉에서 약 30~40리 떨어진 개인 무덤에 딸린 분암으로 추정된다. 이후 화성암이 폐사함에 따라 파주 보광사가 순릉을 비롯한 파주삼릉의 조포사로 역할했으며 해남 미황사가 조포속사로 지정되었다.[257]【공릉 참조】

순릉과 보광사 간의 거리는 7.6km, 도보로는 1시간 55분 정도 소요된다.

---

255 『승정원일기』 1,716책 정조 17년 4월 3일.
256 『일성록』 정조 17년 4월 3일.
257 『廟殿宮陵園墓造泡寺調』, 43쪽.

17. 중종 정릉(靖陵)의 수호사찰

피장자	중종
능 형태	단릉
위치	서울 강남구 삼성동
조성시기	1544년→1562년 천릉
능침사	봉은사
조포사	봉은사
왕릉과 사찰 간 거리	800m(도보 11분)

정릉 조성과정

정릉은 조선의 11대 왕 중종(中宗, 1488~1544)의 단릉이다. 중종은 1488 년(성종 19) 성종과 정현왕후 사이에서 태어나 진성대군(晉城大君)에 봉해 졌다. 1506년 9월 박원종(朴元宗), 성희안(成希顔) 등이 반정을 일으켜 연산군을 폐위시킨 뒤 왕으로 추대하였다. 1544년(중종 39) 11월 15일 승하하였다.

정릉은 현재 서울특별시 강남구 삼성동에 위치해 있다. 중종의 능은 원래 경기도 고양에 있는 장경왕후의 희릉 오른쪽 언덕에 위치하고 있었다. 중종이 살아생전 장경왕후 옆에 묻히기를 원했을 뿐만 아니라 장경왕후의 소생인 인종이 보위를 이어받았기 때문에 장경왕후릉 옆에 중종의 능이 조성되었던 것이다.[258]

이후 인종이 재위 8개월 만에 승하하고 명종이 왕위에 오르자, 문정왕후는 정릉을 선릉 곁으로 옮기기로 결정했다. 명분상으로는 풍수가 나

---

[258] 『조선왕릉 종합학술조사보고서』 III, 218쪽.

쁘다는 것이 이유였지만 실질적으로는 문정왕후와 명종의 정치적 입지를 강화하기 위한 것으로 파악된다. 당시 관료들은 봉은사 주지 보우의 계책으로 봉은사 곁으로 무덤을 옮기려 한다고 주장했다.[259]

신하들의 반대에도 불구하고 정릉은 1562년(명종 17) 광주의 선릉 곁으로 옮겨졌다. 풍수가 불길하다는 것이 천릉의 명분이었지만 새로운 정릉의 위치는 매우 나빴다. 선조대에는 정릉의 지세가 낮아 장마가 질 때마다 강물이 넘쳐 정자각 앞 섬돌까지 물이 찼다. 이 때문에 재실에서 정자각까지 배로 왕래를 할 정도였다. 임진왜란 때에는 왜군들의 이동 경로에 위치해 시신을 도굴당하였다. 당시 정릉을 봉심한 경기좌도 관찰사 성영(成泳)의 보고에 따르면 "(중종의) 옷은 없어지고 옥체가 광중에 놓여 있었다."고 하였다.[260] 하지만 그 시신이 중종의 것인지에 대한 논란이 일어났고, 원로대신과 종친, 내시, 궁녀들까지 동원되어 확인한 결과 중종의 시신이 아닌 것으로 결론지어졌다. 결국 정릉에는 중종의 시신 없이 의대(衣帶)만 묻히게 되었다.

정릉 능침사: 봉은사

정릉의 능침사는 봉은사이다. 정릉이 고양에 위치했을 당시에는 능침사가 설치되지 않았던 것으로 보인다. 경기도 광주목 학당동의 선릉 곁으로 정릉이 천릉하면서 봉은사는 능역에서 좀 더 떨어진 곳으로 이전하였다.【선릉 참조】 이후 선릉의 능침사인 봉은사가 정릉의 능침사 역할까지 겸하게 되었다. 천릉 직후 문정왕후가 대대적인 중창불사를 진행한

---

259 『명종실록』 권28, 명종 17년 9월 4일.
260 『선조실록』 권37, 선조 26년 4월 24일.

▲ 선정릉의 능침사인 봉은사의 보우당

결과 봉은사는 이전보다 훨씬 더 넓고 웅장한 가람을 갖추게 되었다.

봉은사는 정릉을 옮기기 전부터 문정왕후의 강력한 지원을 받는 사찰이었다. 문정왕후는 명종 초 수렴청정을 하면서 허응보우(虛應普雨)를 등용해 불교중흥책을 펼쳤다. 승과(僧科)의 부활과 선교양종(禪敎兩宗) 복설및 양종도회소(兩宗都會所)의 재설치 등 전대에 폐지되었던 불교시책이일제히 복원되었다. 또한 전국 300여 곳의 명산대찰을 왕실의 내원당(內願堂)으로 삼아 정치적으로나 경제적으로 왕실의 보호를 받도록 조치했다.[261] 이때 봉은사는 선종도회소로 지정되어 전국의 선종 사찰을 통솔하는 역할을 담당하였다. 또한 우수한 승려를 선발하는 승과가 시행된곳도 봉은사였다.

---

261 탁효정, 「조선시대 王室願堂 연구」, 한국학중앙연구원 박사학위논문, 2012, 41~42쪽.

당시 문정왕후가 봉은사를 능침사로 정하면서 어떤 지원을 했는지는 확인되지 않지만, 막대한 경제적 지원이 이루어진 것으로 추정된다. 1787년(정조11)에 내수사에서 작성한『내수사급각궁방전답총결여노비총구도안(內需司及各宮房田畓摠結與奴婢摠口都案)』에는 봉은사를 비롯한 25개 사찰의 토지 내역이 실려있다. 이 토지들은 사찰이 경작하던 궁방전이었다. 이 가운데 가장 많은 토지가 배속된 사찰이 봉은사였다. 봉은사는 62결 77부 4속이라는 막대한 사위전을 보유하고 있었는데, 이는 두 번째로 많은 봉선사의 약 1.5배 되는 면적이었다.[262] 이처럼 많은 전답이 봉은사에 배속된 것은 선릉과 정릉 및 순회세자 부부, 어선루에 배향된 역대 왕과 왕비의 제사 비용 명목으로 여러 차례에 걸쳐 사위전이 지급되었기 때문인 것으로 추정된다.

순회세자 부부의 원당 설치

봉은사는 명종의 아들 순회세자와 세자빈의 위패를 모신 원당이기도 했다. 순회세자 부부의 묘인 순창원은 서오릉 내에 위치해 있으나, 위실(位室)은 봉은사에 마련되었다. 1563년(명종 18) 순회세자가 13살의 나이로 요절하자 조모인 문정왕후가 봉은사에 위패를 모신 것으로 추정된다. 이후 1592년(선조 25)에 순회세자빈 윤씨가 사망한 뒤 세자빈의 위패도 함께 모셔졌다.

봉은사에는 순회세자 부부의 제사를 위한 위전도 지급되었다.『선정릉지』에는 "(순회세자의) 사당이 (봉은사에) 처음 세워졌을 때 조가(朝家)로

---

262 『內需司及各宮房田畓摠結與奴婢摠口都案』(奎 9823).

부터 절수(折受)와 위토(位土)를 넉넉히 받았는데, 그후 덕빈방(세자빈의 궁방)의 절수인 양성현의 2결 몇 복을 순회묘의 위전에 추가로 배속시켰다."고 하였다.[263]

조선후기에 이르러 봉은사에 위패가 봉안된 왕과 왕비들의 제사 기능은 박탈되었지만 조포사로서의 역할은 유지되었으며, 순회세자의 원당도 조선후기까지 봉은사 내에 설치돼 있었다. 『선정릉지』에는 "봉은사가 조포사로 두 능의 원당으로 불리며, 봉은사의 승려 두 명이 제향을 지낼 때마다 번갈아 와서 두부를 만든다."고 하였다.[264] 『묘전궁릉원묘조포사조』에도 봉은사가 선·정릉의 조포사로 기재돼 있다.[265]

정릉과 봉은사 간의 거리는 약 800m 내외이며, 도보로 약 11분이 소요된다.

18. 중종 원비 단경왕후 온릉(溫陵)의 수호사찰

피장자	중종 원비 단경왕후
능 형태	단릉
위치	경기도 양주군 장흥면 일영리
조성시기	1739년 추봉
능침사	없음.
조포사	봉온암, 흥국사
왕릉과 흥국사 간 거리	6.7km(도보 1시간 40분)

---

263 『역주 선정릉지』, 217쪽.
264 『역주 선정릉지』, 120쪽.
265 『廟殿宮陵園墓造泡寺調』, 45~46쪽.

온릉 조성과정

온릉은 중종의 원비 단경왕후 신씨(端敬王后 愼氏, 1487~1557)의 단릉이다. 단경왕후는 익창부원군(益昌府院君) 신수근(愼守勤)의 딸로 1499년(연산군 5) 진성대군과 혼인하였고 중종반정으로 진성대군이 왕으로 추대되자 왕비에 올랐다. 하지만 단경왕후의 고모가 연산군의 부인이었던 터라 신수근이 반정 모의에 반대했기 때문에 반정 직후 공신들의 압력으로 폐위되었다. 신씨는 1557년(명종 12) 세상을 떠날 때까지 복위되지 못하였고, 1739년(영조 15)에 이르러 왕비로 복권되었다.

온릉은 경기도 양주군 장흥면 일영리에 위치해 있다. 이곳은 원래 거창신씨 집안의 선산이었다. 왕비 복권이 이루어진 이후에 무덤을 이장하지 않고 장릉(莊陵)의 예에 따라 봉릉하는 것으로 결정되었기 때문에 그 자리에 계속 위치하게 되었다. 온릉의 봉릉은 1739년 3월부터 5월까지 3개월간 진행되었는데, 전국 각 지역의 승군 1,00명과 모군 380명이 동원되었다.[266]

온릉 조포사: 봉온암, 흥국사

온릉의 조포사는 봉온암(奉溫庵)과 고양 흥국사(興國寺)이다.

온릉이 봉릉될 당시인 영조대에 능침사나 조포사가 있었는지의 여부는 확인되지 않는다. 1793년(정조 17) 조포사가 정비될 당시 봉온암이 온릉의 조포사로 지정되었다.[267] 『일성록』에는 온릉의 조포사와 관련해

---

266 『조선왕릉 종합학술조사보고서』 Ⅲ, 297쪽.
267 『승정원일기』 1,716책 정조 17년 4월 3일. 『일성록』 정조 17년 4월 3일 기사에도 온릉의

다음의 기록이 실려 있다.

　　화주승(化主僧) 취윤(就潤)의 상언에,

　"각 능에 모두 조포사가 있는데 유독 온릉에만 없습니다. 그래서 늘 제향할
때가 되면 이재궁(李齋宮)의 승도(僧徒)를 동원하여 두부를 만들었는데 근년에
는 이재궁에 승도가 한 명도 거주하지 않습니다. 임자년(1792, 정조 16)에 각
능의 조포사를 중수하라는 조정의 명을 받들고 승도들이 건물을 짓기 위해
예조에 소청(訴請)한 다음 권선문(權善文)을 지어 팔도에 물력을 요청했지만
겨우 900냥이 모였습니다. 예조에 낱낱이 보고하고 본릉의 국내(局內)에 절
한 채를 새로 지었는데, 토목공사는 근근이 마쳤지만 물력이 부족하여 기와
덮고 단청 입히고 도배하는 일은 중도에 그만둘 수밖에 없었습니다. 공사를
시작해 놓고 끝을 보지 못하고 있으니, 공명첩(空名帖) 100도(度)를 특별히 제
급(題給)하여 완공할 수 있게 해주소서."

하여, 전교하기를,

　"일의 체모가 자별하니, 경기 감영으로 하여금 돌보고 조력하여 완공할
수 있게 하라."

고 하였다.[268]

위의 기사에 따르면, 온릉의 조포역은 이씨 집안의 분암[李齋宮]에 소속
된 승려들이 담당하다가, 승려들이 모두 절을 떠나 더 이상 조포승을
부를 수 없을 지경에 이르렀다. 이에 온릉 국내에 조포사를 설치하기로
하고 취윤이 화주로 임명돼 모금을 하고 절 한 채를 지었으나 물력이

　조포사를 봉은암으로 정했다고 기록돼 있다.
268 『일성록』 정조 18년 9월 29일.

모자라는 상황이니 공명첩을 발급해주자는 것이 요지이다. 조정에서 각 능의 조포사를 중수하라는 명을 내린 것이 1792년(정조 16), 각 능의 조포사가 정비될 당시 봉온암이 온릉의 조포사로 정해진 것이 1793년(정조 17)이고, 취윤이 상언을 올린 것이 1794년(정조 18)이므로, 이 상언에 나오는 사찰이 봉온암을 가리키는 것으로 보인다. 하지만 『일성록』의 기록을 제외한 다른 사료에서는 봉온암이 확인되지 않고, 『묘전궁릉원묘조포사조』에는 온릉의 조포사로 고양 흥국사로 기재돼 있다. 따라서 봉온암은 창건한 지 얼마 지나지 않아 폐사한 것으로 보인다.

고양 흥국사가 온릉의 조포사로 지정된 시기는 확인되지 않는다. 『묘전궁릉원묘조포사조』에는 "중종 신유년에 조포사로 지정하였다."고 기록돼 있는데, 이는 영조 신유년의 오기로 보인다.[269] 그런데 정조대에 조사된 바에 따르면 온릉에는 조포사가 없다고 하였으므로, 영조대에 흥국사가 조포사로 지정되었다는 기록은 1930년대 참봉의 추정일 가능성이 높다. 흥국사는 온릉에서 약 6.7km 떨어진 곳에 위치해 있다. 능을 보호하기에는 다소 떨어진 곳에 위치해 있으나 봉온암이 폐사된 후 인근에 조포역을 담당할 정도의 큰 절이 없어 이곳을 조포사로 지정한 것으로 추정된다. 흥국사의 조포역은 1908년에 폐지되었다.[270]

흥국사와 온릉의 직선거리는 약 6.7km로, 도보상으로는 1시간 40분 정도 걸린다.

---

269 중종 재위 기간에는 신유년이 없고, 단경왕후는 명종 12년(1557)에 사망하였으므로 중종 대에 조포사가 지정되었을 가능성은 전무하다. 따라서 중종 신유년은 영조 신유년의 오기(誤記)로 파악된다. 폐비 신씨가 왕비로 복위된 후 1741년(辛酉)에 능을 다시 조성했기 때문에 신유년이라 기재한 것으로 추정된다.
270 『廟殿宮陵園墓造泡寺調』, 50쪽.

19. 중종 계비 장경왕후 희릉(禧陵)의 수호사찰

피장자	중종 계비 장경왕후
능 형태	단릉
위치	서울 서초구 내곡동→경기도 고양시 덕양구 원당동 서삼릉
조성시기	1515년 조성→1535년 이장
능침사	없음.
조포사	고향사, 대자사, 보광사
왕릉과 왕릉 간 거리	(희릉-대자사 추정터) 약 4.5km(도보 약 1시간)
	(희릉-보광사)11km(도보 2시간 50분)

희릉 조성과정

희릉은 중종의 계비 장경왕후 윤씨(章敬王后 尹氏, 1491~1515)의 단릉이
다. 장경왕후는 파원부원군(坡原府院君) 윤여필(尹汝弼)의 딸로, 월산대군
부인 박씨의 질녀이다. 8세에 어머니를 여의고, 이모인 월산대군 부인
박씨의 집에서 성장했다. 1509년(중종 4) 왕비에 책봉되고 1515년(중종
10) 2월 25일에 원자(인종)를 낳았으나 1주일 만인 3월 2일에 산후병으로
사망하였다.

희릉은 현재 경기도 고양시 덕양구 원당동 서삼릉 내에 위치해 있으
나 원래는 대모산의 태종 헌릉 서쪽 언덕(현 서울 서초구 내곡동)에 위치해
있었다. 중종은 희릉을 조성하면서 자신의 수릉지를 확보하려고 하였
다. 그런데 역사를 진행하던 중에 광중에서 돌이 나와 혈자리를 조금씩
바꾸게 되었다. 이후 20여 년이 지난 뒤 광중에서 돌이 나온 문제가
또다시 제기돼 희릉의 이장이 결정됐고, 1537년(중종 32) 지금의 위치로
능을 옮겼다. 1544년 중종이 승하한 뒤 희릉의 오른쪽 언덕에 중종의

능이 마련돼 동원이강릉으로 조성되었고 능 이름도 정릉(靖陵)으로 고쳐졌다. 하지만 1562년(명종 17) 중종의 능이 천릉되면서 장경왕후의 능은 다시 희릉으로 불리게 되었다.

희릉 조포사: 고향사, 대자사

희릉이 조성될 당시 능침사가 설치되었다는 기록은 전무하다. 희릉에서 약 2km 떨어진 지점에 있던 대자암(대자사)이 있었으나 대자암이 희릉의 능침사로 역할했다거나, 이 절에서 장경왕후의 추천재를 설행했다는 기록은 전무하다. 대자암은 원경왕후가 요절한 넷째 아들 성녕대군을 위해 지은 원찰로, 조선전기 내내 왕실의 대표적인 불사 장소로 이용되었다. 또한 정인사가 연산군~중종대에 잠시 폐사했던 시기에 대자사가 경릉과 창릉의 능침사 역할을 맡기도 하였다. 하지만 조선중기에 희릉과 대자사가 연관된 내용은 전혀 확인되지 않는다.

1793년(정조 17) 각 능묘의 조포사를 정비할 때 희릉과 효릉의 조포사로 고향사(高香寺)가 지정되었다.[271] 고향사가 어디에 있던 절인지는 기록상에서 전혀 확인되지 않는다. 이후 순조대에는 파주 보광사가 희릉과 효릉의 조포사로 역할하다가 대자사로 옮겨간 사실이 『승정원일기』에서 확인된다.

박종순이 예조에 계를 올리기를,
"희릉 참봉과 효릉의 별검이 보고한 바에 따르면, 두 능의 조포사는 양주

---

271 『승정원일기』 1,716책 정조 17년 4월 3일.

보광사로 능과의 거리는 약 40여 리에 달하기 때문에 매번 제향 때마다 많은 어려움을 겪었습니다. 본 능침의 동구 밖에 대자사가 있었으나 그 사이에 쇠락하여 폐사하였기 때문에 계축년 각 능원묘의 조포사를 정리할 때 획정되지 못했습니다. 지금 대자사에 수년 전부터 승도들이 다시 모이고 건물들도 옛 모습을 갖추었으니 지금 때맞춰 다시 정한다면 일이 매우 마땅할 것이라는 보고가 접수되었습니다. 예조에서 사실을 상세히 살펴보니 실로 능관이 보고한 대로 한다면 두 절에 있어서 폐단이 없을 것 같습니다. 보고받은 대로 (조포사를) 옮겨 정한다면 어떠하겠습니까?

하니, 임금이 윤허하였다.[272]

위의 내용으로 미루어 고향사는 조포사로 지정된 지 얼마 지나지 않아 폐사 등의 이유로 조포사로 역할하지 못한 것으로 추정된다. 이후 파주 보광사가 희릉과 효릉의 조포사로 지정되었다. 이후 1801년경 대자사의 승려들이 다시 확충되자 약 40리(15.7km) 떨어진 보광사 대신 희릉 동구 밖에 있는 대자사를 희릉의 조포사로 지정하였다.

서삼릉 조포사: 보광사

하지만 철종대 이후 대자사가 또다시 폐사되었고 희릉의 조포역은 보광사가 다시 맡게 되었다. 『묘전궁릉원묘조포사조』에는 "희릉, 효릉의 기신(忌晨) 제향 또는 청명(淸明) 제향 때에는 보광사에서 조포하는데 대두 41두씩 봉헌했고 보광사에서 희릉에 한해 기신 제향, 또는 청명

---

272 『승정원일기』 1,834책 순조 1년 3월 13일.

제향에는 일년에 1회 ○씩 주었다."고 하였다.[273]

보광사가 언제부터 서삼릉의 조포역을 담당하게 되었는지는 명확하지 않다. 보광사 경내에 숙빈최씨의 위패를 모신 위실(位室)이 마련돼 소령원의 원당사(願堂寺) 또는 조포사라 칭해졌지만, 서삼릉에 안장된 왕과 왕비의 위패가 보광사 내에 봉안되었다거나 서삼릉의 기신재가 보광사에서 설행되었다는 기록은 전무하다. 따라서 보광사는 서삼릉의 조포역만 담당했을 뿐 추천 의례는 설행하지 않았던 것으로 보인다.

대자사 추정터와 희릉 간의 직선거리는 약 4.5km이며, 도보로 1시간 정도 소요된다. 보광사와 서삼릉 간의 거리는 약 11km에 달하며 도보로 2시간 50분 가량 걸린다. 서삼릉에서 먼 거리에 위치했음에도 서삼릉 인근에서 조포사로 지정할 만한 절을 구하지 못해 보광사가 조포역을 맡은 것으로 추정된다.

20. 중종 계비 문정왕후 태릉(泰陵)의 수호사찰

피장자	중종 계비 문정왕후
능 형태	단릉
위치	서울 노원구 공릉동
조성시기	1565년
능침사	없음.
조포사	불암사
왕릉과 불암사 간 거리	2.6km(도보 40분)

---

273 『廟殿宮陵園墓造泡寺調』, 51쪽.

태릉 조성과정

태릉은 중종의 계비 문정왕후 윤씨(文定王后 尹氏, 1501~1565)의 단릉이다. 문정왕후는 파산부원군(坡山府院君) 윤지임(尹之任)의 딸로 1517년(중종 12) 왕비에 책봉되었으며 1545년 명종이 12살의 나이로 왕위에 오르자 8년간 수렴청정을 했다. 1565년(명종 20) 4월 6일 창덕궁 소덕당에서 승하하였다.

태릉은 서울특별시 노원구 공릉동에 위치해 있다. 문정왕후는 살아생전 중종의 능 옆에 묻히기를 바랐으나 명종은 "임술년 중묘(中廟)의 능을 천장한 뒤로 나라에 좋은 일이 없었고, 3년 안에 두 번이나 경통(驚慟)의 변고가 있었으니, 선릉의 산이 옛 정릉(靖陵)보다 특별히 나은 것인지 모르겠다."며 문정왕후의 능지를 다른 곳에서 찾으라는 하교를 내렸다.[274] 이에 대신들이 몇몇 장소를 탐문한 결과 지금의 자리에 태릉이 조성되었다.

태릉 조포사: 불암사

문정왕후는 살아생전 정릉의 능침사로 봉은사를 지정하면서 자신의 능침사가 될 것으로 기대했을 것이나 태릉이 불암산 자락에 조성되면서 왕후의 계획은 무산되었다. 태릉이 조성될 당시에 능침사가 조성되었다는 기록은 전혀 확인되지 않는다.

조선후기에는 동구릉의 조포사인 불암사가 태릉과 강릉의 조포역을 함께 담당하였다. 1731년(영조 7)에 세워진 「불암사사적비(佛巖寺寺跡碑)」

---

274 『명종실록』 권31, 명종 20년 4월 26일.

에는 이 절이 무학대사가 중창한 절이며 세조~성종대에 왕실의 원찰이 었다는 내용이 실려 있다.[275] 하지만 문정왕후나 태·강릉과의 관계는 전혀 언급되지 않았다.【건원릉 참조】

『태릉지』(작성연대 미상)에는 "태릉의 조포사가 불암사이며, 승려 2명이 대령한다."고 기록돼 있다.[276] 또한『태릉지』분아절목(分兒節目)에는 "조포승에게 10냥을 지급한다."는 내용이 실려 있다.[277]『묘전궁릉원묘조포사조』에도 태·강릉의 조포사가 불암사이며, 조포의 폐지시기는 명치 43년(1910)으로 기록돼 있다.[278]

태릉과 불암사 간의 거리는 약 2.6km이고 도보로 약 40분 정도 걸린다.

21. 인종과 인성왕후 효릉(孝陵)의 수호사찰

피장자	인종, 인성왕후
능 형태	쌍릉
위치	경기도 고양시 덕양구 원당동 서삼릉
조성시기	1545년(王), 1577년(妃)
능침사	없음
조포사	고향사, 보광사, 대자사
왕릉과 사찰 간 거리	(효릉-보광사)11.2km(도보 2시간 50분)
	(효릉-대자사 추정터) 약 4.5km(도보 약 1시간)

275 「佛巖寺寺跡碑」.
276 『역주 태릉지』, 국립문화재연구소, 2012, 24쪽.
277 『역주 태릉지』, 119쪽.
278 『廟殿宮陵園墓造泡寺調』, 53쪽.

효릉 조성과정

효릉은 조선의 12대 왕인 인종(仁宗, 1515~1545)과 인성왕후 박씨(仁聖王后 朴氏, 1514~1577)의 쌍릉이다. 인종은 1515년(중종10) 2월 25일 중종의 맏아들로 태어났으나 생후 6일만에 어머니 장경왕후를 여의고 계모인 문정왕후의 슬하에서 성장했다. 1544년(인종 1) 왕으로 즉위한 지 9개월 만에 승하하였다. 인성왕후는 금성부원군(錦城府院君) 박용(朴墉)의 딸로 1524년(중종 19) 세자빈에 책봉되었다. 1577년(선조 10) 경복궁에서 승하하였다.

효릉은 경기도 고양시 덕양구 원당동 서삼릉 경내에 위치해 있다. 인종은 생전에 부모의 곁에 묻히기를 원한다는 뜻을 밝혔고, 이에 따라 중종과 장경왕후의 정릉(靖陵) 곁에 효릉이 조성되었다. 하지만 중종의 능이 1562년(명종 17) 선릉 곁으로 이장됨에 따라 인종의 바람은 무산되었다. 1577년(선조 10) 인성왕후가 승하하자 이듬해 2월 인종 능 왼쪽에 부장되었다.

효릉 조포사: 고향사, 대자사, 보광사

효릉이 조성될 당시에는 능침사가 마련되지 않았다. 조선후기에 이르러 파주의 보광사가 효릉을 비롯한 서삼릉의 조포사 역할을 담당하였다. 『승정원일기』와 『일성록』에는 1793년(정조 17)의 희릉과 효릉에 조포사가 없어 고향사(高香寺)로 새롭게 정했다고 기록돼 있지만[279] 고향사가 정확히 어디에 있던 절인지에 대해서는 확인되지 않는다. 이후 순조

---

279 『승정원일기』 1,716책 정조 17년 4월 3일, 『일성록』 정조 17년 4월 3일.

대 효릉의 조포역은 보광사가 담당하였다가 대자사로 옮겨갔으나,[280] 대
자사가 폐사되면서 다시 보광사가 맡게 되었다. 『묘전궁릉원묘조포사조』
에 보광사가 서삼릉의 조포역을 담당했다고 기록돼 있는 것으로 볼
때,[281] 조선말까지 보광사가 효릉의 조포사로 역할했음을 알 수 있다.【희
릉 참조】

효릉과 보광사 간의 직선거리는 약 11.2km, 도보로 2시간 50분 정도
걸린다.

22. 명종과 인순왕후 강릉(康陵)의 수호사찰

피장자	명종, 인순왕후
능 형태	쌍릉
위치	서울시 노원구 공릉동
조성시기	1567년(王), 1575년(妃)
능침사	없음
조포사	불암사
조포속사	묘적사
왕릉과 사찰 간 거리	강릉-불암사 약 2.0km(도보 30분)

강릉 조성과정

강릉은 조선의 제13대 왕인 명종(明宗, 1534~1567)과 인순왕후 심씨(仁順
王后 沈氏, 1532~1575)의 쌍릉이다. 명종은 중종과 문정왕후의 아들로, 인종

---

280 『승정원일기』 1,834책 순조 1년 3월 13일.
281 『廟殿宮陵園墓造泡寺調』, 51쪽.

에 이어 두 번째 대군으로 태어났다. 인종이 후사 없이 사망하자 1545년에 왕위에 올랐다. 1567년(명종 22) 6월 28일 경복궁 양심당에서 승하하였다. 인순왕후는 청릉부원군(靑陵府院君) 심강(沈鋼)의 딸로 1543년(중종 38) 경원대군과 가례를 올리고 1545년 왕비에 책봉되었다. 1575년(선조 8) 1월 2일 창경궁에서 승하하였다.

강릉은 서울특별시 노원구 공릉동에 위치해 있다. 명종의 능은 1567년 9월에 조성되었으며, 인순왕후의 능은 1575년 4월에 조성되었다. 강릉은 태릉에서 약 1km 떨어진 곳에 조성되었다. 강릉이 왜 그곳으로 정해졌는지에 대해서는 명확한 기록이 남아있지 않다. 다만 명종이 생전에 문정왕후의 장지를 정릉 옆으로 하지 않고 양주 대방동으로 정했던 사실이나 모친의 능이 근방에 자리 잡고 있는 사실 등이 능지 선정에 영향을 끼쳤을 것으로 추정된다.[282]

강릉 조포사: 불암사

강릉이 조성될 당시에 능침사가 지정되었다는 기록은 전혀 확인되지 않는다. 조선후기에는 동구릉의 조포사인 불암사가 강릉과 태릉의 조포역까지 함께 담당하였다.【건원릉 참조】

『강릉지』에는 강릉의 조포사가 불암사이며, 제사 때 승려 2명이 대령하여 두부를 만든다고 기록돼 있다. 또한 묘적사(妙寂寺)를 강릉의 원당으로 소개하였는데 "향탄산 안에 있는 묘적사는 강릉의 원당(願堂)으로, 봄, 가을에 각각 20속의 백지를 바쳤는데 중간에 승도의 거듭된 발괄[白

---

282 『조선왕릉 종합학술조사보고서』 IV, 100쪽.

活로 인하여 20속을 줄여 봄과 가을에 각각 10속씩 바치고 있다."고 설명하였다.[283] 묘적사는 강릉에 소요되는 물품을 공급하고 있어 강릉의 원당이라 칭해진 것으로 추정되는데 실제로는 조포속사 역할을 담당했던 것으로 보인다. 강릉의 향탄산 중 하나가 남양주 외부읍 묘적산이었고, 묘적사는 오늘날까지 묘적산에 위치해 있다. 『강릉지』에 묘적사가 '강릉의 원당'으로 소개돼 있어 명종의 위패가 봉안된 건물이 있었을 가능성도 있으나 『봉선본말사지』 등 묘적사 관련 기록에서는 이 절에서 명종의 재를 지냈다는 기록이 전혀 확인되지 않는다. 조선후기에는 왕릉이나 태실의 잡역을 담당하는 조포사나 조포속사도 원당이라 칭했고, 묘적사가 담당한 역할이 제수 준비가 아닌 물품 공급이었기 때문에 묘적사는 강릉의 조포속사였을 가능성이 크다.

강릉과 불암사 간의 거리는 약 2㎞이며 도보로 약 30분이 소요된다.

---

283 『조선왕릉 종합학술조사보고서』 IV, 102쪽.

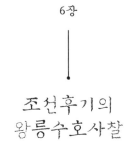

6장

조선후기의
왕릉수호사찰

23. 선조와 의인왕후·인목왕후 목릉(穆陵)의 수호사찰

피장자	선조, 의인왕후, 인목왕후
능 형태	동원삼강릉
위치	경기도 구리시 인창동 동구릉
조성시기	1600년(의인왕후), 1608년(선조)→1630년 이장, 1632년(인목대비)
능침사	없음
조포사	불암사, 석천사
조속포사	성흥사, 반룡사
목릉과 불암사 간 거리	4.7km(도보 1시간 10분)

목릉 조성과정

　목릉은 조선의 제14대 왕인 선조(宣祖, 1552~1608)와 원비 의인왕후 박씨(懿仁王后 朴氏, 1555~1600), 계비 인목왕후 김씨(仁穆王后 金氏, 1587~1632)의 동원삼강릉(同原三岡陵)이다. 선조는 하성군(河城君)의 셋째 아들로, 명종이 후사 없이 승하하자 1567년 왕위에 올랐다. 1608년(선조 41) 2월 1일 정릉동 행궁(현 덕수궁) 정침에서 승하하였다.

　의인왕후는 반성부원군(潘城府院君) 박응순(朴應順)의 딸로 1569년(선조 2) 왕비에 책봉되었다. 1600년(선조 33) 6월 27일 정릉동 행궁에서 사망하였다.

　인목왕후는 연흥부원군(延興府院君) 김제남(金悌男)의 딸로 의인왕후가 세상을 떠난 후 2년 뒤인 1602년(선조 35)에 왕비에 책봉되었고, 정명공주(貞明公主)와 영창대군(永昌大君)을 낳았다. 광해군의 즉위 이후 폐비되었다가 인조반정으로 다시 복권하였다. 1632년(인조 10) 6월 28일 인경궁 흠명전에서 사망하였다.

　목릉은 경기도 구리시 인창동 동구릉 안에 위치해 있다. 목릉은 한 능역 안에 세 능이 들어선 동원삼강릉의 형태로 조성되었다. 지금은 세 능이 한 능역 안에 위치해 있지만, 처음에는 선조와 의인왕후의 능이 각기 다른 곳에 위치하였다. 1600년 의인왕후가 승하했을 때, 지금의 자리에 장사지내고 능호를 유릉(裕陵)이라 하였다. 1608년 선조가 승하한 뒤 선조의 능은 건원릉 서편 언덕에 마련되었다. 선조의 능호는 숙릉(肅陵)으로 지어졌다가 태조의 증조모 정숙왕후의 숙릉(淑陵)과 음이 같다는 이유로 목릉(穆陵)으로 개칭되었다. 1630년(인조 8) 선조의 능에 물이 차고 풍수가 좋지 않다는 원주목사 심명세(沈命世)의 상소가 올라온 후 선조의 능을 의인왕후의 능 옆으로 천릉하였다. 1632년 인목왕후가 승하하자 목릉 동편 언덕에 능을 조성하면서 세 능이 하나의 능역을 이루게 되었다. 이때 인목왕후의 능은 혜릉(惠陵)으로 명명되었다. 세 능은 유릉, 목릉, 혜릉으로 각각 다르게 불리다가 인목대비의 혜릉 조성이 끝난 이후 '목릉'으로 통일되었다.[284]

목릉의 조포사: 불암사

목릉에는 별도의 능침사가 마련되지 않았다. 조선후기에 불암사가 동구릉의 조포사로 지정되면서 목릉의 제사에 제수를 공급하는 역할을 맡았다. 『승정원일기』에는 목릉을 비롯한 10개 능침(건원릉, 현릉, 태릉, 강릉, 목릉, 휘릉, 숭릉, 혜릉, 원릉, 경릉)의 조포사가 불암사이며, 제향시에 두부를 만들고 향을 대령하는 등의 역을 담당했다고 하였다.[285]【健元陵 참조】

『목릉지(穆陵誌)』에는 조포사 관련 내용이 없으며, 『묘전궁릉원묘조포사조』에는 동구릉의 조포사가 불암사로 기록돼 있을뿐 목릉에 관한 별도의 기록이 없다.[286]

목릉과 불암사 간의 거리 4.7km, 도보로는 약 1시간 10분 정도 소요된다.

---

284 『조선왕릉 종합학술조사보고서』 IV, 197쪽.
285 『승정원일기』 2,468책 헌종 13년 12월 23일.
286 『廟殿宮陵園墓造泡寺調』, 30쪽.

24. 원종과 인헌왕후 장릉(章陵)의 수호사찰

피장자	원종, 인헌왕후
능 형태	쌍릉
위치	경기도 김포시 풍무동
조성시기	1632년 추봉
능침사	없음
조포사	봉릉사(현 금정사)
장릉과 금정사 간 거리	575m(도보 9분)

장릉 조성과정

장릉은 인조의 생부인 추존왕 원종(元宗, 1580~1619)과 추존왕비 인헌왕후 구씨(仁獻王后 具氏, 1578~1626)의 쌍릉이다. 원종은 선조의 다섯째 아들 정원군(定遠君)으로, 1580년(선조 13) 선조의 후궁 인빈 김씨의 소생으로 태어났다. 인조는 반정으로 왕위에 오른 후 10년 뒤인 1632년(인조 10)에 생부를 왕으로 추존하면서 원종이라는 시호를 올렸다. 인헌왕후는 능안부원군(綾安府院君) 구사맹(具思孟)의 딸로, 인조 즉위 후 계운궁(啓運宮)이라는 궁호로 불렸다. 1626년(인조 4) 경덕궁 회상전에서 승하하였다. 생전에는 왕비로 추존되지 못했으나 정원군이 원종으로 추존되면서 인헌왕후로 추존되었다.

장릉은 현재 경기도 김포시 풍무동에 위치해 있다. 지금은 왕과 왕비의 능이 나란히 조성돼 있지만 처음에는 각각 다른 곳에 위치하고 있었다. 1619년(광해군 11)에 조성된 정원군의 묘는 양주 곡촌리에 있었다. 1626년 계운궁 구씨가 사망하자 남편의 묘 옆이 아닌 김포 장릉에 새롭게 장지가 마련되었다. 정원군 묘의 풍수가 매우 좋지 않았기 때문에 후에 정원군의 이장을 염두에 두고 새로운 곳에 계운궁의 묘를 마련한 것이라고 전해진다. 계운궁의 묘가 조성된 후 사친(私親)에 대한 묘호가 새롭게 정비돼 정원군 묘는 흥경원(興慶園)으로, 계운궁 묘는 육경원(毓慶園)으로 각각 불렸다. 육경원의 조성이 완료된 직후인 1626년 9월 인조는 흥경원을 김포 육경원 옆으로 이장하기로 결정했고 이듬해 8월에 천장이 완료되었다. 그 후 1632년 3월에 원종 추숭이 이루어지면서 흥경원과 육경원은 장릉으로 추봉되었다.

장릉 조포사: 봉릉사

장릉의 조포사는 봉릉사(奉陵寺)이다. 이 절이 위패를 봉안한 재사(齋寺)로 조성되었을 가능성도 있지만, 현전하는 기록상에서는 봉릉사에서

▲ 장릉의 조포사인 봉릉사는 오늘날 금정사로 개칭되었다.

원종 부부의 추천의례를 설행했다는 기록을 찾아볼 수 없다.

『장릉지』에는 "봉릉암(奉陵庵)이 금정산 아래에 있는데 불우 3칸, 승방 6칸이다."라고 기재돼 있다. 봉릉사는 양주에 있던 정원군묘를 이장할 때 묘에 딸린 재사(齋寺)를 함께 옮겨서 지었다는 설도 있고, 김포 금정산에 있던 고상사(高上寺)를 중창했다는 설도 있다. 또한 장릉을 추봉할 때 새롭게 창건한 절이라는 설도 있다. 장릉이 추봉되면서 '능을 받드는 절'이라는 의미의 봉릉사로 개칭하였다. 『묘전궁릉원묘조포사조』에는 봉릉사에 관한 다음의 내용이 실려 있다.

> 능과 연관 있는 사찰은 봉릉사로, 인조 때 장릉을 추봉할 적에 해자의 한 구역을 떼어 건설하고 본릉 제향 시에 조포의 소임으로 정하였다. 조선총독부 사찰령 시행 전까지 주지 이하 각 소임을 장릉의 능관이 감독하였다. 장릉의 조포사였기 때문에 절 이름을 봉릉사라 칭하고 흰 두부를 절에서 만들어 납부하였고 매년 동지 때에 팥죽 한 그릇과 가마에 매는 줄 2목, 가마꾼에게 줄 마혜(麻鞋) 10쌍을 갖다 바쳤고 해자 내에 있는 토지를 개간 경작하여 승려들의 생활을 도왔다고 나이든 관원들이 전한다.[287]

위의 내용에 따르면 봉릉사라는 이름이 붙여진 것이나 현재의 위치에 조성된 것은 장릉의 추봉 이후에 이루어진 것이 분명하다. 하지만 봉릉사가 조성될 당시에 어실을 갖춘 능침사로 조성되었는지, 승역만을 담당하는 조포사로 조성되었는지는 확인되지 않는다. 장릉과 봉릉사의 거리가 500m에 불과하고, 해자 내에 조성된 것으로 미루어 조선중기 능침사

---

287 『廟殿宮陵園墓造泡寺調』, 54쪽.

와 유사한 형태였을 것으로 추정되지만 원종과 인헌왕후의 위패가 봉안되었다거나 추천의례가 치러졌다는 기록은 전혀 확인되지 않는다. 봉릉사가 조성될 당시만 해도 왕실원당 내 위패 철거령이 내려지기 전이었고, 봉릉사가 처음 조성될 당시에는 홍경원과 육경원의 재사(齋寺)였기 때문에 원종 부부의 위패가 모셔졌을 가능성도 있다. 『전등본말사지』 「봉릉사지」에는 "인묘(仁廟) 정묘년(1627년) 원종대왕 능침을 양주군으로부터 금릉군으로 옮긴 후에 금릉군을 김포군이라 개칭하고 인근 폐사(廢寺)를 지금의 자리로 옮겨 지은 다음 봉릉(奉陵)이라 사액하였다고 전해진다."고 하였다. [288]

봉릉사는 한국전쟁 당시 전소되었다가 1970년대에 중창되면서 금정사(金井寺)라는 이름으로 바뀌었다. 장릉과 금정사 간의 거리는 575m이며, 도보로는 약 9분이 소요된다.

25. 인조와 인열왕후 장릉(長陵)의 수호사찰

피장자	인조, 인열왕후
능 형태	합장릉
위치	파주시 북운천리 → 파주시 탄현면 갈현리
조성시기	1636년 조성 → 1731년 천릉
능침사	없음
조포사	검단사
장릉과 검단사 간 거리	2km(도보 30분)

---

[288] 『傳燈本末寺誌』, 127쪽.

장릉 조성과정

장릉은 조선의 제16대 왕인 인조(仁祖, 1595~1649)와 인열왕후 한씨(仁烈王后 韓氏, 1594~1635)의 합장릉이다. 인조는 1595년(선조 40) 선조의 서자인 정원군(원종)의 첫째 아들 능양군(綾陽君)으로 태어나 1623년 인조반정을 일으켜 왕위에 올랐다. 1649년(인조 27) 5월 8일 창덕궁 대조전에서 승하하였다.

인열왕후는 서평부원군(西平府院君) 한준겸(韓浚謙)의 딸로, 1610년(광해군 2) 능양군과 결혼해 청성현부인(淸城縣夫人)으로 봉해졌고 1623년 왕비가 되었다. 1635년(인조 13) 12월 5일 대군(태어난 날 요절)을 낳은 후 산후병을 얻어 같은달 9일에 산실청에서 세상을 떠났다.

장릉은 원래 경기도 파주군 북운천리에 위치해 있었다. 1635년 인열왕후가 승하하자 이듬해 파주 북운천리에 장사를 지냈고 1649년 인조가 승하하자 왕후릉 오른쪽에 장사를 지냈다. 하지만 1731년(영조 7) 능침 사이에 뱀이 또아리를 틀고 자주 출몰할 뿐만 아니라 풍수적으로도 문제가 있다는 지적이 나오자[289] 파주 갈현리로 천장하고 두 능을 하나의 봉분으로 만들어 합장릉으로 조성하였다. 현재 장릉은 경기도 파주시 탄현면 갈현리 파주삼릉 내에 위치해 있다.

장릉 조포사: 검단사

장릉의 조포사는 검단사(黔丹寺)이다. 파주시 탄현면 오두산 기슭에 위

---

[289] 『영조실록』 권 29, 영조 7년 3월 16일.

치해 있다. 검단사는 원래 파주 갈현리에 위치해 있었으나 장릉이 천릉하면서 절을 현재의 위치로 이전하였다. 「검단사지(黔丹寺誌)」에는 "이조(李朝) 영종(英宗) 신해(辛亥)년에 인조대왕과 인열왕후의 능을 파주군 임진면 운천리에서 현 갈현리로 이봉할 때 검단사를 부근의 오두산맥(鰲頭山脈)으로 이건하였다고 한다."고 기록돼 있다.[290] 일제강점기의 장릉 참봉 고응한(高應漢)이 검단사를 방문해 조사한 내용에 따르면 "검단사는 검단조사(黔丹祖師)가 창건한 절로, 장릉 해자 내에 위치해 있었으나, 영조대에 장릉을 파주 탄현면 갈현리로 천릉할 때 검단사를 지금의 자리로 옮겼다."고 하였다.

『묘전궁릉원묘조포사조』에 실린 검단사 연혁에는 "인조 능을 천봉할

▲ 장릉의 조포사인 파주 검단사

290 『傳燈本末寺誌』「黔丹寺誌」, 139쪽.

때 인조 능의 정자각 재료를 가져다 검단사 법당을 중건하였으며 (왕실에서) 전답을 하사하여 불사비용으로 충당케 했다. 최근까지 조포 거행에 대하여 사찰 승려에게 매년 정조(正租) 4석씩 지급했다. 10여 년 전에 죽동궁(竹洞宮, 순조의 장녀 명온공주의 궁방)에서 불상을 개금하고 불기(佛器) 등을 개비(改備)하였다."고 전한다.[291]

장릉과 검단사 간의 거리는 약 2km이며, 도보로는 30분이 소요된다.

26. 인조 계비 장렬왕후 휘릉(徽陵)의 수호사찰

피장자	인조 계비 장렬왕후
능 형태	단릉
위치	경기도 구리시 인창동 동구릉
조성시기	1688년
능침사	없음
조포사	불암사, 석천사
조포속사	성흥사, 반룡사
왕릉과 불암사 간 거리	4.8km(도보 1시간 10분)

휘릉 조성과정

휘릉은 인조의 계비 장렬왕후 조씨(莊烈王后 趙氏, 1624~1688)의 단릉이다. 장렬왕후는 한원부원군(漢原府院君) 조창원(趙昌遠)의 딸로 1638년(인조 16) 왕비에 책봉되었다. 슬하에 자식을 두지 못했으며 1688년(숙종 14)

---

291 『廟殿宮陵園墓造泡寺調』, 56쪽.

창경궁 내반원에서 세상을 떠났다.

휘릉은 경기도 구리시 인창동 동구릉 내에 위치해 있다. 휘릉의 후보지로 인조의 능이 있는 파주 지역의 장릉과 순릉, 고양 희릉, 익릉 주변 지역들이 거론되었으나 모두 능 자리로는 미진하다는 의견이 나왔다. 이에 숙종은 광릉과 건원릉 경내를 추가로 간심하였다. 이들 지역을 살펴 본 경주부윤 신경윤(愼景尹)이 "건원릉 국내의 유좌묘향(酉坐卯向) 자리가 국가 제일의 능침"이라고 극찬하자, 숙종은 건원릉 옆의 유좌언덕을 능지로 최종 결정하였다.[292] 1688년(숙종 14) 9월 산릉공사가 시작되어 12월에 공사가 완료되었다. 당시 석물이나 자재를 운반할 인력으로 승군 3,000명, 연군 500명이 동원되었다.[293]

휘릉 조포사: 불암사

휘릉의 능침사는 별도로 마련되지 않았으며 동구릉의 조포사인 불암사가 휘릉의 조포역을 담당하였다.

『휘릉지』에는 조포사에 관한 내용이 없으나, 『승정원일기』에는 휘릉을 비롯한 10개 능침(건원릉, 현릉, 태릉, 강릉, 목릉, 휘릉, 숭릉, 혜릉, 원릉, 경릉)의 조포사가 불암사이며, 제향시에 두부를 만들고 향을 대령하는 등의 역을 담당했다고 하였다.[294] 『묘전궁릉원묘조포사조』에도 동구릉의 조포사가 불암사로 기록돼 있다.[295]【건원릉 참조】

---

292 『조선왕릉 종합학술조사보고서』 V, 120쪽.
293 『莊烈王后徽陵山陵都監儀軌』, 啓辭, 戊辰十月初三日.
294 『승정원일기』 2,468책 헌종 13년 12월 23일.
295 『廟殿宮陵園墓造泡寺調』, 30쪽.

휘릉과 불암사간의 직선거리는 4.8km, 도보로는 1시간 10분 가량 걸린다.

27. 효종과 인선왕후 영릉(寧陵)의 수호사찰

피장자	효종, 인선왕후
능 형태	동원상하릉
위치	경기도 여주시 능서면
조성시기	1673년
능침사	없음
조포사	신륵사
왕릉과 신륵사 간 거리	5km(도보 1시간 20분)

영릉 조성과정

영릉은 조선의 제17대 왕인 효종(孝宗, 1619~1659)과 인선왕후 장씨(仁宣王后 張氏, 1618~ 1674)의 동원상하릉(同原上下陵)이다. 효종은 인조와 인열왕후의 둘째 아들로 소현세자가 청에서 돌아온 지 3개월만인 1645년(인조 23) 5월에 세상을 떠나자 곧바로 청에서 돌아와 그해 9월에 세자로 책봉되었다. 1649년 재위에 올라 1659년(효종 10) 5월 4일 창덕궁 대조전에서 승하하였다. 인선왕후는 신풍부원군(新豐府院君) 장유(張維)의 딸로 1631년(인조 9) 봉림대군과 가례를 올렸고, 효종이 즉위하면서 왕비가 되었다. 1674년(현종 15) 경덕궁 회상전에서 승하하였다.

영릉은 경기도 여주시 능서면 왕대리에 위치해 있다. 세종의 영릉(英

陵)과는 작은 구릉 하나를 사이에 두고 인접해 있다. 효종의 능은 1659년 (현종 즉위년)에 경기도 구리시 인창동 동구릉 내에 건원릉 서쪽에 처음 조성되었다. 1659년 7월에 산릉 역사가 시작되어 10월까지 진행되었는데, 공사에 동원된 승군의 수는 약 1,000여명이었다. 그런데 8월에 승군들이 산릉 공사의 고역을 이기지 못해 도망을 가자, 조정에서 도망간 승군들을 각 감영에서 붙잡아 데려오도록 하는 사건이 발생하기도 했다.[296]

능이 조성된 지 1년 만에 난간석과 병풍석의 틈새가 갈라지고 석회가 벗겨져 부실공사 논란이 일어났다. 이후 매년 보수공사를 할 정도로 크고 작은 문제들이 발생하자 14년 뒤에 조정에서 능을 옮기자는 논의가 제기되었다. 결국 1673년(현종 14)에 여주에 위치한 세종의 영릉 옆으로 천릉하였다.

효종의 능을 이장한 이듬해인 1674년에 인선왕후가 세상을 떠나자 효종 능 아래에 왕후릉을 만들어 동원상하릉의 형태를 이루게 되었다.

영릉 조포사: 신륵사

영릉의 능침사는 별도로 지정되지 않았으나, 세종의 능침사인 신륵사가 효종 영릉의 조포사 역할을 함께 담당하였다. 능과 신륵사 간의 거리는 5km이며 도보로 21분이 소요된다.【英陵 참조】

---

296 『孝宗寧陵山陵都監儀軌』 「啓事」 8월 27일.

28. 현종과 명성왕후 숭릉(崇陵)의 수호사찰

피장자	현종, 명성왕후
능 형태	쌍릉
위치	경기도 구리시 인창동 동구릉
조성시기	1674년(王), 1683년(妃)
능침사	없음
조포사	불암사, 석천사
조포속사	성흥사, 반룡사
왕릉과 사찰 간 거리	5.3km(도보 1시간 20분)

숭릉 조성과정

숭릉은 조선의 제18대 왕인 현종(顯宗, 1641~1674)과 명성왕후 김씨(明聖王后 金氏, 1642~1683)의 쌍릉이다. 현종은 효종의 유일한 아들로 효종이 심양에 볼모로 있을 때인 1641년(인조 19)에 태어났다. 1659년에 즉위하여 15년간 재위에 있다가 1674년(현종 15) 8월 18일 창덕궁 재려에서 승하하였다. 명성왕후는 청풍부원군(淸風府院君) 김우명(金佑明)의 딸로, 1651년 (효종 2) 세자빈에 책봉되었고 1659년 왕비가 되었다. 1683년(숙종 9) 12월 5일 창경궁 저승전에서 승하하였다.

숭릉은 경기도 구리시 인창동 동구릉 내에 위치해 있다. 1674년 현종이 승하하여 능이 조성되었고 1683년 명성왕후의 능이 현종 능 왼쪽에 조성되었다. 1674년 숭릉의 산릉공사에는 승군 2,650명이 석물과 기타 자재를 이동하기 위한 인력으로 동원되었다.[297]

---

297 『조선왕릉 종합학술조사보고서』V, 335쪽.

승릉 조포사: 불암사

숭릉의 능침사는 별도로 마련되지 않았으며, 동구릉의 조포사인 불암사가 숭릉의 조포역을 담당하였다. 『묘전궁릉원묘조포사조』에도 동구릉의 조포사가 불암사로 기록돼 있다.[298]【健元陵 참조】

29. 숙종과 인현왕후·인원왕후 명릉(明陵)의 수호사찰

피장자	숙종, 인현왕후, 인원왕후
능 형태	동원이강삼릉
위치	경기도 고양시 덕양구 용두동 서오릉
조성시기	1701년(인현왕후), 1720년(숙종), 1757년(인원왕후)
능침사	없음
조포사	수국사
조포속사	용문사, 성흥사, 반룡사
왕릉과 사찰 간 거리	1km(도보 16분)

명릉 조성과정

명릉은 조선의 제19대 왕 숙종(1661~1720)과 계비 인현왕후 민씨(1667~1701), 계비 인원왕후 김씨(1687~1757)의 동원이강삼릉(同原異岡三陵)이다.

숙종은 1661년(현종 2) 8월 15일 현종과 명성왕후의 외아들로 태어나 1674년 8월에 즉위하였다. 1720년(숙종 46) 6월 8일 경덕궁 융복전에서 승하

---

298 『廟殿宮陵園墓造泡寺調』, 30쪽.

하였다.

숙종의 계비 인현왕후는 여양부원군(驪陽府院君) 민유중(閔維重)의 딸로, 1681년(숙종 7) 왕비가 되었다. 기사환국(己巳換局) 이후 폐비되어 안국동에서 지내다가 갑술옥사(甲戌獄事) 후에 복위되었다. 1701년(숙종 27) 8월 14일 후사없이 세상을 떠났다.

숙종의 제2계비 인원왕후는 경은부원군(慶恩府院君) 김주신(金柱臣)의 딸로, 인현왕후가 승하한 이듬해인 1702년(숙종 28)에 왕비로 책봉되었다. 후사없이 1757년(영조 33) 승하하였다.

명릉은 경기도 고양시 덕양구 용두동 서오릉 내에 위치하였다. 명릉은 1701년 인현왕후의 승하 직후 처음 조성되었다. 인현왕후의 능을 조성할 당시 숙종은 왕비능 바로 옆에 자신의 수릉을 조성하였고, 1720년 숙종이 승하하자 그곳에 묻히게 되었다. 이후 1757년(영조 33) 인원왕후가 승하하자 숙종이 살아생전 인원왕후의 능지로 지목해 놓은 언덕에 능을 조성하였다. 숙종은 "명릉과 익릉 사이에 간좌곤향(艮坐坤向)의 언덕이 있다. 후일 내상(內喪)이 있게 되면 이 언덕을 쓰되 서로 거리가 그다지 멀지 않으니 명릉 정자각 안에 연달아 3상(床)을 설치해 목릉(穆陵)의 제도처럼 하라."는 유지를 남겼다.[299] 이에 따라 명릉은 두 개의 언덕에 세 개의 능이 배치된 동원이강삼릉제로 조성되었다.

명릉 조포사: 수국사

명릉에는 별도의 능침사가 조성되지 않았으며, 수국사가 조포사로 지

---

299 『숙종실록』 권54, 숙종 39년 7월 30일.

정되었다.

수국사는 조선중기 경릉과 창릉의 능침사였던 정인사의 후신으로 전해지지만, 정인사가 임진왜란과 조선후기 두 차례에 걸쳐 폐사했다가 1900년(광무 4)에 재건되었기 때문에 정확한 내역은 확인하기가 힘들다. 하지만 이 절이 명릉과 매우 밀접한 사찰이었던 것만은 분명하다. 1761년 (영조 37) 영조는 "명릉과 지척인 수국사는 해조(該曹)에 명하여 봉선사와 봉은사의 예에 따라 돌보아주고, 착실하게 수호할 일이다."라는 분부를 내렸다.[300] 영조의 하명은 수국사가 명릉의 수호사찰이라는 사실을 보여준다. 하지만 이때 구체적으로 어떤 보호와 지원을 내린 것인지에 대해서는 확인되지 않는다.

조포속사: 용문사, 성흥사, 반룡사

정조대에 이르면 수국사는 명릉을 비롯해 경릉, 창릉, 익릉, 홍릉 등 서오릉의 조포역을 모두 담당하고 있었다. 하지만 막대한 승역으로 인해 수국사의 사세가 기울고 승려 수가 줄어 절이 폐사할 지경에 이르렀다는 보고가 조정에 올라갔다. 이에 정조는 남해 용문사(龍門寺), 웅천 성흥사(聖興寺), 자인 반룡사(盤龍寺)를 속사로 삼아 수국사의 조포역을 보조하도록 조치했다.[301] 또한 창릉과 홍릉의 조포 역은 진관사로 이속하였다. 이러한 조치에도 불구하고 수국사는 사세를 유지하기 힘들었던 것으로 보인다. 수국사는 1890년경에 폐사하였다가[302] 1900년에 대한제

---

300 『승정원일기』 1,192책 영조 37년 4월 26일.
301 『승정원일기』 1,750책 정조 19년 8월 26일.
302 『廟殿宮陵園墓造泡寺調』, 41쪽.

국 황실의 지원 하에 대대적인 중창을 하게 되었다. 이후 1908년 향사이정이 실시될 때까지 수국사는 명릉의 조포역을 담당했다.【敬陵참조】

명릉과 수국사 간의 거리는 약 1km이며, 도보로는 12분 정도 소요된다.

30. 숙종 원비 인경왕후 익릉(翼陵)의 수호사찰

피장자	숙종 원비 인경왕후
능 형태	단릉
위치	경기도 고양시 덕양구 신도동 서오릉
조성시기	1680년
능침사	수국사
조포속사	용문사, 성홍사, 반룡사
왕릉과 수국사 간 거리	1.6km(도보 24분)

익릉 조성과정

익릉은 숙종의 원비인 인경왕후 김씨(仁敬王后 金氏, 1661~1680)의 단릉이다. 인경왕후는 광성부원군(光城府院君) 김만기(金萬基)의 딸로, 1671년(현종 12) 세자빈으로 책봉되었고 1674년 왕비에 올랐다. 천연두에 걸려 1680년(숙종 6) 10월 26일 경덕궁 회상전에서 승하하였다. 두 명의 공주를 낳았으나 모두 요절했다.

익릉은 경기도 고양시 덕양구 신도동 서오릉 내에 위치해 있다. 1680년 11월 21일에 산릉공사를 시작해 이듬해 2월에 완성되었다.

익릉 조포사: 수국사

익릉의 능침사는 별도로 설치되지 않았으며 인근에 위치한 수국사가
익릉의 조포역을 담당하였다.[303] 익릉과 수국사 간의 거리는 1.6km이며
도보로는 24분 정도 소요된다.【敬陵참조】

31. 경종과 선의왕후 의릉(懿陵)의 수호사찰

피장자	경종, 선의왕후
능 형태	동원상하릉
위치	서울 성북구 석관동
조성시기	1724년(王), 1730년(妃)
능침사	없음
조포사	연화사, 만수사, 청량사
왕릉과 사찰 간 거리	청량사(1.8km 도보 28분), 연화사(1.2km, 18분)

의릉 조성과정

의릉은 조선의 20대 왕인 경종(景宗, 1688~1724)과 계비 선의왕후 어씨
(宣懿王后 魚氏, 1705~ 1730)의 능이다. 경종은 1688년(숙종 14) 숙종과 희빈
장씨 사이에서 태어나 1689년(숙종 15) 원자로 정호되었고 이듬해 세자로
책봉되었다. 1720년에 왕위에 올랐으나 재위 4년만인 1724년(경종 4)에
승하하였다.

---

303 『廟殿宮陵園墓造泡寺調』, 41쪽.

선의왕후 어씨는 함원부원군(咸原府院君) 어유구(魚有龜)의 딸로, 1718년 (숙종 44) 세자빈 심씨(단의왕후)가 사망하자 그해 9월 세자빈에 책봉되었다. 1720년 경종의 즉위와 함께 왕비가 되었고 1730년(영조 6)에 경덕궁 어조당에서 승하하였다. 슬하에 소생은 없다.

의릉은 서울시 성북구 석관동에 위치해 있다. 왕과 왕후의 능이 위아래로 배치된 동원상하릉으로 조성되었다. 경종의 능은 1724년 9월에 산릉공사를 시작하여 그해 12월에 마쳤다. 이후 1730년 선의왕후가 승하하자 경종릉 동강 아래 신좌 언덕에 부장하였다. 당시 왕비의 능지를 조사하던 조정 신료들이 의릉의 혈자리를 살피고 논의하였는데, "의릉의 좌강(左岡)은 형체가 불명확하고 혈성이 편향되어 있어 산릉처로는 부적합한 반면 의릉 아래의 혈은 혈맥이 풍후하고 형체가 분명하며 앞으로 점점 더 융성해질 자리"라고 보고하였다. 이에 영조는 경종릉 아래의 혈 자리에 선의왕후릉을 조성하게 하였다.

의릉 조포사: 청량사, 연화사, 만수사

의릉은 정조대에 조포사가 정비될 때 청량사(淸凉寺)가 조포사로 지정되었다. 청량사는 고려의 학자 이자현이 머물렀던 유서 깊은 절이었으나,[304] 청량사 인근에 명성황후의 홍릉(洪陵)이 조성되면서 현재의 위치로 옮겨졌다.

그런데 고종대의 여러 기록에서는 연화사(蓮花寺)가 의릉이 조성될 당시에 조포사로 창건되었다는 내용이 확인된다. 권상로의 『한국불교전

---

304 『東國輿地誌』 1券 京都 寺刹條.

서』에 인용된「봉은본말지」에는 "조선 영조 원년 조가(朝家)에서 의릉의 원찰로 창건했고, 영조가 만행으로 명성이 높았던 묘련대사(妙蓮大師)의 이야기를 듣고 이 절에 주석케 했다."라고 기록되어 있다.[305] 1884년에 작성된「천장산묘련사법당중수기(天藏山妙蓮寺法堂重修記)」에는 "이 절은 의릉의 조포사로 심상한 사찰이 아닌 까닭으로 (…)"라고 하였다. 1901년(광무 5)에 완허(玩虛)가 작성한「천수천안관음탱조성기(千手千眼觀音幀造成記)」에서도 "절이 창건된 것은 오래전 영묘(英廟) 초로 의릉의 수호를 위함이었다. (…) 의릉의 조포(소)를 건축하였다."고 전한다.[306]

그런데 고종대 사료에서 연화사가 의릉의 원찰이자 조포사로 역할했다고 언급한 것과는 달리 1793년(정조 17) 예조에서 모든 능원의 조포사를 조사했을 때에는 의릉의 조포사가 없는 것으로 조사되었고 이에 청량사로 하여금 조포사를 맡게 했다.[307] 당시 연화사가 폐사되었거나, 의릉의 조포역을 담당하지 못할 정도로 쇠락했기 때문인 것으로 추정된다. 조선시대에 조성된 왕실원당 가운데 제사를 받들 직계 후손이 없는 사찰들은 원당으로 지정된 후 얼마 지나지 않아 원당의 기능을 상실하는 경우가 많았다. 경종과 선의왕후가 후사 없이 세상을 떠났음을 감안할 때, 연화사 또한 왕실의 지속적인 후원과 관심을 받지 못하고 폐사했을 가능성이 크다.

1794년(정조 18) 정조는 "의릉에 딸린 조포사를 장차 회묘(懷墓)[308] 곁에

---

305 「봉은본말지」에는 영조가 만행(萬行)을 닦은 묘련대사의 명성을 듣고 이 절에 주석하기를 명하여, 이때의 사람들이 묘련사(妙蓮寺)라 불렀다가 후에 연화사로 개칭하였다고 기록돼 있다.

306 『韓國寺刹事典』1,249~1,251쪽.

307 『승정원일기』1,716책 정조 17년 4월 3일.

308 『승정원일기』정조 18년 9월 30일 기사에는 회묘(懷墓)라고 기록돼 있고, 『정조실록』의 동일한 기사에는 순회묘(順懷墓)라고 기록돼 있다. 당시 연산군의 생모 폐비윤씨의 회묘가

옮겨다 세운다고 하는데 진실로 이런 일이 있다면 관청에서 금하지 않은 것은 크게 잘못된 일이다. 이것이 어찌 매해 3월에 별도로 내시를 보내 제사를 지내주는 뜻이겠는가. 곧 유사로 하여금 그 중을 형장을 쳐서 먼 곳으로 귀양 보내고 고을원에게 엄하게 신칙하여 나무를 하러 들어오거나 짐승을 방목하는 것을 거듭 금하도록 하라."는 명을 내렸다.[309] 이 기사에 등장하는 의릉의 조포사는 바로 전해에 조포사로 지정된 청량사를 지칭하는 것으로 보인다.

『묘전궁릉원묘조포사조』에는 능 인근에 위치한 연화사와 만수사(萬壽寺)가 조포역을 담당했다고 기록돼 있다. 만수사가 정확하게 어느 사찰을 지칭하는지 불분명하지만 '일명 돌고지승방'으로 불렸다는『묘전궁릉원묘조포사조』의 부기로 볼 때 돌곶이(오늘날의 서울 성북구 석관동) 일대에 있던 절로 추정된다.[310] 만수사는 의릉 제향 때 조포를 봉납하는 외에도 소금 등 여러 물품을 납부하고 매년 재실(齋室)에 5냥씩 봉납했다. 또한 연화사는 의릉의 해자 내에 위치해 있어서 제향 때마다 두부를 만들어서 봉납했다고 전해진다.[311]

옛 청량사(현 영휘원)와 의릉의 직선거리는 1.8km이고 도보로 28분 정도 소요된다. 의릉과 연화사의 거리는 1.2km, 도보로는 18분이 걸린다.

회기동의 의릉 부근에 있었고, 순회세자의 묘는 명종대부터 고양(오늘날의 서오릉)에 조성되었으므로, 『승정원일기』에 등장하는 회묘가『정조실록』편찬 과정에서 순회묘로 잘못 기재된 것으로 추정된다.

309 『승정원일기』 1,736책 정조 18년 9월 30일.

310 돌고지승방은 서울의 4대 비구니승방 중 하나로, 청량리동에 위치한 청량사가 돌고지승방의 후신으로 전해진다. 만수사가 일명 돌고지승방으로 불렸다는 것으로 미루어 청량사의 이칭 또는 청량사의 부속사찰이 아닐까 추측되지만, 만수사와 청량사를 동일 사찰로 볼 수 있는 관련 기록은 전무하다.

311 『廟殿宮陵園墓造泡寺調』, 57~58쪽.

32. 경종 원비 단의왕후 혜릉(惠陵)의 수호사찰

피장자	경종 원비 단의왕후
능 형태	단릉
위치	경기도 구리시 인창동 동구릉
조성시기	1722년 추봉
능침사	없음
조포사	불암사, 석천사
조포속사	성흥사, 반룡사
왕릉과 불암사 간 거리	5.2km(1시간 17분)

혜릉 조성과정

혜릉은 경종의 원비 단의왕후 심씨(端懿王后 沈氏, 1686~1718)의 단릉이다. 단의왕후는 청은부원군(靑恩府院君) 심호(沈浩)의 딸로 1696년(숙종 22) 세자빈에 책봉되었으나 경종이 즉위하기 2년 전인 1718년(숙종 44)에 후사없이 창덕궁 장춘헌에서 병사하였다. 1720년 경종이 즉위한 후 왕비로 추숭되었다.

혜릉은 경기도 구리시 인창동 동구릉 내에 위치해 있다. 처음에는 세자빈묘로 조성되었기 때문에 소현세자의 묘제에 맞춰 소박하게 예장하였다. 1722년(영조 48) 왕비 추숭 이후 왕릉의 격식에 맞추어 무인석을 추가로 배설하였다.

혜릉 조포사: 불암사

혜릉의 능침사는 별도로 지정되지 않았으며 동구릉의 능침사인 불암사가 혜릉의 조포역을 담당하였다. 『묘전궁릉원묘조포사조』에도 동구릉의 조포사가 불암사로 기록돼 있다.[312] 혜릉과 불암사 간의 직선 거리는 5.2km이고 도보로 약 1시간 17분이 소요된다.【건원릉 참조】

33. 영조와 정순왕후 원릉(元陵)의 수호사찰

피장자	영조, 정순왕후
능 형태	쌍릉
위치	경기도 구리시 인창동 동구릉
조성시기	1776년(王), 1805년(妃)
능침사	없음
조포사	불암사, 석천사
조포속사	성홍사, 반룡사
왕릉과 불암사 간 거리	5.3km(1시간 20분)

원릉 조성과정

원릉은 조선의 제21대 왕인 영조(英祖, 1694~1776)와 계비 정순왕후 김씨(貞純王后 金氏, 1745~ 1805)의 쌍릉이다. 영조는 1694년(숙종 20) 숙종과 숙빈최씨 사이에서 태어났다. 이복형인 경종이 후사가 없어 1721년(경종 1) 왕세제로 책봉되었고 1724년 왕위에 올랐다. 52년간 재위에 머물렀으며 1776년(영조 52) 경희궁 집경당에서 승하하였다.

정순왕후는 오홍부원군(鰲興府院君) 김한구(金漢耈)의 딸로, 영조의 원비

---

312 『廟殿宮陵園墓造泡寺調』, 30쪽.

정성왕후가 사망하자 1759년(영조 35)에 왕비에 책봉되었다. 정조 사망 후 순조가 11살의 나이로 즉위하자 약 4년간 수렴청정을 하였다. 1805년(순조 5)에 창덕궁 경복전에서 승하하였다.

원릉은 경기도 구리시 인창동 동구릉 내에 위치해 있다. 영조는 원비 정성왕후의 능인 서오릉의 홍릉 옆에 묻히기를 바랐고 살아생전 홍릉 곁에 수릉지를 정해놓았다. 하지만 영조 사망 후 산릉 조성을 논의할 때 지관들의 의견이 분분하자 정조가 지금의 위치로 능지를 변경하였다.

원릉의 자리에는 원래 효종의 영릉(寧陵)이 있었는데 1673년(현종 14) 영릉은 풍수가 나쁘다는 이유로 경기도 여주로 천릉되었다. 그런데 영조의 능지를 모색하던 지관들은 건원릉 우측 제2강 해좌지역을 두고 '귀한 별이 내려와 비추는 길지' 또는 '진실로 만세토록 무궁한 땅'이라는 극찬을 아끼지 않았다. 현종대에 흉지로 일컬어지던 땅이 정조대에 이르러 최고의 명당으로 평가된 데에는 훗날 정순왕후의 능을 영조 옆에 마련하고자 했던 노론 대신들의 정치적 노림수가 있었던 것으로 추정된다. 영조의 능은 1776년 4월에 공사를 시작해 7월에 마무리되었다.

1805년(순조 5) 1월 12일 정순왕후가 승하하자 왕후의 능지는 별다른 논의없이 영조의 능 옆으로 결정되었다. 1805년 2월에 시작된 산릉공사는 그해 6월에 완료되었다.[313]

원릉 조포사: 불암사

원릉의 능침사는 별도로 설치되지 않았고, 수락산 불암사가 원릉의

---

313 『조선왕릉 종합학술조사보고서』 Ⅶ, 115쪽.

조포역을 담당하였다. 불암사는 동구릉과 태·강릉의 조포역을 담당하고 있었기 때문에 많은 승역과 물자를 필요로 하였다. 이 때문에 불암사는 조선후기 내내 지속적인 재정난에 시달렸다. 1805년(순조 5) 정순왕후의 능이 조성될 당시에 원릉의 수릉관 이엽이 "순천 송광사를 원릉의 조포 속사로 지정해 조포역을 보조하도록 조치해달라."고 요청했지만, 예조에서는 "동구릉에 이미 불암사가 조포사로 역할하고 있고 반룡사와 서홍사가 속사로 정해졌으니 더 이상 추가할 필요가 없다."며 원릉 수릉관의 요청을 묵살했다.[314]

『승정원일기』에는 원릉의 조포사가 불암사이며, 원릉 제향시에 두부를 만들어 납부했다고 기록돼 있다.[315] 『묘전궁릉원묘조포사조』에도 동구릉의 조포사가 불암사이고, 매년 복호전(復戶田) 중에 50냥 혹은 80냥, 혹은 30냥씩 보조금으로 지급했으며, 명치 43년(1910)에 조포역이 폐지돼 있다고 기록돼 있다.[316]【건원릉 참조】

34. 영조 원비 정성왕후 홍릉(弘陵)의 수호사찰

피장자	영조 원비 정성왕후
능 형태	단릉
위치	경기도 고양시 덕양구 용두동 서오릉
조성시기	1757년

---

314 『승정원일기』 1,901책 순조 5년 10월 15일.
315 『승정원일기』 1,714책 정조 17년 2월 21일.
316 『廟殿宮陵園墓造泡寺調』, 30쪽.

능침사	없음
조포사	수국사, 진관사
왕릉과 사찰 간 거리	(홍릉-수국사) 2.1km(도보 30분)
	(홍릉-진관사) 4.7km(도보 1시간 10분)

홍릉 조성과정

홍릉(弘陵)은 영조의 원비 정성왕후 서씨(貞聖王后 徐氏, 1692~1757)의 단릉이다. 정성왕후는 달성부원군(達城府院君) 서종제(徐宗悌)의 딸로 1704년(숙종 30) 연잉군과 가례를 올려 달성군부인에 봉해졌다. 1724년 영조의 즉위와 함께 왕비에 책봉되었다. 슬하에 자식은 없으며, 1757년(영조 33) 2월 15일 창덕궁 관리합(觀理閤)에서 승하하였다.

홍릉은 경기도 고양시 덕양구 용두동 서오릉 내에 위치하였다. 1757년 정성왕후의 능을 조성할 당시 영조는 산릉도감에 명하여 홍릉의 오른쪽 비어있는 곳에 십(十)자 모양의 조각을 새겨 정혈에 묻도록 명하였다.[317] 이는 후에 자신이 묻힐 수릉지를 표시하기 위한 조치였다. 하지만 1776년 영조의 능이 동구릉 경내로 결정되면서 홍릉은 지금까지 우측이 비어진 채 단릉으로 남아있다.

홍릉 조포사: 진관사, 수국사

홍릉의 능침사는 별도로 지정되지 않았으며 수국사와 진관사가 조포사로 지정되었다.

---

317 『영조실록』 권89, 영조 33년 5월 13일.

영조대 홍릉을 비롯한 서오릉의 조포사는 수국사였으나 조포역이 막중해 절이 피폐해지자, 1795년(정조 19) 홍릉과 창릉의 조포역은 진관사로 이속되었다. 서오릉에서도 홍릉과 창릉은 북쪽에 위치해 있어 진관사에 이속시키고, 경릉, 익릉, 명릉은 남쪽에 있어 수국사에 배속시킨 것으로 보인다. 하지만 진관사가 폐사되면서 다시 수국사가 조포역을 담당하게 되었다. 이후 진관사가 중창되면서 1802년(순조 2) 창릉과 홍릉의 조포역은 진관사로 옮겨가게 되었다.[318]

『묘전궁릉원묘조포사조』에도 홍릉의 조포사가 진관사로 기록돼 있어 조선말까지 진관사가 홍릉의 조포역을 계속 담당했음을 알 수 있다.[319]

홍릉과 진관사의 거리는 약 4.7km, 도보로 약 1시간 10분이 소요된다. 홍릉과 수국사의 거리는 약 2.1km이며, 도보로는 32분 정도 걸린다.【敬陵, 明陵 참조】

35. 진종과 효순왕후 영릉(永陵)의 수호사찰

피장자	진종, 효순왕후
능 형태	쌍릉
위치	경기도 파주시 조리읍 파주삼릉
조성시기	1728년(王), 1751년(妃)→1776년 추숭
능침사	없음
조포사	칠장암, 보광사

318 『승정원일기』 1,851책 순조 2년 4월 21일.
319 『廟殿宮陵園墓造泡寺調』, 41쪽.

영릉 조성과정

영릉은 추존왕 진종(眞宗, 1719~1728)과 효순왕후 조씨(孝純王后 趙氏,1715~1751)의 쌍릉이다. 진종은 영조와 정빈이씨의 소생으로 1725년(영조 1) 왕세자(효장세자)로 책봉되었으나 1728년(영조 4)에 창경궁 진수당에서 10살의 나이로 요절하였다. 이후 사도세자의 아들인 정조가 효장세자의 양자 형식을 빌어 즉위하였다. 1776년(정조 즉위년) 정조는 효장세자를 진종으로 추존하였다.

효순왕후는 풍릉부원군(豊陵府院君) 조문명(趙文命)의 딸로, 1727년(영조 3) 세자빈에 간택되어 가례를 올렸으나 이듬해 효장세자가 사망하였고, 1735년(영조 11) 현빈(賢嬪)에 봉해졌다. 1751년(영조 27) 11월 14일 경복궁 자선당에서 세상을 떠났고, 사후에 왕비로 추존되었다.

영릉은 경기도 파주시 조리읍 파주삼릉 내에 있다. 효장세자의 묘는 1728년(영조 4) 11월에 공사를 시작해 이듬해 정월에 마쳤다. 세자빈의 묘는 1751년 11월에 공사를 시작해 이듬해 2월에 완료하였다. 세자빈의 묘역 조성에는 약 1,200명 가량의 승군이 동원되었다.[320] 이후 1776년에 효장세자가 진종으로 추숭되면서 현빈은 효순왕후로 추존되었고, 세자 부부의 묘는 영릉으로 봉릉되었다.

세자묘로 조성되었다가 후에 왕릉으로 격상되었으나 여전히 세자묘

---

320 『조선왕릉 종합학술조사보고서』 VII, 347쪽.

의 형식을 띠고 있는 것이 특징이다. 왕릉으로 추봉된 이후에도 난간석 등을 추가로 설치하지 않아 봉분만 단출하게 조성되어 있으며, 석물도 간소하게 배설되었다.

영릉 조포사: 칠장암, 보광사

영릉의 능침사는 별도로 지정되지 않았으며, 정조대에 조포사가 정비될 때 칠장암(柒莊菴)이 조포사로 지정되었다.[321] 칠장암에 대해서는『승정원일기』와『일성록』에 사찰명만 나오는 것을 제외하고 전혀 기록이 없다.『영릉고사』에서 황재궁과 조재궁의 승려들이 조포를 맡았다는 기록으로 미루어 칠장암은 파주삼릉 인근의 개인 분암이었던 것으로 추정된다.[322]

하지만 칠장암은 영릉의 조포사로 지정된 지 얼마 지나지 않아 폐사하였다. 1805년(순조 5)경에는 파주삼릉의 조포사로 보광사가 정해졌고, 보광사의 승려들이 조포역을 담당하게 되었다.『묘전궁릉원묘조포사조』에는 칠장암에 관한 내용이 전혀 없으며, "경기도 고양군의 보광사를 조포사로 삼았고, 제향 때 본사의 총섭이 조포를 거행하였다."고 기록돼 있다.

조포속사: 미황사

파주삼릉의 조포속사는 전라도 영암의 미황사였다. 미황사는 향탄 및

---

321 『승정원일기』 1,716책 정조 17년 4월 3일.
322 『永陵故事』, 43~44쪽.

제반 역조로 매년 200냥을 조포사에 예납하여 조포역을 보충하였고, 절의 형편이 조잔해지고 흉작일 때에는 반이나 1/3을 납부했다. 보광사와 미황사 모두 절의 국내가 향탄봉산으로 지정되었다.[323] 보광사가 소령원의 조포사와 파주삼릉의 조포사를 동시에 수행했기 때문에 미황사를 속사로 삼아 조포역을 보조하도록 조치했던 것이다.【공릉 참조】

영릉과 보광사 간의 직선거리는 7.7km이며, 도보로는 1시간 55분 정도 소요된다.

36. 장조와 헌경왕후 융릉(隆陵)의 수호사찰

피장자	장조, 헌경왕후
능 형태	합장릉
위치	경기도 화성시 안녕동
조성시기	1749년(수은묘)→1789년(현륭원 이장), 1818년(혜경궁 합장) →1899년 왕릉 추봉
능침사	없음
조포사	용주사
조포속사	보림사, 도갑사, 다솔사
왕릉과 사찰 간 거리	1.3km(도보 20분)

융릉 조성과정

융릉은 장조(莊祖)로 추존된 사도세자(思悼世子, 1735~1762)와 헌경왕후

---

[323] 『廟殿宮陵園墓造泡寺調』

(獻敬王后)로 추존된 혜경궁 홍씨(1735~1815)의 합장릉이다. 사도세자는 영조와 영빈이씨의 소생으로 1736년(영조 12) 두 살의 나이로 왕세자에 책봉되었으나 1762년(영조 38) 아버지 영조에 의해 뒤주에 갇혀 죽었다. 정조가 생부를 장헌세자(莊獻世子)로 추존하고 묘를 현륭원(顯隆園)으로 격상시켰으나 끝내 왕으로 추존하지는 못하였다. 이후 1899년(광무 3) 11월에 왕으로 추존되어 장종(莊宗)이라는 시호를 받았다.[324] 그해 12월 황제 묘호를 올리는 작업이 진행되면서 장조로 추숭되었다.[325]

혜경궁 홍씨는 영의정 홍봉한(洪鳳漢)의 딸로, 1744년(영조 20) 세자빈에 책봉되었으나 1762년(영조 38) 사도세자가 죽은 뒤에 혜빈(惠嬪)이라는 존호를 받았다. 1776년 정조가 즉위한 후 혜빈궁(惠嬪宮)을 혜경궁(惠慶宮)으로 바꾸었다. 1815년(순조 15) 12월 15일 창경궁 경춘전에서 사망하였고, 1899년 헌경왕후로 추존되었다.

융릉은 경기도 화성시 안녕동에 위치해 있다. 왕릉과 왕비릉이 하나로 합쳐진 합장릉이다. 사도세자의 묘는 원래 수은묘(垂恩墓)로 칭해졌고 오늘날의 서울시 동대문구 휘경동 삼육서울병원 주변에 위치해 있었다.[326] 1776년 정조는 즉위 직후 사도세자에게 장헌이라는 존호를 올리고, 수은묘는 영우원(永祐園)으로, 사당은 경모궁(景慕宮)으로 격상시켰다. 1789년(정조 13) 7월에 영우원을 화성으로 옮기면서 현륭원으로 개칭하였다. 현륭원은 명목상으로는 세자의 묘인 원(園)이었지만, 병풍석과 문·무 석인상을 모두 배치해 왕릉의 격을 갖추어 조성되었다.

혜경궁 홍씨는 1815년에 세상을 떠났다. 순조는 어전회의를 통해 혜

---

324 『고종실록』 권39, 광무 3년 11월 13일.
325 『고종실록』 권39, 광무 3년 12월 7일.
326 『조선왕릉 종합학술조사보고서』 Ⅷ, 15쪽.

경궁을 현륭원의 허좌(虛左)의 혈에 합봉하기로 결정했는데, 이 자리는 1789년 정조가 현륭원을 조성할 당시 혜경궁이 묻힐 자리로 결정해놓은 곳이었다. 당시 이 허좌의 터는 억만 년 동안 강건할 것으로 일컬어지던 자리였다.[327]

융릉의 석물은 장엄함과 아름다움을 잘 표현한 조형물로 꼽힌다.[328] 정조는 『홍재전서(弘齋全書)』에서 "내가 자고로 극진한 정성을 들이려고 한다. 민력을 괴롭게 하고 경비를 많이 허비하는 것이 아니라면 극진히 아름답게 하여 나의 슬픔을 조금이나마 덜려고 하니, 이것이 새 원침의 석상을 설치하면서 의식을 갖추려고 하는 까닭이다."라고 하였다.

고종대에 이르러 사도세자와 혜경궁 홍씨가 장조와 헌경왕후로 추존됨에 따라 현륭원은 융릉으로 추봉되었다.

현륭원 조포사: 용주사

융릉의 능침사는 용주사이다. 영우원 당시에도 조포사가 설치되었으나, 절 이름은 확인되지 않는다.[329] 정조는 현륭원을 화성으로 이장하면서 바로 옆에 조포사라는 명목으로 사도세자를 위한 원찰을 대대적으로 조성했다. 명목상으로는 갈양사(葛陽寺)를 중창한다고 내세웠지만 실질

---

327 『조선왕릉 종합학술조사보고서』 Ⅷ, 25쪽.
328 『조선왕릉 종합학술조사보고서』 Ⅷ, 52쪽.
329 『일성록』 정조 10년 윤7월 12일 기사에는 묘소도감이 현륭원 이장에 동원될 군사들을 정리한 내용이 나오는데 이 중 "영우원 수호군 70명과 조포사 승려 15명…"이 기재돼 있다. 정조 21년(1797) 2월 25일 기사에서도 수원유수 조심태가 정조에게 "(…) 옛 원소의 조포사에서 옮겨 온 승려들이 있다면 전후의 연조를 통틀어 계산하는 것이 사의에 합당할 듯합니다."라고 말한 내용이 등장한다. 이를 통해 영우원에도 조포사가 있었고, 이 절의 승려 중 일부가 용주사로 옮겨온 것으로 보이나, 절 이름은 확인되지 않는다.

적으로는 새롭게 절을 창건한 것이었다. 정조는 사찰의 건립비용을 범국민 모금을 통해 조달했다. 여기에는 신료들의 반대를 누그러뜨리려는 이유도 있었지만 부친의 신원을 회복하고 자신의 정통성을 천명하고자 하는 의도도 포함돼 있었다. 「팔로읍진여경각궁조전시주록(八路邑鎭與京各宮曹廛施主錄)」에는 용주사 창건 당시 각 궁과 호조, 병조 등의 중앙관청, 서울의 상가에서부터 전국의 일반 백성들까지 시주한 내용이 실려있다. 용주사의 화주는 장흥 보림사의 보경사일(寶鏡獅馹)이 맡았다. 모금운동을 통해 모인 보시액이 87,505냥 1전에 달했다. 그 중 57,388냥 8전은 용주사 건축 비용으로 소요되었고, 28,116냥 3전은 절의 전답 매입 비용으로, 2,000냥은 화주승들의 여비로 사용되었다.

사도세자 위패를 봉안한 제각 건립

용주사는 표면상으로는 현륭원의 제사를 보조하는 조포사로 조성되었지만, 사실상 조선중기 능침사의 형태로 조성되었다. 용주사 내에는 창건 당시부터 호성전(護聖殿)이라는 위실(位室)이 건립되었고, 이 건물 안에 사도세자의 위패를 모심으로써 용주사는 사도세자의 추복사찰로 기능하게 되었다. 당시 호성전을 비롯한 건물의 주련과 권선문은 이덕무(李德懋)가 짓고, 상량문은 채제공(蔡濟恭)이 지었다.[330]

『일성록』1790년 10월 6일 기록에는 용주사의 가람배치가 다음과 같이 서술되어 있다.

---

330 『靑莊館全書』 제71권, 先考積城縣監府君年譜下, 9월 19일.

용주사의 제각(祭閣)은 6칸, 중문(中門) 3개, 안쪽 담장 16칸이다. 법당(法堂)은 9칸, 칠성각(七星閣)은 6칸, 중문 1개, 안쪽 담장 10칸이며 향로전(香爐殿)은 12칸, 중문 1개, 바깥 중문 1개, 안쪽 담장 11칸이며 선당(禪堂)은 39칸, 승당(僧堂)은 39칸, 누각은 15칸이며 삼문(三門)의 익랑(翼廊)은 모두 17칸이며 용가[舂家]가 2칸, 중문 3개, 바깥 담장 212칸, 새로 판 석정(石井)이 50칸, 연지(淵池)가 1곳이다. 이상 145칸이고 중문은 9개이고 담장은 249칸이다.[331]

당시 사도세자가 왕이 아닌 세자의 신분이었기 때문에 용주사의 전각에 어실이라는 표현 대신 제각이라는 용어를 썼지만, 이 건물이 유교식 형태였다는 것은 분명해 보인다. 제각으로 진입하는 3개의 중문이 있고, 안쪽 담장이 16칸이라는 것은 용주사 경내에서도 호성전이 별도의 담장으로 둘러싸인 독립된 공간이었음을 알려준다. 중문 3개는 사당 입구에 세우는 솟을삼문을 의미하는 것으로 추정된다.

정조대 지어진 호성전은 한국전쟁 때 전소되었고 1980년대 중반까지 빈터로 남아있었다. 1988년에 호성전이 재건되었지만 2020년에 또다시 전소되었다. 이때 복원된 호성전은 정조대 건립된 제각과 다소 동떨어진 모습이었다. 1920년대에 촬영된 용주사 유리건판 사진에는 호성전이 팔작지붕의 형태로 조성돼 있다. 하지만 이 사진에서도 건물을 둘러싼 담장의 모습은 보이지 않고 곡장 일부만 확인된다. 아마 일정 시간이 지나면서 담장이 무너지고 대웅전과 호성전 사이에 곡장의 형태로만 일

---

331 『일성록』 정조 14년 10월 6일 "龍珠寺祭閣六間中門三內墻垣十六間法堂九間七星閣六間中門一內墻垣十間香爐殿十二間中間一外中門一內墻垣十一間禪堂三十九間僧堂三十九間樓閣十五間三門翼廊並十七間舂家二間中門三外墻垣二百十二間新鑿石井五十間淵池一處以上一百四十五間中門九墻垣二百四十九間."

▲ 1920년대 용주사 전경. (국립중앙박물관)

부 남았던 것으로 추정된다.

　조선후기 능원묘에 설치된 조포사 가운데 위패를 모신 건물 즉 위실이 건립된 경우는 보광사와 용주사를 제외하고 없다. 보광사와 용주사는 표면적으로는 원(園)의 조포사였지만 실질적으로는 사도세자와 숙빈 최씨의 사당 역할을 담당하는 사찰이었다.

　이는 당시 숙빈최씨와 사도세자의 신분이 왕과 왕비가 아니었기 때문에 가능한 일이었다. 왕의 위패가 진전이나 사찰에 설치되는 것은 종법에 어긋나는 행위로 간주되었던 반면 종묘에 배향되지 못하는 왕의 사친의 위패를 사찰이나 별도의 공간에 모시는 것은 조선후기에도 크게 문제되지 않았다. 즉 용주사에 호성전이 설치될 수 있었던 이유는 이곳이 왕의 '능침사'가 아닌 세자의 '재사(齋寺)'였기 때문이었다.

불교계 중심 사찰로 부상하다

용주사는 현륭원의 수호사찰이었을 뿐만 아니라 정조의 화성 경영의 한 축을 담당하였다. 용주사의 승려들은 장용영 외영(壯勇營外營)에서 소속되어 승병으로 훈련되었고 화성의 치안을 보조하는 역할을 담당하였다.

용주사는 창건 직후 5규정소(糾正所) 중 하나로 지정되어 전국 사찰의 승풍(僧風)을 규찰하는 역할을 담당하였으며 용주사 주지는 팔도도총섭(八道都摠攝)을 겸임하였다. 용주사가 조선불교계의 승군을 통솔하는 대표사찰이 된 것이다.

용주사에는 조포 비용을 보조하는 조포속사로 장흥 보림사(寶林寺), 곤양 다솔사(多率寺)가 배속되었다. 이후 전라도 영암의 도갑사(道岬寺)가 조포속사로 추가 지정되었다.[332] 하지만『묘전궁릉원묘조포사조』에는 도갑사와 보림사의 보조 내역만 실려 있다. 순조대 이후에 다솔사의 조포속사 지정이 철회되었던 것으로 보인다. 도갑사와 보림사는 매년 200냥을 납부하였는데, 그 중 100냥은 용주사의 조포비로, 100냥은 융·건릉에서 소요되는 여타 비용과 관원의 급료로 사용되었다.[333] 그 후 도갑사의 세액은 절반으로 삭감돼 매년 100냥을 납부했으나,[334] 보림사도 반감되었는지는 불분명하다. 용주사는 여타의 조포사와 달리 창건 당시부터 사찰 유지를 위한 사위전이 조성되었다. 건립 모금액 중 28,116냥 3전이 사위전 매입에 사용되었고, 이는 사도세자의 제사 비용 및 사찰 운영 기금이 되었다. 그럼에도 조포속사가 설치된 것은 융·건릉의 조포역 뿐

---

332 『승정원일기』 1,841책 순조 1년 9월 23일.
333 『廟殿宮陵園墓造泡寺調』, 59쪽.
334 『永陵故事』, 18쪽.

만아니라 규정소 운영, 승군 양성 등 다양한 승역을 수행하는데 상당한 비용이 소요되었기 때문인 것으로 추정된다.

융릉과 용주사 간의 직선거리는 1.3km, 도보로는 20분이 소요된다.

37. 정조와 효의왕후 건릉(健陵)의 수호사찰

피장자	정조, 효의왕후
능 형태	합장릉
위치	경기도 화성시 안녕동
조성시기	1800년(王), 1821년(妃)
능침사	없음
조포사	용주사
조포속사	보림사, 도갑사, 다솔사
왕릉과 사찰 간 거리	1.5km(도보 23분)

건릉 조성과정

건릉은 조선의 22대 왕 정조(正祖, 1752~1800)와 효의왕후 김씨(孝懿王后 金氏,1753~1821)의 합장릉이다. 정조는 1759년(영조 35) 세손에 책봉되었으나 1762년(영조 38) 생부인 사도세자가 비극적인 죽음을 맞은 후 궁을 나가게 되었다. 하지만 영조는 세손을 다시 불러들여 효장세자(진종으로 추존)의 양자 형식으로 왕통을 잇게 하였다. 1776년 왕위에 올랐고, 1800년(정조 24) 세상을 떠났다.

효의왕후는 청원부원군(淸原府院君) 김시묵(金時默)의 딸이다. 1762년 세손빈으로 책봉되었고 1776년 왕비로 진봉되었으나, 슬하에 자식을 두지 못했다. 1821년(순조21) 창경궁 자경전에서 69세를 일기로 세상을 떠났다.

건릉은 경기도 화성시 안녕동에 위치해 있다. 왕과 왕비의 능이 하나로 합쳐진 합장릉이다. 1800년 정조가 승하하자 능호를 건릉으로 결정하고 현륭원 화소 내에 능지를 마련하였다. 정조가 살아생전 생부 사도세자 곁에 묻히고 싶다는 유지를 남겼기 때문이다. 그의 유언대로 융릉 동쪽 언덕에 묻혔다가, 1821년 효의왕후의 능을 조성하면서 융릉 서쪽 언덕으로 이장되었다.[335]

1821년 효의왕후의 능을 조성하기 직전 영돈녕 김조순은 "건릉의 자리가 매우 근심스럽고 두렵다."며 "묘역이 습하여 사철 내내 마르지 않는다."는 이유를 들어 천릉을 주장하였다.[336] 그의 의견이 받아들여져 정조의 능은 현륭원 동쪽에서 서쪽으로 이장되었고, 정조와 효의왕후의 합장릉이 조성되었다.

건릉 조포사: 용주사

건릉이 현륭원 바로 옆에 위치하게 됨에 따라 현륭원의 조포사인 용주사가 건릉의 조포사 역할을 함께 수행하였다.【隆陵 참조】

2020년에 전소되기 전까지 호성전에는 장조와 헌경왕후의 위패 오른쪽에 정조와 효의왕후의 위패가 모셔져 있었지만 19~20세기 초에도 정조 부부의 위패가 봉안돼 있었는지의 여부는 확인되지 않는다.

---

335 『조선왕릉 종합학술조사보고서』 Ⅷ, 146쪽.
336 『순조실록』 권23, 순조 21년 3월 22일.

▲ 용주사 호성전에 봉안돼 있던 장조와 정조 부부의 위패

건릉과 용주사 간의 직선거리는 1.5km, 도보로는 23분 정도 걸린다.

38. 순조와 순원왕후 인릉(仁陵)의 수호사찰

피장자	순조, 순원왕후
능 형태	합장릉

위치	경기도 파주 운천리→서울 강남구 내곡동
조성시기	1834년→1856년 이장
능침사	없음
조포사	검단사, 불국사
조포속사	만덕사, 금탑사
왕릉과 불국사 간 거리	1.3km(도보 20분)

인릉 조성과정

인릉은 조선 23대 왕 순조(純祖, 1790~1834)와 순원왕후 김씨(純元王后 金氏, 1789~1857)의 합장릉이다.

순조는 1790년(정조 14) 정조와 수빈박씨 사이에서 태어나 1800년(정조 24) 정월에 왕세자로 책봉되었다. 그해 6월에 정조가 승하하자 11살의 나이로 즉위했다. 어린 나이로 즉위했기 때문에 1804년(순조 4)까지 대왕대비 정순왕후가 수렴청정하였다. 1834년(순조 34) 경희궁 회상전에서 세상을 떠났다.

순원왕후는 영안부원군(永安府院君) 김조순(金祖淳) 딸로, 1802년(순조 2)에 왕비로 책봉되었다. 1809년(순조 9) 효명세자(후에 문조로 추존)를 낳았다. 1830년(순조 30) 효명세자가 22세의 나이로 요절하고 1834년 효명세자의 아들인 헌종이 8살의 나이로 즉위하자 대왕대비였던 순원왕후가 7년간 수렴청정을 했다. 1849년 철종이 19살에 즉위한 후에도 3년간 수렴청정을 했다. 1857년(철종 8) 창덕궁 양심합에서 세상을 떠났다.

오늘날의 인릉은 서울시 강남구 내곡동에 자리잡고 있으나 순조의 능이 처음 조성될 당시에는 파주에 위치하였다. 1834년 11월 13일 경희궁 회상전에서 순조가 승하하자 능호를 인릉으로 정하고 12월 27일 옛 장릉(長陵)의 외청룡(파주 운천리)을 능지로 결정했다. 이듬해 1월부터 4월까지 4개월간 산릉공사가 이루어졌다. 인릉이 조성된 지 21년이 지난 1855년(철종 6)에 이르러 인릉의 풍수가 좋지 못하니 천릉을 해야 한다는 의견이 제기되기 시작했다. 순조의 아들과 손자가 잇따라 요절하고 직계 혈육이 한명도 없어 결국 강화도의 먼 종친(철종)을 보위에 올렸으나 철종마저 단 한명의 후사도 얻지 못하는 지경에 이른 것이 천릉 논의가 제기된 이유로 추정된다.

1856년(철종 7) 천릉 논의가 본격화되어 헌릉의 우강으로 능지가 최종 결정되었다. 공교롭게도 헌릉의 우강은 300여 년 전 세종의 영릉(英陵)이 있었던 자리 부근이었다. 예종대에 영릉의 혈이 좋지 못하다는 이유로 천장된 뒤 빈터로 남아있는 곳이었다. 조정에서는 이곳으로 인릉을 옮겼고, 주변에 남아있던 영릉의 석물들을 인릉에 재사용하였다.

인릉 천릉이 완료된 이듬해인 1857년(철종 8) 8월 순원왕후가 창덕궁 양심합에서 승하하자 순조의 능에 합봉하여 한 개의 봉분에 두 사람이 묻힌 합장릉으로 조성하였다.

인릉 조포사: 검단사, 불국사

인릉이 파주에 있을 때의 조포사는 검단사(黔丹寺)이고, 대모산으로 천릉한 후의 조포사는 불국사(佛國寺)다. 인릉이 대모산의 헌릉 우강으로 옮겨지면서 하나의 왕릉군을 이루게 되었지만, 두 능의 조포사는 각각 다른 사찰로 지정되었다. 한 사찰에서 두 능의 조포역을 담당하기에는 헌·인릉 주변의 사찰들이 너무 영세했기 때문이다. 헌릉의 조포역을 맡던 사찰들이 연달아 폐사를 할 정도로 인근 사찰들의 경제 상황이 나빴던 터라, 인릉의 조포역까지 부과하기 어려운 실정이었다.

인릉이 철종대에 교하에서 광주의 헌릉 오른쪽 언덕으로 천릉한 후 대모산 자락에 위치한 불국사가 인릉의 조포역을 담당하게 되었다. 불국사는 오늘날까지 현존하고 있는데, 서울 강남구 일원동 대모산에 위치한 한국불교태고종 소속 사찰이다. 이 절에 전해지는 구전에 따르면 조선말 고종의 꿈에 태종이 자주 나타나곤 해서 헌·인릉 근처의 절을 증축하고 불국사라는 사명을 내렸다고 전한다. 1950년 한국전쟁 때 사찰이 전소된 후 1963년 풍곡 화상이 중창하였다.[337]

조포속사: 만덕사, 금탑사

『묘전궁릉원묘조포사조』에는 강진 만덕사(萬德寺)와 홍양 금탑사(金塔寺)가 인릉의 조포속사로 기재돼 있는데, "만덕사가 100냥, 금탑사가 150냥 총 250냥을 가을에 번갈아 납부했고 이 중 250냥을 검단사(黔丹寺)에 납부했다. 그 중 220냥은 검단사에 내어주고, 신해년 가을 예조에서 검단사에 출부한 하첩에 따라 임자년 가을에 새로 생긴 규정으로, 30냥은 승도들이 원하는 바에 따라 전에 내납(來納)하던 대로 본릉에서 분배할 것."이라는 설명이 부연돼 있다.[338] 신해년과 임자년은 각각 1851년(철종 1)과 1852년(철종 2)으로, 이때는 인릉이 파주에 위치했을 때였다. 따라서 순조의 능이 구 장릉(長陵)의 외청룡에 조성된 후 장릉의 조포사인 검단사가 인릉의 조포사까지 겸하게 되었고, 만덕사와 금탑사가 조포속사를

---

337 『한국향토문화전자대전』(www.grandculture.net) 「불국사」.
338 『廟殿宮陵園墓造泡寺調』, 34쪽.

담당했던 것으로 보인다. 이후 인릉이 대모산으로 옮겨진 후에도 만덕사와 금탑사가 조포속사로 기능했는지는 확인되지 않는다.

인릉과 불국사 간의 거리는 1.3km, 도보로는 20분 정도 걸린다.

39. 문조와 신정왕후 수릉(綏陵)의 수호사찰

피장자	문조, 신정왕후
능 형태	합장릉
위치	경기도 구리시 인창동 동구릉
조성시기	1835년 추봉 → 1846년 아차산 이장 → 1855년 동구릉 이장 → 1890년 합장릉 조성
능침사	없음
조포사	화양사
조포속사	동화사
왕릉과 사찰 간 거리	미상

수릉 조성과정

수릉은 추존왕 문조(文祖, 1809~1830)와 신정왕후 조씨(神貞王后 趙氏, 1808~1890)의 합장릉이다.

문조는 순조와 순원왕후의 아들로 1809년(순조 9)에 태어났다. 1812년(순조 12) 왕세자(효명세자)에 책봉되었고 1827년(순조 27) 순조의 명을 받아 대리청정을 하였으나, 1830년(순조 30)에 세상을 떠났다. 그의 아들 헌종이 1834(헌종 즉위년) 효명세자를 익종(翼宗)으로 추숭하였다. 고종대에 이르러 문조(文祖)로 추존되었다.

신정왕후는 풍은부원군(豊恩府院君) 조만영(趙萬永)의 딸로 1819년(순조 19) 세자빈에 책봉되었고 1827년(순조 27) 헌종을 낳았다. 효명세자가 익종으로 추존되면서 세자빈은 왕대비가 되었다. 철종이 후사없이 승하하자 1863년 흥선대원군의 둘째 아들을 익종의 양자로 삼아 왕위를 계승하게 하였고, 1866년(고종 3) 2월까지 고종의 수렴청정을 하였다. 1890년(고종 27) 경복궁 흥복전에서 승하하였다.

수릉은 현재 경기도 구리시 인창동 동구릉 내에 위치해 있다. 1830년에 조성될 당시에는 의릉(서울 성북구 석관동)의 왼쪽 언덕에 조성되었다. 1846년(헌종 12) 풍수상의 이유로 아차산 용마봉(서울 중랑구 면목동) 아래로 옮겼다가 1855년(철종 6)에 동구릉 건원릉의 좌측으로 또한번 천장되었다.

1890년(고종 27) 신정왕후가 승하한 후 익종의 오른쪽에 합부하여 합장릉으로 조성되었다. 일반적으로 왕후의 관이 왼쪽, 왕의 관이 오른쪽에 위치한 것과 달리 수릉은 왕후의 관이 문조의 오른쪽에 묻혀 있다. 이는 능을 조성할 당시 산릉도감에서 혈의 상태가 좋은 곳으로 오른쪽을 추천했기 때문이다.[339]

수릉 조포사: 화양사, 불암사

수릉의 조포사는 화양사(華陽寺)와 불암사이다. 수릉이 석관동에 위치했을 때에는 화양사가 조포역을 맡았고 동구릉으로 천릉한 후에는 잠시 불암사가 조포역을 담당하였다. 1858년(철종 9)부터 다시 화양사가 조포역을 담당하게 되었다.

화양사는 오늘날의 아차산 영화사(永華寺)로, 1907년 절을 현재의 위치

---

339 『조선왕릉 종합학술조사보고서』 Ⅷ, 378쪽.

로 이건하면서 영화사로 개칭하였다. 헌종대 화양사가 어디에 있었는지에 대해서는 불분명하지만, 「봉은본말지」에 실린 영화사 연혁을 통해 3차례 이전을 거쳐 지금의 자리로 옮겨졌음을 확인할 수 있다.

신라 문무왕 때 의상대사가 아차산 남쪽 중턱에 범굴사(梵窟寺)를 짓고, 이어서 용마봉 아래에 화양사를 지었다. 조선 태조 때 절의 등불이 궁성에 비치는 것을 꺼리어 산 아래 군장동으로 옮겨지었다. 그러나 도환(盜患)이 많으므로 다시 중곡리로 옮겨지었다. 융희 1년(1907) 의친왕이 모친(귀인장씨)의 묘를 수릉 곁에 봉했는데 절이 너무 가깝게 있는지라 철거하려고 미륵전을 허물매 석상이 땀을 흘리므로 의친왕이 이를 이상히 여겨 구의리로 옮겨지었다고 한다. [340]

▲ 수릉의 조포사인 화양사는 오늘날 영화사로 개칭되었다.

340 「奉恩本末寺誌」, 『다보』 불기 2539년(1995) 가을호, 대한불교진흥원, 21쪽.

이 연혁에 따르면 화양사는 원래 아차산 용마봉 아래에 있다가 조선 초에 군장동으로 옮긴 뒤 다시 중곡리로 옮겨졌다. 이후 의친왕이 영화사 가까이에 귀인장씨의 묘를 조성하면서 영화사는 현재의 서울 광진구 구의동으로 이건되었다. 『한국불교전서』에는 화양사의 옛 터가 경기도 고양군 둑도면(뚝섬) 영화사 북쪽에 있다고 하였으나,[341] 정확한 위치는 확인하기 어렵다.

조포속사: 동화사

1847년(헌종 13) 대구 동화사(桐華寺)가 수릉의 조포속사로 지정되었다. 예조에서 계를 올려 아뢰기를 "수릉의 조포사는 국내(局內)에 있는 화양 사인데, 속사를 정해주려 했으나 마땅한 사찰이 없던 차에 지금 경상도 대구의 동화사 승도들이 스스로 자원해서 속사를 맡으려 하니 동화사를 속사로 정해 제향시에 조포, 향반 등의 일에 힘을 합쳐 거행토록 하는 것이 어떻겠습니까."하고 의견을 내었다. 이에 헌종이 윤허함에 따라 동화사가 수릉의 조포속사로 지정되었다.[342] 동화사가 자처해서 수릉의 조포속사로 지정된 것은 19세기 전국 사찰에 부과되던 막대한 잡역을 피하기 위한 노력으로 짐작된다.

수릉이 1855년(철종 6) 현재의 동구릉 국내로 천릉됨에 따라 수릉의 조포역은 동구릉의 조포사였던 불암사가 맡게 되었다. 하지만 1858년(철종 9) 대왕대비 신정왕후가 "화양사가 수릉의 조포사로 다년간 역할했는데, 근래에 불암사가 거행한다고 하니 다시 화양사로 하여금 거행케 하

---

341 『韓國寺刹事典』, 589쪽.
342 『승정원일기』 2,441책, 헌종 13년 7월 19일.

라."고 분부하였다.[343] 이에 따라 화양사가 수릉의 조포역을 다시 맡게 되었다. 동화사의 조포속사 역할도 고종대까지 계속되었다. 이후 의친왕의 모친인 귀인장씨의 묘가 절 인근에 조성되면서 화양사는 구의리로 옮겨갔다. 「봉은본말지」에 기재된 영화사의 주소는 경기도 고양군 둑도면 구의리로, 오늘날 서울 광진구 구의동에 해당된다.

『묘전궁릉원묘조포사조』에는 수릉의 조포사에 관한 상세한 내용이 없으며, 동구릉의 조포사가 불암사라고만 기재돼 있다.[344]【건원릉 참조】

40. 헌종과 효현왕후·효정왕후 경릉(景陵)의 수호사찰

피장자	헌종, 효현황후, 효정왕후
능 형태	삼연릉
위치	경기도 구리시 인창동 동구릉
조성시기	1849년(헌종), 1849년(효현왕후), 1903년(효정왕후)
능침사	없음
조포사	불암사, 석천사
조포속사	성흥사, 반룡사
왕릉과 사찰 간 거리	5.3km(1시간 20분)

경릉 조성과정

경릉은 조선의 24대 왕 헌종(憲宗, 1827~1849)과 원비 효현왕후 김씨(孝

---

343 『승정원일기』 2,610책, 철종 9년 12월 1일.
344 『廟殿宮陵園墓造泡寺調』, 30쪽.

顯王后 金氏, 1828~1843), 계비 효정왕후 홍씨(孝定王后 洪氏, 1831~1903)의 삼연릉(三連陵)이다.

헌종은 문조와 신정왕후의 아들로, 1830년(순조 30) 왕세손에 책봉되었다가 1834년 8살의 나이로 왕위에 올랐다. 이때부터 1841년(헌종 7)까지 순정왕후가 수렴청정을 하였다. 1849년(헌종 15) 창덕궁 중희당에서 23세의 나이로 승하하였다.

효현왕후는 영흥부원군(永興府院君) 김조근(金祖根)의 딸이다. 1837년(헌종 3) 왕비에 책봉되었고 4년 뒤에 가례를 올렸으나 왕후가 된 지 2년만인 1843년(헌종 9)에 창덕궁 대조전에서 사망하였다.

그 뒤를 이어 헌종의 계비로 간택된 효정왕후는 익풍부원군(益豊府院君) 홍재룡(洪在龍)의 딸이다. 1844년(헌종 10)에 왕비가 되었으나 5년 뒤에 헌종이 승하하면서 19세의 나이로 대비가 되었다. 1903년(광무 7) 11월 경운궁 수인당에서 승하하였다.

경릉은 경기도 구리시 인창동 동구릉 내에 위치해 있다. 조선 왕릉 중 유일하게 세 왕릉이 나란히 배치된 삼연릉 형태로 조성되었다. 1843년 8월 효현왕후가 승하한 후 목릉 옛 터에 능을 마련하였다. 1849년 6월 헌종이 승하하자 경릉 동원에 묻혔다. 이후 1903년 11월에 효정왕후가 승하하자 경릉에 부좌하기로 정하여 효현왕후와 헌종이 묻혀있는 능 옆에 삼원릉의 형태로 능이 마련되었다.

헌종과 효현왕후, 효정왕후의 능은 처음에는 각기 능호를 숙릉(肅陵), 경릉(景陵), 정릉(正陵)으로 달리하고 각각 다른 곳에 능을 마련하려고 하였으나 산릉도감 관원과 지관들의 의견에 따라 일련으로 조성되었다.[345]

---

345 『조선왕릉 종합학술조사보고서』 IX, 27쪽.

경릉 조포사: 불암사

경릉의 조포사는 동구릉의 조포사인 불암사가 맡았다. 동구릉과 불암사 간의 직선거리는 5.3km, 도보로는 1시간 20분 정도 소요된다.【건원릉참조】

41. 철종과 철인왕후 예릉(睿陵)의 수호사찰

피장자	철종, 철인왕후
능 형태	쌍릉
위치	경기도 고양시 원당읍 원당리 서삼릉
조성시기	1863년(王), 1878년(妃)
능침사	없음
조포사	대자사
왕릉과 사찰 간 거리	4.5km 추정(도보 1시간 10분)

예릉 조성과정

예릉은 조선의 25대 왕 철종(哲宗, 1831~1863)과 철인왕후 김씨(哲仁王后 金氏, 1837~1878)의 쌍릉이다.

철종은 정조의 아우 은언군(恩彦君) 이인(李䄄)의 손자이자 전계대원군(全溪大院君) 이광(李壙)의 셋째 아들이다. 헌종이 후사없이 사망하자 대왕대비 순원왕후가 순조의 양자로 삼아 왕위를 잇게 하였다. 1863년(철종 14) 12월 창덕궁 대조전에서 승하하였다.

철인왕후는 영은부원군(永恩府院君) 김문근(金汶根)의 딸로 1851년(철종

2) 왕비에 책봉되었다. 1858년(철종 9) 원자를 낳았으나 요절했으며, 그 후로는 자식을 낳지 못했다. 1878년(고종 15) 창경궁 양화당에서 승하하였다.

예릉은 경기도 고양시 원당읍 원당리 서삼릉 내에 위치해 있다. 예릉의 능지는 원래 중종의 정릉(靖陵)이 있던 곳이다. 정릉의 풍수가 불길하다는 이유로 문정왕후가 1562년(명종 17) 희릉 우강에 있던 정릉을 선릉 곁으로 이장한 뒤 빈터로 남아있었다. 1863년 철종이 승하한 후 옛 정릉 터에 능이 조성되었고, 1878년 철인왕후가 승하하자 철종 능 왼편에 왕비릉이 조성되었다.

예릉 조포사: 대자사

예릉의 조포사는 대자사(大慈寺)이다. 『예릉지(睿陵誌)』에는 예릉의 제향시에 조포는 대자사의 승려가 거행한다고 기록돼 있다.[346] 또한 속사의 항목은 있지만 사찰명은 기재되지 않았다. 이 시기 다수의 능에 조포 속사가 지정돼 있었기 때문에 속사 항목을 만들었으나 『예릉지』가 작성될 당시에는 속사가 지정되지 않았기 때문에 빈 칸으로 남겨둔 것으로 보인다.

대자사는 원래 태종비 원경왕후가 요절한 막내아들 성녕대군을 위해 지은 원찰이었는데, 임진왜란 때 전소된 후 사세가 급격히 쇠락하게 되었다. 조선후기에도 사찰이 다시 중창되고 폐사되기를 반복하다가 순조 대에 절이 중창되면서 희릉과 효릉의 조포사를 담당하게 되었다.[347] 이

---

346 『睿陵誌』(장 MF35-252) 下 116쪽 "造泡寺 本陵 祭享時造泡大慈寺僧擧行".
347 『승정원일기』 1,834책 순조 1년 3월 13일.

후 희릉과 효릉 근처에 예릉이 들어서면서 서삼릉이 갖추어졌고, 대자사가 서삼릉의 조포사를 담당하게 되었던 것으로 추정된다.

하지만 얼마 지나지 않아 대자사가 폐사되면서 예릉은 조포사 없이 유지되었던 것으로 보인다. 『묘전궁릉원묘조포사조』에는 "희릉, 효릉의 기신(忌晨) 제향 또는 청명(淸明) 제향 때에는 보광사에서 조포하였으나 예릉에는 서울 관인들이 조포했다고 전하고 조포사에 관한 기록은 없다."고 기록돼 있다.[348] 이 기록으로 미루어 대자사의 폐사 이후에는 예조에서 직접 인력을 보내 제수를 준비한 것으로 짐작된다.

대자사의 절터는 경기도 고양시 덕양구 대자동 성녕대군묘 부근으로 추정된다.[349] 대자사 추정터와 예릉 간의 직선거리는 약 4.5km, 도보로는 1시간 10분 정도 걸린다.

42. 고종과 명성왕후 홍릉(洪陵)의 수호사찰

피장자	고종, 명성황후
능 형태	합장릉
위치	서울 동대문구 청량리동→경기도 남양주시 금곡동
조성시기	1895년(황후릉 조성)→1919년 천릉
능침사	없음
조포사	연화사
왕릉과 사찰 간 거리	550m(도보 10분)

---

348 『廟殿宮陵園墓造泡寺調』, 51쪽.
349 문화재청·불교문화재연구소, 『韓國의 寺址, 사지(폐사지)현황조사보고서(上)-서울·인천·경기북부』, 조계종출판사, 2010, 400쪽.

홍릉 조성과정

홍릉은 조선의 26대 왕 고종(高宗, 1852~1919)과 명성황후 민씨(明成皇后 閔氏, 1861~1895)의 능이다. 고종은 흥선대원군(興宣大院君) 이하응(李昰應)의 둘째 아들로, 1863년 철종 사망 후 신정왕후로부터 익종의 양자로 지명돼 왕위에 올랐다. 1897년 대한제국의 수립을 선포하면서 고종황제라 칭하였다. 1907년 일제로부터 강제 퇴위를 당한 후 태황제로 불리다가 1910년 한일합방 이후 이태왕(李太王)으로 불렸다. 1919년 1월에 승하하였다.

명성황후는 여성부원군(驪城府院君) 민치록(閔致祿)의 딸로 1866년(고종 3) 왕비에 간택되었다. 슬하에 4남 1녀를 두었으나, 둘째 아들 순종을 제외한 나머지 자식들은 모두 요절하였다. 1895년 일본공사 미우라가 보낸 자객들에 의해 시해를 당하였다.

1895년(고종 32) 을미사변(乙未事變)으로 명성황후가 시해되자 청량리에 장지를 마련하고 능호를 숙릉(肅陵)으로 정하였다. 1897년(건양 2) 능호를 숙릉에서 홍릉(洪陵)으로 고치고 시호도 순경(純敬)에서 명성(明成)으로 고쳤다. 이때의 홍릉은 오늘날 청량리역에서 경희대학교로 들어가는 길목에 위치하였다. 지금도 이곳은 홍릉길이라 불리며, 옛 홍릉터에는 국립 산림과학원이 들어서 있다. 홍릉은 조성 직후부터 천릉이 논의되었으나 고종 승하 이후에 천릉되었다.

1919년 1월 고종이 승하한 후 고종의 능을 조성하면서 청량리의 명성 황후릉도 천릉하기로 하였다. 이에 따라 2월에 명성황후의 능을 금곡으로 천장한데 이어 3월에 고종과 명성황후를 합장하였다. 홍릉은 왕릉이 아닌 황제릉으로 건설되면서 정자각 대신 일자형 침전이 놓였고 봉분 앞뒤를 호위하던 석수와 석인은 모두 침전 앞에 배열되는 형태로 설치되었다.

명성황후릉 조포사: 연화사

명성황후릉이 청량리에 조성될 당시의 조포사는 연화사로, 오늘날 서울 동대문구 회기동에 위치해 있다. 연화사는 영조대에 의릉의 조포사로 조성되었다.【懿陵 참조】『묘전궁릉원묘조포사조』에 따르면 홍릉이 청량리에 조성될 당시 연화사를 조포사로 지정하였고 능답토(陵畓土)로 3두섬을 경작해 제향 때마다 두부를 만들어 올리게 하였다.[350]

연화사의 승려들이 홍릉의 수목 작업에 동원된 사실도 확인되는데, 1898년(고종 35) 홍릉 국내에 수목 작업을 마친 후 고종이 능군(陵軍)과 양주 백성, 담당 관리들에게 포상을 하라는 명을 내리자 의정부 참정 윤용선이 "검칙하고 간역한 교리 6명과 연화사의 승도 3명에게는 응당 포목으로 시상해야 한다."는 의견을 내어 그대로 시행되었다. 조포사의 주요 업무 중 하나가 능 부근의 산림을 관리하는 것이었기 때문에 연화사의 승려들이 홍릉의 수목 작업에 참여했던 것으로 보인다.

현전하는 연화사 관련 자료 중에는 고종대에 작성된 것이 다수인데, 연화사가 명성황후릉의 조포사로 지정되면서 왕실의 지원을 받아 중창된 것으로 추정된다. 1901년(광무 5)에 작성된 「천수천안관음탱조성기」에 따르면 연화사에 봉안된 관세음보살도는 "궁인(宮人) 임씨 대덕화(大德華)가 권발(勸發)하여 상궁(尙宮) 최씨 무애행(無碍行), 상궁 김씨 반야행(般若行), 상궁 김씨 대자행(大慈行), 상궁 최씨 정토행(淨土行), 상궁 김씨 대지

---

350 『廟殿宮陵園墓造泡寺調』, 62쪽.

▲ 명성황후릉의 조포사인 연화사

행(大智行)이 함께 신원(信願)을 발원해 조성되었다."고 전한다.

　1895년 조성된 명성황후의 능에는 연화사가 조포사로 설치되었지만

1919년에 조성된 고종과 명성황후의 합장릉에는 조포사가 설치되지 않았다. 1908년 향사이정(享祀釐正)이 정비될 때 대한제국의 국가제사권이 박탈되면서 전국 사찰들이 담당하던 조포역도 모두 폐지되었기 때문이다.

옛 홍릉 능지(국립산림과학원)와 연화사의 거리는 약 550m이며, 도보로 약 10분 정도 걸린다.

43. 순명효황후 유릉(裕陵)의 수호사찰

피장자	순종, 순명효황후, 순정효황후
능 형태	동봉삼실형 합장릉
위치	서울 광진구 능동(유강원)→경기도 남양주시 금곡동
조성시기	1904년(순명효황후), 1926년(순종), 1966년(순정효황후)
능침사	없음
조포사	영화사
왕릉과 사찰 간 거리	1.6km(도보 25분)

유릉 조성과정

유릉은 조선의 27대 왕 순종(純宗, 1874~1926)과 순명효황후 민씨(純明孝皇后 閔氏, 1872~1904), 순정효황후 윤씨(純貞孝皇后 尹氏, 1894~1966)의 합장릉이다.

순종은 고종과 명성황후의 둘째 아들로, 1897년(건양 2) 대한제국 수립에 따라 황태자로 책봉되었고, 1907년(광무 11) 고종의 양위를 받아 대한

제국의 황제로 즉위하였다. 한일합방 이후 이왕으로 불렸으며 1926년 창덕궁에서 승하하였다.

순종의 원비 순명효황후는 여은부원군(驪恩府院君) 민태호(閔台鎬)의 딸로 1882년(고종 19) 세자빈으로 책봉되었다. 1904년(광무 8) 경운궁에서 사망하였다.

순종의 계비 순정효황후는 해풍부원군(海豊府院君) 윤택영(尹澤榮)의 딸로 1906년(광무 10) 황태자비로 책봉되었고 이듬해 순종 즉위 후 황후가 되었다. 1966년 창덕궁 석복헌에서 세상을 떠났다.

유릉은 처음 조성될 당시에 서울 광진구 능동에 위치하였으나 순종 사망 이후 경기도 남양주시 금곡동으로 옮겨졌다. 고종의 홍릉 부근에 있어 두 능을 합쳐 홍유릉으로 부르기도 한다. 1904년 황태자비 민씨가 사망하면서 경기도 양주군 용마산 기슭 내동 뚝섬 근처(오늘날의 어린이대공원 일대)에 유강원(裕康園)이 조성되었다. 1907년 순종이 대한제국 황제로 즉위하면서 황태자비는 순명효황후로, 유강원은 유릉으로 추숭되었다.

1926년 4월에 순종이 창덕궁 대조전에서 승하한 뒤 양주군 미금면 금곡리 홍릉 왼쪽 언덕에 순종의 능지가 마련되자 용마산 기슭에 있던 순명효황후의 유릉을 천봉해 순종의 능과 함께 합장릉으로 조성하였다.

1966년 2월 순정효황후가 승하한 뒤 순종, 순명효황후와 함께 모셔졌다. 현재 유릉은 한 봉분에 세 명의 능실이 마련된 동봉삼실형(同封三室形)의 합장릉으로 조성돼 있다. 이는 조선 왕릉 가운데 유일한 형태이다.

유강원 조포사: 영화사

유릉의 능침사는 영화사로, 오늘날의 서울시 광진구 구의동 아차산에 자리잡고 있다.

영화사는 처음에 유강원의 조포사로 지정되었다가 유강원이 유릉으로 추봉되면서 유릉의 조포사가 되었다. 유강원이 조성된 1904년경에 영화사가 조포사로 지정된 것으로 보인다. 유강원이 서울 광진구 능동에 위치해 있을 당시 황태자비 묘에서 가장 가까운 절이 영화사였다. 현재의 유릉과 영화사의 거리는 13.3km에 달하지만, 유강원과 영화사의 거리는 1.6km에 불과했다.【수릉 참조】

『묘전궁릉원묘조포사조』에 따르면 영화사가 유강원의 조포사로 지정된 것은 영화사가 왕실 측에 조포역을 자원했기 때문이다. 영화사는 유강원에서 제향이 있을 때 사방 1척의 두부를 만들어 봉납하고 제향시간을 헌관에게 알려주는 역을 담당하였다. 그 대가로 능위토에서 나오는 물품의 일부를 받았다.[351]

1907년 유강원은 유릉으로 추숭되었지만, 하지만 황후릉으로 승격된 지 1년 뒤인 1908년에 향사이정이 실시되면서 영화사가 담당하던 유릉의 조포역도 중단되었다.

---

351 『廟殿宮陵園墓造泡寺調』, 63쪽.

3부

조선 왕릉수호사찰의
변화와 특징

7장

조선초기:
불교식 재궁의 설치

12기의 능에 설치한 불교식 재궁

조선의 개국초에 해당되는 태조~태종대에는 함경도에 위치한 이성계 4대조의 8릉과 신덕왕후의 정릉과 태조의 건원릉, 신의왕후의 제릉, 정안왕후의 후릉 등 총 12기의 능이 정비되었다. 이 시기에 조성된 모든 왕릉에는 불교식 시설이 설치되었다.

태조는 조선 개국 이듬해인 1393년(태조 2) 8월에 4대조의 능을 정비하였다. 태조의 명을 받고 동북면으로 파견된 이방원(李芳遠)은 8기의 왕릉을 정비하는 한편, 각 능마다 능직 권무(陵直權務)와 수릉호(守陵戶)를 두었고 재궁(齋宮)을 세웠다.[352] 이때 세워진 각 능의 재궁에는 승려들이 배치되었고, 이들 재궁이 능침사로 역할했다.[353]

당시 이방원이 동북면 8릉의 재궁에 승려들을 배속시킨 이유에 대해서는 알려진 바가 없지만, 진전사원의 기신재를 승려들이 집전했던 고려의 관습을 그대로 따른 것으로 보인다. 훗날 태종이 신의왕후의 진전인 인소전을 창덕궁에 지을 때 "처음에는 진전만 세우려고 했는데 불당이 있어야 마땅하다고 하니 아울러 (불당을) 짓게 하라."고 명한 것과 같은 맥락이었다.[354] 왕릉 재궁에서 추천의례를 설행하기 위해서는 승려들이 필요하다고 판단해 재궁 설치 직후 승려들을 배치한 것으로 추정된다. 더구나 동북면은 도성에서 멀리 떨어져 있었기 때문에, 8릉에 승려들을 상주시킴으로써 수호군의 역할까지 맡길 수 있다는 이점도 작용했을 것이다.

제릉의 연경사 또한 고려의 관습을 이어 설치된 재사(齋寺)였다. 연경사는 조선왕조 개국전에 사망한 신의왕후 한씨의 묘 부근에 있던 사찰로, 한씨가 추존되면서 능침사로 승격되었다.

조선 능침사의 명실상부한 시작점은 정릉(貞陵)의 흥천사이다. 1396년(태조 5) 신덕왕후 강씨가 사망하자, 태조는 정릉을 도성 안에 조성하면서 정릉 바로 곁에 흥천사를 창건하였다. 흥천사는 공민왕대 노국공주의 정릉(正陵)에 마련된 광통보제선사를 모델로 삼아 창건한 것으로 추정된다. 현·정릉 조성에 참여했던 인물들이 조선초 신덕왕후의 정릉 공사에 대거 참여했기 때문에 신덕왕후의 정릉과 노국공주의 정릉은 조성 양식

---

352 『태조실록』 권2, 태조 1년 10월 28일.
353 『세종실록』 권24, 세종 6년 4월 21일.
354 『태종실록』 권11, 태종 6년 5월 27일.

이나 능침사 설치 등에 있어서 상당히 유사한 특징들을 갖고 있다.

홍천사가 창건된 이후 건원릉의 개경사가 창건되고, 제릉의 연경사가 중창되었으며, 정종과 정안왕후의 후릉에도 흥교사가 능침사로 지정되었다.

태조~태종대에 설치된 모든 왕릉에 불교 시설이 마련된 것은 이때까지만 해도 고려의 상장례 풍습이 크게 영향을 미쳤기 때문이다. 개국초 유교적 예제가 정비되지 않은데다, 왕실은 물론 사대부가들도 불교식으로 상장례를 설행했기 때문에,[355] 조정 내 유학자 관료들의 큰 반대 없이 능침사가 설치될 수 있었다.

능침 내에 불교식 재궁을 설치하던 관례는 태종에 의해 중단되었다. 세종은 원래 건원릉과 제릉의 관례에 따라 원경왕후의 능에도 절을 세우고자 하였다. 하지만 상왕으로 물러나있던 태종은 이를 중단시키고, 능침사를 배제시킨 조선의 능침제도를 수립했다. 이에 따라 태종의 헌릉과 세종의 영릉에는 능침사가 설치되지 않았다. 문종의 현릉은 건원릉 인근에 마련되면서 개경사가 현릉의 능침사를 겸하게 되었다. 이후 예종대에 광릉의 봉선사를 창건하면서 능침사 제도는 다시 복설되었다.

국왕의 주도로 설치

조선초기와 조선중기 능침사는 설치 주체가 누구였냐 하는 점에서 확연히 차이가 난다. 조선초기의 홍천사와 개경사, 연경사는 모두 당시 국왕의 명에 따라 창건 내지 중창되었고, 흥교사는 상왕인 정종의 주도

---

355 『태종실록』 권5, 태종 3년 3월 27일.

표 7 조선전기 능침사의 설립 주체

왕릉명	능침사	설립주체	설립/지정 시기
정릉(신덕왕후)	흥천사	태조	1396년
제릉(신의왕후)	연경사	정종, 태종	1399년
건원릉(태조)	개경사	태종	1408년
후릉(정종, 정안왕후)	흥교사	정종	1412년
경릉(덕종, 인수대비)	정인사	소혜왕후	1459년
광릉(세조, 정희왕후)	봉선사	정희왕후	1469년
창릉(예종, 안순왕후)	정인사	정희왕후	1469년
영릉(세종, 소헌왕후)	신륵사	정희왕후	1473년
선릉(성종, 정현왕후)	봉은사	정현왕후	1498년
정릉(중종)	봉은사	문정왕후	1562년

로 설치되었다. 반면 예종~명종대의 능침사는 모두 왕비나 대비가 주도
적으로 세운 것이었다.

흥천사는 태조가 신덕왕후의 명복을 빌기 위해 세운 사찰인 동시에
어린 세자 방석의 위상을 높이기 위한 정치적 시설물이었다. 조선의 공
식적인 첫 왕비 신덕왕후와 그의 아들 방석의 존재를 드러내기 위해
육조거리가 끝나는 지점에 능침사를 마련하고 도성에서 가장 높은 건물
인 사리각을 설치했던 것이다.

제릉의 연경사와 건원릉의 연경사는 태종이 주도적으로 중창 내지
창건한 사찰이다. 태종은 평소에 불교에 대해 상당히 비판적인 태도를
취했고, 자신의 능에는 절을 세우지 말라고 유언을 내릴 정도로 불교의
기복설에 대해 냉소적이었다. 하지만 자신의 부모 능에는 모두 사찰을
설치하였고, 선왕 선후를 위한 각종 추천의식을 진행하였다. 태종이 부
모의 능에 불교식 추천시설을 마련한 것은 조선초까지 유지되던 고려식
예제를 답습한 것인 동시에 부모의 예제에 소홀함이 없게 하겠다는 효
치(孝治)의 실천이었다. 특히 제릉과 연경사의 정비는 정종과 태종의 정

통성을 강화하는 신의왕후 선양작업의 일환으로 진행되었다.

홍교사는 재위에서 물러난 상왕 정종의 뜻에 따라 능침사로 역할하게 되었다. 당시 홍교사가 후릉의 능역 안에 있었기 때문에 철거 대상에 포함되었지만, 정종이 훼철을 막고 후릉의 재궁으로 삼았다.

이처럼 조선초의 능침사는 당시 국왕 내지 상왕이 주도를 해서 설치된 시설이라는 공통점을 지니고 있으며, 왕릉의 기획 단계부터 왕릉의 부속시설물로 마련되었다는 특징을 지니고 있다. 하지만 능침사가 복설되는 예종대 이후에는 왕이 주도적으로 능침사를 설치하는 경우를 찾아볼 수 없다. 광릉의 봉선사, 영릉의 보은사는 정희왕후의 주도하에 능침사로 지정되었고, 선·정릉의 봉은사는 대비였던 정현왕후와 문정왕후에 의해 능침사로 지정되었다. 국왕이 사액을 내리기는 했지만 능침사의 설립 주체는 비빈들이었고 산릉제도의 일부가 아닌 별도의 시설로 마련되었다는 점에서 조선초기와 뚜렷하게 구별된다.

능역 내에 위치한 수호사찰

조선초기에 설치된 능침사 즉 홍천사와 개경사, 연경사, 홍교사는 능역 안에서도 왕릉이 바라보일 정도로 가까운 곳에 위치해 있었다. 정릉과 홍천사는 약 200m 거리에 위치해 있었고, 개경사는 건원릉에서 남쪽으로 약 200~300m 떨어진 지점에 있었다. 연경사는 제릉 입구에, 홍교사는 후릉의 능역 안에 위치해 있었다. 이를 종합해 볼 때 조선초의 능침사는 오늘날 왕릉 재실이 위치한 지점 즈음에 설립되었을 것으로 추정된다.

조선 왕릉에는 화재 방지와 능 주변의 산림 보호를 위해 반경 20리(약

표 8 태조~태종대 왕릉과 능침사 간의 거리

피장자	왕릉명	능침사	능침사 조성시기	왕릉과 능침사 간 거리
태조의 4대조	동북면 8릉	왕릉 내 재궁	1392년	200m 내외 추정
신덕왕후	정릉	흥천사	1397년	250m 추정
신의왕후	제릉	연경사	1392년	1km 이내 추정
태조	건원릉	개경사	1408년	200~300m 추정
정종/정안왕후	후릉	흥교사	1412년	100m 내외 추정

8km)에 달하는 공간을 화소(火巢)로 지정해 화소 안에는 경작지나 민가가 들어설 수 없게 하였다.[356] 하지만 조선초의 능침사들은 모두 능역 안에서도 왕릉과 아주 가까운 곳에 위치해 있었다. 이는 능침사가 왕릉의 부속시설로 설치되었음을 의미한다.

이후 태종의 헌릉과 세종의 영릉에는 능침사가 설치되지 않았다가 예종대부터 능침사가 복설되면서 왕릉과 능침사 간의 거리는 조금 더 멀어지게 되었다. 예종대 이후 능 바로 곁에 사찰을 건립하는 경우는 사라지고, 인근에 있는 절을 능침사로 삼아 어실을 설치하는 형태로 전환되었다. 또 기존에 능역 안에 있던 절들은 능역 밖으로 이전하였다.

조선후기에 조포사로 지정된 사찰들은 조선중기의 능침사보다 훨씬 더 먼 곳에 위치한 경우가 대부분이었다. 가까이는 수 km에서 멀게는 수십 km에 달하는 곳도 있었다. 조포사는 왕릉의 직접적인 관리보다는 왕릉 제사에 제물을 공급하고 잡역을 제공하는 기능이 더 컸기 때문에 능과의 거리보다는 승려의 수나 재정 상태가 양호한 사찰들이 선호되었다.

---

356 대전회통(大典會通)에 따르면 해자(垓子)는 내해자(內垓子)와 외해자(外垓子)로 구별하고 외해자의 밖을 흔히 화소라 한다. 내해자 안은 백성들의 토지소유권을 인정하지 않으며 목초도 불허하였다. (문화재청, 『서오릉 산림생태 조사 연구 보고서』, 2003, 59쪽.)

조선초기 능역 안에 사찰을 설치한 가장 큰 목적은 불교식 추천의례를 설행하기 위해서였다. 조석예불과 기신재(忌晨齋), 속절제(俗節祭) 등의 정기적인 재를 올리기 위해서는 왕릉 가까이에 승려들이 상주할 필요가 있었다. 조선왕조는 능역 안에 불교식 재궁을 설치함으로써 고려의 진전사원이 담당했던 기신도량(忌晨道場)의 역할을 이어가게 했다.

또한 사찰이 능역 안에 있을 경우 왕릉을 수호하는데 여러 효율적인 기능을 기대할 수 있었다. 능침 내에 승려들이 상주할 경우 이들이 자연스럽게 수호군 역할을 담당하였기 때문에 능의 파괴나 도굴의 위험을 방지할 수 있었다. 인근 주민들의 무분별한 벌채나 화전(火田) 경작도 막았고, 잡인들의 출입도 통제되었다. 왕릉 주변에 나무를 심거나 왕릉을 보수할 경우에 손쉽게 승려들을 동원해 공사를 진행할 수 있었다.

이같은 효율성으로 인해 조선초기에는 왕릉 바로 곁에 능침사가 설치되었지만, 조선중기 이후 유교적 예제에 어긋난다는 이유로 점차 능역 밖으로 밀려나게 되었다.

재궁(齋宮)으로 불리다

조선 초에 설치된 네 곳의 능침사 즉 흥천사와 연경사, 개경사, 흥교사는 모두 '재궁'으로 불렸다는 공통점이 있다.

정릉(貞陵) 재궁(齋宮)에서 승도(僧徒) 60여 명에게 반승(飯僧)을 하였으니 현비(顯妃)의 기신(忌晨)이기 때문이었다. (『태종실록』 11년 8월 12일)
건원릉(健元陵)의 재궁에 개경사(開慶寺)라는 이름을 내리고 조계종(曹溪宗)에 귀속시켜 노비 150구와 전지(田地) 300결을 정속(定屬)시켰다. (『태종실록』 8년

7월 29일) 제릉(齊陵)은 우리 승인순성신의왕후(承仁順聖神懿王后)를 장사지낸 곳

이다.【능의 동쪽 골에 재궁을 창설하고 연경사(衍慶寺)라 하여 교종(敎宗)에 붙

이고, 밭 400 결을 주었다.】(『세종실록지리지』 해풍군)

 "흥교사(興敎寺)는 후릉(厚陵)의 재궁이나, (36사(寺) 가운데 어느) 종(宗)에도 속

하지 아니하여 미편하니, (중략) 선종에 부속시키소서."(『세종실록』 6년 10월 25일)

위의 실록 기사에 나타나듯이, 조선초에는 능침에 설치된 사찰을 재

궁이라 지칭하였다.

 왕릉수호사찰을 재궁이라 부른 것은 조선초기에만 나타나는 특이한

현상이다. 고려시대의 재궁은 태묘(太廟)와 환구단(圜丘壇) 등에 설치되어

왕이 제사를 올리기 전날 하룻밤 묵으면서 몸과 마음을 정갈하게 하는

곳이었다. 왕이 임시로 대기하는 곳이었기 때문에 이곳에서 제사가 이

루어지거나 제수 등이 마련되지는 않았다. 조선초에도 종묘와 사직단

등에 재궁을 설치하였고 용도 또한 고려대와 크게 다르지 않았다. 세종

대 이후부터 왕릉에 설치된 재궁은 주로 재실(齋室)이라 불렸고, 능관(陵

官)의 근무 장소 내지 왕의 재계 장소로 이용되었다. 왕실뿐만 아니라

일반 사대부들도 시조·중시조의 묘나 사당 근처에 집을 짓고 재실 혹은

재사(齋舍)라 명명하였다. 사대부가의 재실은 사당 겸 종회 장소, 동족

자제들의 교육장소로 활용되었다.[357]

 이처럼 고려시대부터 조선시대에 이르기까지 재궁이나 재실은 왕릉

이나 사대부 묘역에 위치한 시설로 능묘의 수호 및 제주의 재계 장소로

이용되는 것이 일반적이었다. 그런데 유독 조선초기 왕릉에 설치된 능

---

357 이정, 「조선시대 재실의 형성과 입지특성」, 『남도문화연구』 27, 순천대학교 남도문화연
  구소, 2014, 299쪽.

침사를 재궁이라 불렀던 것은 무슨 이유일까. 이들 사찰들을 재궁이라 지칭한 것은 왕릉의 부속시설이라는 의미를 강조하기 위함으로 보인다.

조선초기의 불교식 재궁이 단순히 왕릉에서 치러지는 제사를 보조하는 역할만을 수행했던 것은 아니다. 개경사, 흥천사 등 왕릉 재궁으로 불리던 사찰들은 능제 외에도 왕실 구성원의 7·7재, 축수재 등 왕실 위축 원당 역할도 함께 수행하였다. 그 중에서도 가장 중요한 행사는 능 주인의 기일에 치러지는 기신재였다. 이는 고려대 진전사원의 가장 중요한 역할이 기신재 의식이었던 점과 일맥상통한다. 『태종실록』에서 "(태종이) 송거신(宋居信)에게 명하여 현비(顯妃)의 기신(忌晨)을 맞아 승도 60여 명에서 반승의식(飯僧儀式)을 베풀었다."[358]는 것이나 태조의 기신 5일 전인 5월 19일에 "(태종이) 개경사에서 개최되는 관음전 법석(觀音殿法席)에 행차하려다 큰 비가 내려 참석하지 못했다."[359]는 기록 등을 통해 불교식 재궁에서 치러지는 가장 중요한 행사가 기신재였음을 확인할 수 있다.

왕릉 내에 불교식 재궁이 설치되던 전통은 세종초에 중단되었다. 태종이 원경왕후릉에 절을 세우지 말라는 명을 내린 이후로 불교식 재궁은 사라지게 되었다. 태종은 1420년(세종 2)에 조선의 산릉제도를 정립하였는데, 이때부터 모든 왕릉에는 재실을 설치하는 것이 정례화되었다.[360] 이 규정은 조선말까지 거의 그대로 계승되었으며, 이후 왕릉에 설치하던 불교식 재궁은 일반 재실로 대체되었다. 왕릉의 재실은 평상시에는 능 수직 관리가 상주하는 관청으로 활용되었고 왕의 친제 시에는 재계 장소로 이용되었으나 종교적인 기능은 없었다.

---

358 『태종실록』 권22, 태종 11년 8월 12일.
359 『태종실록』 권25, 태종 13년 5월 19일.
360 『세종실록』 권9, 세종 2년 9월 16일.

불교식 재궁이 수행하던 역할은 조선중기 능침사로 대부분 계승되었으며, 종교적 기능을 제외한 나머지 역할은 조선후기 조포사로 전승되었다. 조포사의 승려들은 제수(祭需) 및 제기(祭器)의 공급, 왕릉 주변의 산림보호, 경작 및 벌채 금지 등의 역할을 담당하였다.[361] 조선초기와 중기에는 이를 수행하는 비용을 왕실 내지 국가로부터 지급받았던 반면 조선후기에는 특별한 경우를 제외하고 왕실로부터 지원을 받는 경우가 거의 없었다.

조선초기 불교식 재궁의 유습은 조선후기 왕릉 제사에까지 영향을 미쳤다. 그 중에서도 가장 대표적인 것이 제수(祭需)의 내용이다. 조선후기까지 산릉 제사에는 고기를 배제한 소선(素膳)의 전통이 계속 이어졌는데, 고려부터 조선초까지 이어져온 불교식 제사의 전통이 능제에 계속 남아있었기 때문이다.[362] 이는 불교의 영향 속에서 생겨난 조선 왕릉의 독특한 문화로 전승되었다.

진전(眞殿)의 부재

고려의 진전사원과 조선중기 능침사에는 왕의 어진이나 위패를 모신 공간 즉 어실(진전)이 설치되었던 반면 조선초기의 왕릉 재궁에는 어실이 별도로 마련되지 않았다.

---

361 왕릉 주변 산림 보호는 조포사 승려들이 담당해야 할 가장 중요한 직무 중에 하나였다. 『소령원지(昭寧園誌)』 구식례(舊式例)에는 "본사(本寺, 보광사) 승려는 날마다 산림을 순시하여 이상 유무를 관원에게 보고한다."는 조항이 실려 있다. (『숙빈최씨 자료집(淑嬪崔氏資料集)』1, 한국학중앙연구원 장서각, 2009, 256쪽)

362 이욱, 「조선시대 왕실 제사와 제물의 상징: 血食・素食・常食의 이념」, 『종교문화비평』 20, 한국종교문화연구소, 2011, 236쪽.

동북면 8릉에는 재궁을 수호하는 승려들이 배치되었다는 사실만 확인될 뿐 진전이 있었다는 기록은 전무하다. 건원릉의 개경사에는 진전이 없이 태조의 위패가 법당 기둥에 걸려있어 위패를 봉안할 별도의 건물을 마련하자는 건의가 세종대에 제기되었다. 하지만 이후에도 진전이 설치되었다는 기록은 확인되지 않는다. 정릉(貞陵)의 흥천사의 경우 환조의 진영을 모신 건물(계성전)은 확인되지만 신덕왕후의 초상화나 위패를 모신 건물은 확인되지 않는다. 권근의 「정릉원당 조계종본사 흥천사 조성기」에는 "불전, 승방, 대문, 행랑, 부엌, 욕실 등 기둥으로 계산하니 170여 칸이다."라고 설명하였을 뿐 진전 용도의 건물은 언급되지 않았고, 실록에서도 신덕왕후의 진영이나 위패를 모신 건물에서 재를 지냈다는 내용이 등장하지 않는다. 또한 제릉의 연경사, 후릉의 흥교사에도 별도의 진전이 마련되었다는 기록을 확인할 수 없다.

이처럼 조선초기 재궁으로 지어진 사찰에서는 능 주인의 초상화를 모신 별도의 건물이 확인되지 않는다. 이들 사찰에 진전이 설치되지 않은 이유는 왕릉과 매우 가까운 곳에 위치했기 때문인 것으로 추정된다. 즉 능이 바라보일 정도로 가까운 곳에 절이 위치하고 있었기 때문에 진영을 봉안할 공간을 마련할 필요가 없다고 판단했던 것이다.

조선초기 불교식 재궁에 진전이 설치되지 않은 것은 이 시기의 능침사가 능역 안에 위치한 왕릉 부속시설임을 보여주는 특징이라 할 수 있다.

8장

조선중기:
왕릉 제도에서 소외되다

11기 왕릉 중 6곳만 조성된 능침사

조선왕조의 유교식 예제가 정립되기 시작한 예종~명종대에는 10기의 왕릉이 새롭게 조성되었고, 1기의 능이 천릉되었다. 이들 11기의 왕릉 가운데 능침사가 조성된 경우는 6건에 불과하다. 예종대부터 명종대까지 조성 또는 천릉된 능 가운데 능침사가 마련된 곳은 광릉의 봉선사, 영릉의 신륵사, 경릉과 창릉의 정인사, 선릉과 정릉의 봉은사 등이다. 능침사가 마련되지 않은 곳은 예종 정비 장순왕후의 공릉, 성종 원비 공혜왕후의 순릉, 중종비 장경왕후의 희릉, 인종의 효릉, 중종비 문정왕후의 태릉 등 6곳이다.

왕릉에 절을 세우지 말라는 태종의 유지에 따라 능역 안에 절을 세우는 관례는 중단되었고, 세종대부터 세조대까지 조성된 왕릉에는 능침사가 설치되지 않았다. 예외적으로 개경사가 현릉의 능침사 역할을 맡기는 했지만, 현릉이 건원릉 바로 옆에 위치했기 때문에 현릉의 재궁 역할까지 겸하게 된 것이었다.

이후 세조대에 이르러 능침사를 복설하려는 시도가 이루어졌으나 토목공사가 진행되던 중 장마로 목재가 유실된데다 곧이어 세조가 사망하면서 능침사 건립 계획은 실현되지 못했다. 하지만 이때의 보은사 창건 계획은 이후 예종~명종대 능침사가 복설되는 계기가 되었다.

이 시기에는 절반에 해당되는 왕릉에만 능침사가 설치되었는데, 능침사가 설치되지 않은 왕릉은 후손이 없거나 요절한 경우에 해당되었다. 반면 친아들이 왕이 되거나, 선왕의 부인이 대비에 오른 경우에는 모두 능침사가 설치되었다.

대비의 주도로 조성

예종대부터 명종대까지 설치된 6곳의 능침사들은 모두 대비들에 의해 조성되었다는 공통점이 있다. 이는 태조대부터 태종대까지 왕릉 내에 설치된 불교식 재궁이 모두 국왕의 명에 의해 설치되었다는 것과 비교할 때 크게 변화된 점이다. 왕이 아닌 대비들의 신앙에 기반해 능침사가 조성되었다는 것은 이 시설이 국가기구가 아니라 왕실의 사적 기도처로 전환되었음을 시사한다.

태조대부터 태종대까지 조성된 불교식 재궁들은 모두 왕이나 상왕에 의해 창건되거나 중창되었으며, 왕릉의 기획 단계부터 부속 시설물로 마련되었다. 이에 반해 예종~명종대의 능침사는 정희왕후, 소혜왕후, 정현왕후, 문정왕후 등 수렴청정을 했거나 조정 내에서 발언권이 강했던 왕후들이 대비 시절에 설치했다. 조선전기의 왕비들은 후대와 달리 자신들의 불교신앙을 적극적으로 드러내었고, 공공연하게 불사를 주도했다. 게다가 이들은 모두 임금의 모후였기 때문에 능침사를 대대적으로 조성하고 왕에게 사액(賜額)을 내릴 것을 요청하였다.

광릉의 봉선사와 영릉의 신륵사는 정희왕후의 주도하에 조성된 능침사이다. 정희왕후는 세조의 능이 완공된 직후 능 옆에 봉선사를 중창해 광릉의 능침사로 삼았다. 이어 세조가 생전에 계획했다 이루지 못한 영릉의 천릉과 보은사의 창건을 추진했다. 정희왕후는 보은사를 새로 창건하는 대신 영릉 인근의 신륵사를 능침사로 삼고 성종에게 보은사라는 절 이름을 사액하게 했다.

경릉의 정인사는 원래 의경세자의 재사로 창건된 사찰이었다. 의경세자가 덕종으로 추존된 후 인수대비는 대대적인 중창공사를 벌였고, 정인사를 총 119칸 규모의 가람으로 완성하였다.

선릉의 능침사인 견성사는 능이 조성되기 전부터 있던 사찰이었다. 능이 조성된 후에도 정현왕후는 이 절을 그대로 두게 하고 성종의 능침사로 삼았다. 하지만 신료들의 폐사 요구가 점점 더 거세지자, 정현왕후는 절을 동쪽으로 이전하여 봉은사라는 이름의 절로 재탄생시켰다. 이후 중종의 능이 선릉 근처로 옮겨지면서 봉은사는 또 한번 이전하게 되었지만, 문정왕후가 대대적인 중창공사를 벌여 서울·경기 지역 최고의 가람으로 재조성하였다.

이처럼 예종~명종대의 능침사 설치를 주도한 대비들은 조정에 막강한 영향력을 행사하였으며 독실한 불교신자였다는 공통점을 지니고 있다. 이 시기의 능침사는 조선초와 마찬가지로 대대적인 공사를 통해 중창되었지만, 국가의례를 집전하는 기구가 아닌 왕실의 혈족 추숭시설로 조성되었다. 또한 창건 비용은 대부분 내수사의 자금으로 충당되거나 대비의 개인 재산으로 조달되었다. 즉 조선중기의 능침사는 왕실예제의 유교식 전환을 요구하는 관료들에 맞서 불교적 추복시설을 설치하고자 하는 왕실 비빈들의 불교신앙에 기반해 마련되었고, 이에 따라 능침사는 왕실 차원의 사적 종교시설로 조성되었다.

왕릉 제도에서 배제되다

예종대부터 재설치된 능침사가 왕실 차원의 추숭시설로 변모하였다는 점은 능침사가 모든 왕릉이 아닌 일부 왕릉에만 설치되었다는 것에서도 분명하게 드러난다. 예종대부터 명종대까지 조성 및 천릉된 11기의 왕릉 가운데 능침사가 설치된 왕릉은 6기이다. 광릉의 봉선사, 영릉의 신륵사, 경릉과 창릉의 정인사, 선릉과 정릉의 봉은사로, 사찰의 수로는 4곳에 불과하다. 장순왕후의 공릉, 공혜왕후의 순릉, 장경왕후의 희릉, 인종과 인성왕후의 효릉, 문정왕후의 태릉에는 능침사가 별도로 설치되지 않았다. 태조~태종대에 조성된 모든 왕릉은 물론 태조의 4대조 추존 능에까지 불교식 재궁이 설치되었던 것과는 대조적이다. 예종대 이후 능침사가 비정기적으로 설치되었다는 것은 능침사에서 치러진 의식이 국가의 공식의례가 아닌 왕실의 사적 불사로 전환되었음을 의미한다.

이 시기에는 왕실의 상장례에서 불교식 의례가 점차적으로 폐지되고 왕릉에서 이루어지는 제사도 유교식 예제로 전환되는 추세였다. 이에 따라 왕릉 내에서 이루어지는 선왕 선후의 제사는 능에 배속된 관리들이 주도하였고, 승려들은 능역 밖에서 별도의 추천의식을 치르게 되었다. 또한 기신재의 관리 주체도 연산군대부터 국가가 아닌 왕실로 전환되었다.[363]

이처럼 예종대 이후 능침사가 재설치되기는 했지만, 조선 초와 달리 비정기적으로 설치되었고 설립 및 관리 주체 또한 왕실로 전환되었다. 이는 능침사가 더 이상 국가 차원의 시설이 아닌 왕실의 기도처로 변모했음을 보여준다.

새롭게 등장한 어실(御室)

예종~명종대에 조성된 대부분의 능침사에는 어실이라 불리는 전각이 마련되었다. 고려시대에는 진영을 모셨기 때문에 진전(眞殿) 또는 영전(影殿)이라 불린 반면 조선시대에는 주로 위패를 봉안했기 때문에 어실이나 위실(位室) 등으로 불렀다.

조선초기 왕릉 안에 설치된 불교식 재궁에는 진전이 설치되지 않았다. 능이 바라보이는 곳에 위치했기 때문에 별도의 추모시설을 지을 필요가 없었던 까닭이다. 왕을 상징하는 신물이 봉안되는 경우에도 어실 대신 불전에 모셔졌다. 하지만 예종대 이후부터 능침사가 능역 밖에 건립됨에 따라 왕의 신물을 봉안하기 위한 별도의 건물이 조성되었고, 어실 내에 왕의 초상화나 위패를 모셨다.

---

363 『연산군일기』 권50, 연산군 9년 9월 6일.

광릉의 능침사인 봉선사에는 숭은전(崇恩殿)이라는 진전이 마련되었다. 이곳은 광릉과 봉선사 사이에 위치해 있었는데, 세조의 진영이 봉안돼 있었다. 이에 관해 「봉선사중창기」에는 다음과 같이 설명하였다.

의지(懿旨)에 또 말씀하시기를 "절은 이미 건립되었으나 능침의 거리가 산봉우리로 서로 막히었으니 마땅히 절 곁에 진전을 구성하여 대행대왕의 하늘에 계신 영혼으로 하여금 귀하시어 명유를 즐겁게 하여야 한다"고 영전(影殿)을 절 동쪽에 건립하여 이름을 숭은전이라 하였다. 참봉 두 명을 두고 신혼(晨昏) 배알을 갖추었으며, 삭망에는 반드시 헌관을 보내어 능실과 더불어 동체로 하였다.

이후 숭은전은 봉선전(奉先殿)으로 개칭되었다. 봉선전은 1593년(선조 26) 왜적의 침입으로 크게 파손되었다.[364] 봉선전에 있던 세조의 초상화는 봉선사의 승려 삼행(三行)의 기지로 화를 피했다가 전란 후에 남별전에 봉안되었다. 이후 봉선전 터 서쪽에 어실이 조성돼 세조와 정희왕후의 위패를 봉안하였다.[365]

영릉의 능침사인 신륵사에도 세종의 어실이 마련돼 있었다. 미수(眉叟) 허목(許穆)의 『기언(記言)』에 실려 있는 「척주시기행초어(陟州時記行鈔語)」에는 "여강(驪江)에서 신륵사를 구경했다. 지난해에는 불전 앞 어실(御室)에서 시식(侍食)하는 공양을 혁파하였고, 올해는 도성의 비구니 절을 헐어 버리고 여승들을 쫓아냈다."는 내용이 등장한다.[366] 이 글에 나

---

364 『선조실록』 권35, 선조 26년 2월 20일.
365 『韓國寺刹全書』 「雲岳山奉先寺記實碑」.
366 許穆, 『記言』 「記行」 陟州時記行鈔語 "驪江觀神勒寺 前年罷佛殿前御室侍食之享 今年 毁

오는 도성의 비구니절은 인수원(仁壽院)과 자수원(慈壽院)을 지칭하는 것으로, 1661년(현종 2)에 혁파되었다.[367] 따라서 신륵사의 어실이 혁파된 것은 그 전해인 1660년(현종 1)임을 알 수 있다.

정인사에는 덕종과 예종의 위패를 모신 어실이 설치되었는지의 여부가 불분명하다. 김수온의 「정인사중창기」에는 정인사의 전각 명칭이 다음과 같이 실려 있다.

> 10월에 역사가 다 이루어졌으니 정천층각 3칸은 범웅전(梵雄殿)이니 동서에 익실(翼室)이 있고 동상실(東上室) 4칸은 이름이 원징당(圓澄堂)이요, 서상실(西上室) 4칸은 이름이 법락당(法樂堂)이다. 승당 3칸은 이름이 탐현당(探玄堂)이고 선당(禪堂) 3칸은 이름이 법운당(法雲堂)이다. 동서로 나누어져 뜰을 서로 마주보고 남으로 가로지르는 긴 회랑[長廊]이 17칸인데, 반승이 밥을 먹는 곳이요, 정문 1칸은 이름이 원적문(圓寂門)이다. (중략) 이상 총 119칸이다.[368]

위의 중창기 내용 중에서 어실로 추정되는 건물이 보이지 않는다. 능침과 상당히 가까운 곳에 절이 위치했기 때문에 별도의 어실이 마련되지 않았던 것으로 추정된다.

봉은사에는 성종과 중종의 위패뿐만 아니라 역대 선왕 선후의 위패가 봉안된 어실이 설치돼 있었다. 봉은사의 어선루(御宣樓)에는 성종과 정현왕후, 중종의 위패를 포함해 총 12위패가 봉안돼 있었고, 효종대까지 유지되었다.

闕下尼院 放遂女僧".
367 『현종실록』 권4, 현종 2년 1월 5일.
368 金守溫, 『拭疣集』 「正因寺重創記」.

이처럼 예종대 이후에 설치된 대부분의 능침사에는 어실이라는 전각이 설치되었다. 사찰 내에 별도의 어실이 마련된 것은 왕릉과의 거리가 멀어짐에 따라 왕을 상징하는 신물을 봉안할 공간이 필요했기 때문이다. 왕의 위패가 불당 내에 봉안되거나 불보살의 하단에 위치하는 것을 참람하게 여기는 유학자들의 비판을 피하고 왕실의 권위를 세우기 위해서도 경건한 장소를 마련할 필요가 있었다.

능침사에 왕의 위패가 설치되는 전통은 조선후기에 이르러 사라지게 되었다. 효종~현종대에 사찰에 모셔진 왕의 위패를 모두 매안(埋安)하라는 명이 내려진 이후로 능침사를 비롯한 왕실원당 내에 어실을 마련할 수가 없었다.[369]

조선의 유학자 관료들은 왕의 위패가 여러 곳에 분산되어 안치되는 것을 법도에 맞지 않는 행위로 간주했다. 이 때문에 종묘를 제외한 다른 사당은 모두 속제(俗祭)로 간주했고, 종묘만을 정제(正祭)라고 정의했다. 또한 종묘 외의 선왕 선후의 사당을 원묘(原廟)라고 지칭했는데 이는 '중복해서 지은 사당'이라는 뜻으로 '불필요한 사당'이라는 의미가 내포돼 있다.[370] 즉 조선의 유학자들은 종묘만을 선왕의 유일한 제향공간으로 간주했고, 불교식 의례뿐만 아니라 종법 질서에 맞지 않는 왕실의 진전까지도 불필요한 기구로 여겼다. 임진왜란 이후 문소전 등의 진전이 다시 복구되지 못한 것도 이런 이유에서였다. 더구나 사찰에 왕의 어진이나 위패가 모셔지는 것은 매우 불경한 행위로 간주되었다. 사림정치가 본격화되는 조선후기에 이르면 전국 사찰에 모셔진 위패들을 땅에 묻거나 궁으로 이안하는 작업이 수차례 이루어졌다.

---

369 『효종실록』 권19, 효종 8년 12월 13일; 『현종개수실록』 권6, 현종 2년 11월 28일.
370 이욱, 『조선 왕실의 제향공간』, 한국학중앙연구원출판부, 2016, 17쪽.

능침사 내에 어실이 사라지게 되면서 능침사는 더 이상 선왕의 추복 공간이 아닌 왕릉에 잡역을 공급하는 사찰로 인식되었다. 이 때문에 조선후기에 이르면 왕릉의 제수를 공급하는 사찰이라는 의미로 조포사(造泡寺)라는 용어가 새롭게 등장하였다.

능역 밖으로 밀려나다

예종~명종대에 설치된 6곳의 능침사 중 정인사를 제외한 능침사는 모두 능역 밖에 설치되었다.

조선초의 불교식 재궁은 대부분 능침 내에서도 왕릉이 바라보이는 위치에 자리잡고 있었다. 이 때문에 왕릉의 부속시설이라는 의미로 재궁이라 칭했다. 하지만 예종대 이후에 설치된 능침사들은 대부분 능역 밖에 위치했고 조선초기보다 좀 더 떨어진 곳에 조성되었다. 조선초에 재궁이라 칭해지던 왕릉수호사찰은 성종대부터 능침사라는 명칭으로 불리기 시작했는데, 이곳이 능역 안에 포함된 부속시설이 아니라 독립된 사찰로 존재했기 때문이다.

표 9에 나타난 바와 같이 예종~명종대 왕릉과 능침사 간의 거리는 대부분 1km 내외이다. 다만 영릉과 신륵사 간의 거리는 5.2km로 다른 능침사에 비해 훨씬 더 멀리 떨어져 있다. 영릉의 경우 원래 능 주변에 보은사를 창건하려고 했으나, 광릉과 봉선사 조성, 영릉 천릉 등 대규모 토목공사가 연달아 이어졌기 때문에 사찰 영건 공사를 진행하기가 부담스러운 상황이었다. 이로 인해 여주의 명찰인 신륵사를 중창해 능침사로 삼았다. 영릉과 신륵사 간의 직선거리는 비교적 멀었지만, 영릉과 신륵사가 뱃길로 연결돼 있었기 때문에 인력과 물자 운반에는 큰 어려

표 9 예종~명종대 왕릉과 능침사 간의 거리

피장자	왕릉명	능침사	조성시기	왕릉과 능침사 간 거리
소헌왕후/세종	영릉	신륵사	1446	5.2km
세조/정희왕후	광릉	봉선사	1468	900m
예종/안순왕후	창릉	정인사	1469	600~700m
덕종/소혜왕후	경릉	정인사	1471	200~300m
성종/정현왕후	선릉	봉은사	1494	1.2km
중종	정릉	봉은사	1562	800m

움이 없었을 것으로 보인다. 정인사는 경릉이 바라보일 정도로 가까운
곳에 위치했던 것으로 추정된다.

　세종대 이후에는 능역 안에 있던 능침사들도 능역 밖으로 이전하는
경향을 보인다. 건원릉과 현릉의 재궁 역할을 동시에 수행하던 개경사
는 원래 건원릉에서 약 200~300m 정도의 거리에 있었으나, 신료들의
이전 요구로 인해 1453년(단종 1)에 능역 밖으로 옮겨졌다.[371] 또한 선릉
의 능역 안에 있던 견성사(봉은사)도 조정 신료들의 폐사 요청이 이어지
자, 왕릉에서 좀 더 떨어진 곳으로 이전되었고 정릉의 천릉 이후 현재의
위치로 또 한번 옮겨졌다.

　이처럼 예종대 이후에 설치된 능침사들은 대부분 왕릉에서 1~2km
내외의 위치에 자리잡고 있었다. 왕릉에서 크게 떨어진 위치는 아니었
지만 능역 밖에 독립된 사찰로 조성되었다는 점, 능침사 내에서 치러지
는 예식이 공식적인 국가의례가 아닌 왕실의 추천의례로 진행되었다는
점에서 이전 시기와 차이를 보인다.

---

371 『단종실록』 권6, 단종 1년 4월 7일.

9장

조선후기:
조포사의 등장

두 차례 전쟁 이후 부각된 승군의 우수성

선조대에는 조선 사회의 내·외부적 변화를 가져오는 두 가지 큰 사건
이 발생하였다. 하나는 임진왜란이라는 7년간의 전란이었고, 또 하나는
사림이 정치의 주도권을 장악하는 사림정치의 본격적인 개막이었다. 곧
이어 인조대에 발생한 정묘·병자호란은 조선이 예제적으로나 사상적으
로 성리학 교조주의로 접어드는 계기로 작용하였다. 양란 이후 문소전
과 같은 왕실의 혈족 추숭 시설은 대부분 복구되지 않았고, 종묘 중심의
종법 질서가 더욱 공고화되었다. 아울러 왕실에서 치러지던 불교식 예

제는 대부분 폐지되고, 능침사의 설치도 중단되었다.

임진왜란의 여파는 불교정책에도 상당한 영향을 미쳤다. 임진왜란 이후 승군의 우수성에 주목한 조선왕조는 승려들을 국역체계에 적극적으로 유입시키는 방향으로 불교정책을 선회했다. 조선전기까지만 해도 승려들을 피역지민(避役之民)으로 간주해 국역체계를 교란시키고 국가수입을 축소시키는 병폐로 여겼다. 이 때문에 유학자 관료들은 조선초부터 승려가 되는 길을 원천적으로 봉쇄하기 위한 도첩제 폐지를 지속적으로 요청하였고, 결국 명종대에 도첩제는 완전히 폐지되었다. 하지만 임진왜란 당시 승군들의 활약을 목도한 조선왕조는 전쟁 직후 승려들을 국역의 공백을 메우는데 적극적으로 활용하였다. 전국의 산성 축성에 승려들을 동원하였고, 축성이 끝난 후에는 산성 내에 사찰을 창건해 승군들을 배치함으로써 산성 수비 및 관리에 활용했다. 이들은 전국 곳곳에서 상비군으로 역할하였다. 제방이나 산릉 등의 토목 공사에도 승군들이 동원되었다. 그리고 중앙 정부와 지방 관아에서는 전국 사찰에 각종 잡역을 부과하여, 세금 대신 물품과 노동력을 무상으로 공급받는 '속사(屬寺)' 제도를 적극 활용하였다.

이러한 불교정책의 변화는 왕실의 능침 관리에도 큰 영향을 미쳤다. 조선왕조는 왕릉 주변에 위치한 사찰들로부터 각 능을 관리하는데 필요한 인적·물적 자원을 공급받았다. 조포사라 불린 이들 사찰은 능침사의 종교적 기능을 제외한 나머지 역할을 담당하게 되었다.

'조포'의 의미 변화

조선후기에 들어서면 조포사라는 용어가 왕실의 능, 원, 진전 등을 수호하는 사찰을 통칭하는 의미로 사용되었다. 조포사는 두부를 만드는 절이라는 의미로, 왕릉제사에 필요한 제수품 등을 공급하는 사찰을 지칭했다.[372]

조선전기까지만 해도 '조포(造泡)'는 '두부를 만들다'라는 의미로 사용되거나 '두부' 자체를 지칭하는 용어로 사용되었다. 남효온(南孝溫)의 『추강집(秋江集)』에 실린 「송경록(松京錄)」에는 "마추령을 지나 낙산에 들어가 조포소 앞에 노복과 말을 남겨두고 낙산사(洛山寺)에 올랐다."는 내용이 등장한다.[373] 이 글이 작성된 시기는 1485년(성종 16) 9월 12일로, 남효온이 양양 낙산사를 방문했을 때의 기록이다. 임진왜란 때의 의병장 정경운(鄭慶雲)의 『고대일록(孤臺日錄)』에도 조포라는 용어가 확인되는데, "(1598년 10월 2일) 숭림사에서 두부를 만들었다."는 내용이 나온다. 조선전기 능침사에 조포소가 설치된 사례도 확인되는데, 정인사에 두부를 만들기 위한 건물이 설치됐다는 기록이 「정인사중창기」에 남아있다.[374] 이들 기록을 통해 조선전기 사찰에서 두부를 만드는 경우가 많았고, 규모가 큰 사찰에서는 두부를 만드는 장소를 별도로 마련하기도 했음을 알 수 있다.

수륙재의 필수 음식 '두부'

그런데 두부를 지칭하던 조포가 왜 능침사의 역(役)을 지칭하는 용어

---

372 조선시대 조포사라는 용어는 ①능묘, 진전의 잡역을 담당하는 사찰 ②왕릉이나 원묘 관리에 필요한 물품과 노동력을 제공하지만 어실은 설치되지 않은 사찰 ③원이나 묘 주인의 명복을 빌기 위한 어실을 갖춘 사찰을 포괄하는 용어로 사용됐다.(탁효정, 『廟殿宮陵園墓 造泡寺調』를 통해 본 조선후기 능침사의 실태, 조선시대사학보 61, 2012, 220쪽)

373 『秋江集』「雜著」松京錄. "過馬墜嶺入洛山造泡前置奴從及馬上洛山寺"

374 『拭疣集』「正因寺重創記」"寺外南造泡牛馬舍幷十五間"

로 사용된 것일까. 그 이유에 대해서는 1420년(세종 2)에 예조에서 마련한 수륙재 규정이 실마리를 제공해 줄 수 있을 것으로 보인다.

예조에서 계하기를,

"전조로부터 대저 추천(追薦)할 적에 재를 올리고 비용을 쓰는데, 남녀가 주야로 모여서 다만 미관(美觀)만을 일삼고, 부처를 섬기며 죽은 이를 추천하는 본의는 거의 잃고 있으니, 지금부터는 나라의 행사나 대부와 사서인(士庶人)의 추천에는 모두 산수 깨끗한 곳에 나아가서 수륙재(水陸齋)를 올리게 하되, 그 차리는 데에는 속인은 금하고 다 승도(僧徒)를 시켜서 공궤하게 할 것이며, 나라의 행사에는 종친 한두 사람과 예조의 당상과 낭청 각 한 사람으로 모든 일을 점검하게 하며, 대부나 사서인은 빈소를 지키는 상주 외에는 자손 한 두 사람만 가게 하고, 이 외의 잡인은 비록 재올린 다음 날에도 참례하지 못하게 할 것이며, 법석(法席)에서 금하는 것은 이미 분명한 법령이 있으니, 지금부터는 다시 신칙하여 엄중히 금지하고, 나라에서 재에 올리는 물품은 찐밥[蒸飯] 30동이와 유과(油果) 아홉 그릇과 두부탕 아홉 그릇과 정병(淨餠) 아홉 그릇과 정면(淨麪) 아홉 그릇과 과일 아홉 그릇과 좌우 병(甁)의 꽃이 여섯 가지인데, 흰 꽃을 쓰고, 주지(奏紙) 50권, 수건 저포(手巾苧布) 두 필, 납촉(蠟燭)은 등롱(燈籠)으로 대용하며, 주법 보시(主法布施)하는 목면이 한 필, 재주(齋廚) 보시하는 정포(正布)가 다섯 필로 한다. 2품 이상의 재에는 찐밥 아홉 동이, 유과·두부탕·정병·정면·과일이 각각 여섯 그릇, 주지가 15권이요, 3품 이하의 재에는 찐밥이 여섯 동이, 유과·두부탕·정병·정면·과일이 각각 여섯 그릇에, 주지가 10권이요, 관직이 없는 사람의 재에는 찐밥이 세 동이에, 유과·두부탕·정병·정면·과일이 각각 세 그릇, 주지가 5권인데, 이상 좌우 병의 꽃은 여섯으로 흰 꽃을 쓰고, 수건 정포(手巾正布)가 한 필이요, 납초로 등롱을 대용한다. 상항(上項)에 보인 각 품관이나 서인들로, 재물이 있는 자라도 정한 규제를 넘지 못하며, 재물이 없는 자는 자기 집의 정도에 따를 것이다."라고 하였다.[375]

위의 『세종실록』 기사에 따르면, 나라에서 수륙재를 올릴 때의 음식으로 ①찐밥[蒸飯] 30동이 ②유과(油果) 9그릇 ③두부탕[豆湯] 9그릇과 ④ 정병(淨餠) 9그릇 ⑤정면(淨麪) 9그릇 ⑥과일 9그릇이 규정되었다. 그 중에서도 두부탕은 왕실 제사는 물론 관료나 무관직자의 재에도 공통적으로 진설되는 제수였다.

조선초기에 모든 법석(法席)이 금지되고 수륙재만이 합법적으로 용인되었기 때문에,[376] 왕릉 재궁에서 치러지는 재도 이 규정에 따라 수륙재로 시행되었다. 조선후기에 왕릉 속절제의 진설에 적이 첨가되고 탕과 면의 수가 줄어들었지만, 여타의 내용은 조선초기의 규정과 거의 유사했다. 즉 조선초기 왕릉에서 설행된 수륙재의 제수가 거의 그대로 전승되면서 조선말까지도 왕릉 제사에는 두부가 진설되었다. 또한 사찰에서는 공양의식 등을 위해 항상 두부를 제작했기 때문에 두부는 '사찰의 대표적인 제사음식'으로 인식되었다.

왕실 진전에서 치러지는 제사 음식은 처음에는 소찬으로 이루어지다가 조선중기 이후 육류가 포함되었다. 반면 왕릉 제사에서는 조선초의 전통이 그대로 이어져 조선말까지 육류가 포함되지 않고 두부와 유밀과 등의 소찬이 배설되었다.

조선후기 능제의 제수는 대부분 봉상시에서 공급했다. 하지만 두부는

---

375 『세종실록』 권9, 세종 2년 9월 22일.
376 『문종실록』 권7, 문종 1년 4월 18일.

예외적으로 능 주변에 있는 사찰에서 조달했다. 두부는 깨지거나 상하기 쉬웠기 때문에 도성에서 왕릉까지 이송하기가 거의 불가능했다. 이 때문에 두부를 만드는 역할 즉 조포역이 조선후기 왕릉수호사찰의 중요한 역할로 인식되었고, 이들 사찰을 지칭하는 이름 또한 조포사로 불리게 된 것으로 추정된다.

'조포사'의 등장

조선전기까지만 해도 조포라는 말은 '두부를 만들다'는 의미로 사용되었을 뿐 능침의 승역을 의미하는 용어로는 사용되지 않았고, 능침사를 대체하는 의미로 조포사라는 용어가 사용된 예도 확인되지 않는다. 조포가 왕릉에서 담당하는 승역을 지칭하는 의미로 사용된 것은 숙종~영조대부터 확인된다. 1716년(숙종 42)에서 1735년(영조 11) 사이에 간행된 『각릉등록(各陵謄錄)』에는 장릉(長陵)의 능침사인 검단사에 관한 내용 가운데 "절에서 제향(祭享) 때 조포(造泡)를 하는 일 자체가 중대하다."는 내용이 등장한다.[377]

조포사라는 용어가 관찬 사료에서 처음 확인되는 것은 18세기 후반이다. 『일성록』의 정조 10년(1786) 윤7월 12일 기사에서 처음으로 등장한다. 1786년에 현륭원의 이장을 위해 설치된 묘소도감에서 산릉역을 담당할 부사군(浮莎軍)과 보토군(補土軍)의 별단을 보고했는데, 자원군 부사질(浮莎秩) 가운데 영우원 조포사의 승려 15명이 포함되었다.[378] 이는 영우원에 이미 조포사가 설치돼 있었으며, 이 시기에 능원을 수호하는 사

---

377 『各陵謄錄』(奎 12916)
378 『일성록』 정조 10년 병오 윤7월 12일.

찰을 조포사라 부르고 있었음을 알려준다.

1819년(순조 19) 정약용의 『아언각비(雅言覺非)』에는 "각각의 능과 원에는 절이 딸려 있다. 이 절은 두부를 공급해서 조포사라 한다."는 기록이 남아 있다. 19세기 초에 편찬된 『정릉지(靖陵誌)』에도 봉은사를 조포사로 칭하고 있다. 권상로는 『한국사찰전서』에 이 내용을 소개하며 "봉은사를 조포사라고 한 것은 사찰에서 두부를 만들어 능침의 제수로 공급했기 때문이라고 한다. 두포(豆泡)는 두부의 속명이다."[379]라고 설명했다. 정약용의 설명과 『정릉지』의 기록은 정조대에 조포사가 보편적인 용어로 자리잡았으며, 조선전기에 능침사로 지정된 사찰들까지 조선후기에 이르러 조포사로 칭하였음을 알려준다. 『조선불교통사』에도 조포사에 관한 내용이 등장하는데, 이능화는 "조선왕실의 제사에 불교의 법을 사용하였다. 국초(國初) 이래로 능원(陵園)의 제물(祭物)에 육류는 사용하지 않고 다만 소선(素饍)을 공양하였으며, 황납(黃蠟) 초를 사용하고 또한 제물을 불기(佛器)에 담았으니, 이른바 각 능원의 재사(齋社)에 조포사(두부를 만들어서 제사를 지낼 때 반찬으로 공양하는 절)나 향반사(香飯寺)의 명칭이 있는 것이다."라고 설명했다.[380]

조선중기까지만 해도 능침사는 왕릉 주인의 명복을 비는 사찰로 역할했지만 조선후기로 갈수록 제사를 지내는 사당의 성격은 약해지고 대신 능침에 제수와 노동력을 공급하는 역할이 확대되었다. 따라서 '조포사'는 효종~현종대 이후 능침사의 추천(追薦) 기능이 사라지고 제수 공급 및 승역 제공의 비중이 커지면서 새롭게 발생한 신종 용어라 할 수 있다.

---

379 奉恩寺卽 造泡寺(寺造豆泡 以供陵寢之祭需故云 豆泡豆腐之俗名) (권상로, 『韓國寺刹辭典』, 「靖陵志」, 이화문화출판사, 1994, 812쪽.)
380 이능화 편, 『역주 조선불교통사』 6, 동국대학교출판부, 2010, 41쪽.

아울러 능침사라는 용어 대신 조포사라는 이름이 사용된 것은 이들 사찰을 '산릉 제사에 두부를 공급하는 절'이라고 표현함으로써 종교적 의미를 박탈하고 이들의 승역만을 부각시키기 위한 유학자들의 비하적인 표현으로 간주된다.

조포사라는 용어가 정조대부터 본격적으로 사용되었다고 해도, 조포사 제도가 정조대에 만들어졌다고 볼 수는 없다. 이미 능침사가 조선전기 내내 설치되었고, 임진왜란 이후에도 능침사들이 그 역할을 계속 이어왔기 때문에 '사찰=왕릉의 제수를 공급하는 곳'이라는 인식이 보편화돼 있었다. 인조대에 장릉(章陵)에 봉릉사를 건립한 것이나 효종대에 장릉(長陵)의 검단사를 중창한 것으로 미루어 승려들이 제수를 마련하고 능 관리를 담당하는 관습은 이미 오래전부터 고착되었음을 알려준다. 또한 영조대 동북면 8릉 주변의 사찰들이 조포사와 유사한 역할을 오랫동안 수행해왔다는 사실도 확인된다.

동북면 8릉을 관리한 지사승

영조대에는 조포사나 조포승이라는 명칭은 확인되지 않지만 이와 유사한 지사승(持寺僧)이라는 승직이 확인된다. 『승정원일기』에서 지사승은 동북면 8릉을 관리했던 승려들을 칭했는데, 이들 지사승에 대한 논의가 1725년(영조 1)과 1726년(영조 2) 두차례에 걸쳐 조정에서 전개되었다.

1725년 강화유수(江華留守) 박사익(朴師益)이 "신이 근래 북로(北路)의 능침을 봉심하였는데 (…) 안변의 지릉(智陵)에 제사 지낼 때 일찍이 석왕사(釋王寺)의 승려 3명을 심부름꾼으로 삼은 규정이 있고, 그 명칭을 '지사승'이라 하였습니

<u>다.</u> 근래에 석왕사에 거처하는 승려들이 이 일을 꺼려서 회피하는 경우가 많은데, 숙릉(淑陵)의 경우는 아직도 지사승을 심부름꾼으로 삼는 규례가 있으니, 어찌 유독 지릉에 대해서만 전례를 폐지할 수 있겠습니까. <u>지사승 3명을 옛 규례대로 심부름꾼으로 삼도록 영구히 정식으로 삼는 것이 어떻겠습니까?"</u>하니, 영조는 "그대로 하라."하고 윤허를 하였다.[381]

1726년 동부승지(同副承旨) 이유(李瑜)가 "지릉과 숙릉에 입번하는 지사승을 조정에서 정속(定屬)하였는지 예조에 물으라고 하교하셨습니다. 예조에 물었더니 '등록을 살펴보니 달리 근거할 만한 문서는 없고, 다만 지난해 5월 강화유수 박사익이 아뢰기를 「안변의 지릉에 제향할 때 석왕사(釋王寺)의 승려 3명에게 심부름을 시킨 규례가 있었는데, 이들을 지사승이라고 하였습니다. 근래에 거처하는 승려들은 이 일을 꺼려서 회피하는 일이 많으나, 숙릉에는 아직도 지사승에게 심부름을 시키는 규례가 있으니, 어찌 유독 지릉에 대해서만 전례를 폐지하겠습니까. 지사승 3명에게 옛 규례대로 심부름을 시키는 일을 영구히 정식으로 삼는 것이 어떻겠습니까?」 하니, 상께서 「그대로 하라」고 전교하셨습니다. <u>그러나 작년 9월에 곧 내수사의 계목으로 인하여 그대로 혁파하였습니다.</u>'라고 하였습니다.

또 작년 11월 지릉 참봉이 예조에 보고한 문서를 살펴보니 '<u>지사승을 두게 된 경위는 문헌으로 징험할 수 없으나, 밥을 하는 일 따위를 지사승이 담당합니다.</u>'라고 하였습니다. 비록 이로 보더라도 이른바 지사승을 두게 된 것은 본디 조정에서 정속한 것이 아니라 다만 참봉이 부리려고 사사로이 만들어 세웠다는 것 또한 알 수 있습니다. <u>조정에서 정속한 일도 없는 데다 능소를</u>

---

381 『승정원일기』 593책 영조 1년 5월 22일.

지키는 일도 없으니, 잘못된 규례를 답습하여 그대로 둘 수 없습니다. 이른바 지사승이라는 것을 성상의 전교대로 혁파하라고 예조에 분부하고 통지하여 시행하게 하는 것이 어떻겠습니까?" 하니, 윤허한다고 전교하였다.[382]

지사승에 관한 『승정원일기』의 두 기사는 영조대 조포역에 대한 조정 내의 인식을 보여주는 사례이다. 두 기사에 따르면, 1725년 5월 함경도 8릉을 봉심하고 돌아온 박사익이 영조에게 조포역을 담당하는 지사승의 관례를 소개하며 이를 정식 규정으로 삼자고 건의하자 영조는 지사승을 제도화할 것을 곧바로 허락했다. 하지만 그 해 9월 내수사에서는 계목을 내려 지사승 제도를 혁파하였다. 내수사에서 지사승을 혁파한 것은 왕실원당의 승려들을 일정한 대가 없이 함부로 잡역에 동원하는 것을 저지하고 사찰을 보호하려 했던 조치로 파악된다. 이듬해 영조가 지사승에 관해 물어보자, 동부승지 이유는 "승려로 하여금 능소를 지키게 하는 것이 잘못된 규례이므로 이를 혁파하자."고 제안했고 영조는 이를 윤허했다. 1년 사이에 지사승을 제도화 하려던 시도가 내수사와 조정신료에 의해 무산된 것이다.

지사승 논의는 영조대까지만 해도 승려들이 능침에서 잡역을 담당하는 것이 규례에 맞지 않는 일이라고 여겼음에도, 능침에서는 승려들을 동원해 잡역을 시키는 일이 관례처럼 내려왔음을 보여준다. 당시 영조와 조정 신료들은 지사승이 언제부터 창설되었으며, 왜 배치되었던 것인지에 대해 전혀 알지 못했다. 영조가 동북면에서 8릉을 봉심한 담당자를 불러 "국초(國初)부터 조정에서 명하여 정속(定屬)한 것인가, 혹은 중간에

---

382 『승정원일기』 617책 영조 2년 5월 21일.

사사롭게 창설한 것인가"를 묻자, 이수해는 다음과 같이 답변했다.

"소신이 봉심하고 적간(摘奸)할 때 다만 거안(擧案)대로 이름을 부르며 점고 (點考)했을 뿐이니, 언제부터 창설하였는지 어떻게 알겠습니까. 그러나 능침에 입번하는 승려가 있는 것은 상규(常規)와 다른 일이므로 신도 괴이하게 여겨 물어보았습니다. 승려들은 그저 참봉에게 밥을 해 주고 사환(使喚) 역할이나 할 뿐 능침에 관한 일에는 달리 관계가 없다고 말하였으나, 참봉은 제향 (祭享) 때 과자를 만들거나 두부를 만드는 등의 일에 지사승이 없으면 모양새를 갖추기 어렵다고 말하여 말한 내용이 서로 달랐습니다. 또 언제부터 창설되었는지 물어보았더니 피차 모두 대답을 하지 못하였습니다. 사리로 추측해 보건대 조정에서 정속한 것은 아니고, 또한 능침을 수호하는 방도에 특별한 보탬도 없는 듯합니다."[383]

이수해의 답변은 영조대의 조정신료들은 물론 함경도의 승려들조차 태조대 동북면 8릉의 재궁에 승려들이 배치되었고 인근 사찰의 승려들이 재궁을 관리해 왔던 역사적 유례를 전혀 파악하지 못한 채 오랜 관례로만 여기고 있었음을 보여준다.

이어 지사승이 어떤 의미인지 묻는 영조의 질문에 이수해는 "지사(持寺)란 승려가 맡은 소임의 명칭인데, 이는 당초에 별도의 이름을 만든 것이 아니라 그대로 승려의 소임으로 명칭을 삼은 듯합니다. (…) 북로에 있는 승단(僧團)의 풍습은 신이 비록 잘 알지 못하지만, 삼남(三南)의 여러 사찰에는 모두 지사가 있습니다."라고 답했다.[384]

383 『승정원일기』 617책 영조 2년 5월 20일.
384 『승정원일기』에는 지사승(持寺僧)이라고 표기되었지만, 이는 사찰의 승려 소임 중 하나인

영조대의 지사승 논의는 18세기 초반에 승려들의 조포역이 제도화되지는 않았지만 오랫동안 관례처럼 내려져왔다는 사실을 보여준다. 정조대 이전에 이미 조포사 제도가 자리 잡아가고 있었다는 사실은 『헌릉지』에서도 확인된다. 1798년(정조 22)에 작성된 『헌릉지』에는 "봉헌사가 퇴락한 탓에 봉서사를 헌릉의 조포사로 삼은 지가 이미 수십 년이 되었다." 고 기록돼 있다.[385] 이 기록은 숙종~영조대부터 봉헌사가 조포사로 역할하고 있었음을 알려준다.

이처럼 왕릉의 잡역을 승려들에게 분급하는 사회적 분위기는 정조가 영우원에 조포사를 설치하고 현륭원의 조포사인 용주사를 창건하는 행보로 이어졌다. 현륭원을 이장할 때 원소도감제조(園所都監提調) 이문원(李文源)은 정조에게 "새로운 원소(園所)에 조포사를 설치하지 아니할 수가 없으니, 다른 능원의 예에 따라 체가(帖加)와 권선(勸善)을 미리 내주어야 지을 수 있다."고 아뢰었다.[386] 이문원의 건의는 왕실 능원에 조포사를 설치하는 것이 관례로 정착되고 있던 당시의 분위기를 보여준다.

영조대 지사승의 배치 문제가 두차례 논의 끝에 혁파되는 것으로 결론지어졌음에도 정조대에 이르러 조포사는 전체 능과 원을 관리하는 하나의 제도로 구축되었다. 따라서 영조대의 지사승 혁파 논의는 조선전

지사승(知事僧)을 잘못 쓴 것으로 보인다. 지사승은 사찰의 운영과 재정을 관리하는 승려의 직책으로, 중국 수대에 편찬된 『국청백록(國清百錄)』에 등장하는 승직이다. 수나라 승려 관정(灌頂)의 『국청백록』에는 "지사승(知事僧)의 업무는 도량의 안립과 이익을 담당한다. 지사승이 도량 살림에 손해를 입히고 대중에게 피해를 주면서 자신의 이익을 도모하고 개인적으로 일을 처리하여 비리가 눈곱만치라도 생긴다면 비록 그것이 대중을 위해서였더라도 드러내지 말고 조사를 통해서 사실이 드러나면 추방한다."는 내용이 나온다.(김호귀, 「중국불교의 계율과 청규의 출현」, 『불교평론』 53호, 2013.) 지사승은 조선시대 사찰에도 있었던 직책으로, 사찰의 재무를 담당하는 승려를 지사승으로 불렀던 것으로 보인다.

385 『역주 헌릉지』, 138쪽.
386 『승정원일기』 1,667권, 정조 13년 10월 17일.

기의 능침사 제도가 혁파되고 조포사 체제가 정비되기 전까지의 과도기적 상황으로 이해된다.

18세기 후반 조포사의 정비

조선후기에 조포사가 제도적으로 정비된 것은 정조대였다. 1793년(정조 17) 2월 30일 예조판서 민종현(閔鍾顯)이 "각 능의 제향 때 사용할 두부를 만드는 일은 동릉(東陵)의 경우 불암사에서 거행하게 했으나, 그 외의 능, 원, 묘의 경우에는 원래 조포사가 없거나 조포사가 있더라도 사찰이 쇠잔하고 승려가 적어 두부를 만들 수 없으므로 편리한 대로 바로잡을 방도가 있어야 한다."고 건의하자 정조는 "속히 바로잡은 뒤에 초기하라."는 명을 내렸다. 곧이어 4월 3일에 원래 조포사가 없던 능묘에 조포사가 배치되었다. 이때 공릉(恭陵)은 운신암(雲神庵), 순릉(順陵)은 화성암(化成庵), 온릉(溫陵)은 봉온암(奉溫庵), 예릉(禧陵)·효릉(孝陵)은 고향사(高香寺), 의릉(懿陵)은 청량사(淸凉寺), 영릉(永陵)은 칠장암(柒莊庵), 소현묘(昭顯墓)은 고봉사(高峯寺)가 각각 조포사로 지정되었다.[387] 이 가운데 현존하는 사찰은 청량사뿐이고, 나머지 사찰은 모두 폐사되거나 정확한 위치 확인이 불가능하다. 『승정원일기』에는 조포사가 원래 없던 능·원만 언급되었기 때문에 전체적인 윤곽을 파악하기는 힘들다. 하지만 1793년에 지정된 왕릉 조포사 가운데 조선초기와 중기에 능침사가 있던 곳은 한군데도 포함되지 않았으며, 모두 왕릉 조성 당시부터 능침사가 없던 곳들만 새롭게 지정되었다. 조선초기와 중기에 능침사로 지정된 사찰 대부

---

387 『승정원일기』 1716책, 정조 17년 4월 3일.

표 10 정조 17년(1793) 새롭게 지정된 조포사 목록

	陵園墓	位置	造泡寺	位置
1	恭陵	파주시 조리읍 봉일천리 파주삼릉	雲神菴	미상
2	順陵	〃	化成庵	미상
3	永陵	〃	柒莊庵	미상
4	溫陵	양주시 장흥면 일영리	奉溫庵	미상
5	懿陵	서울 성북구 석관동	淸凉寺	
6	禧陵·孝陵	고양시 덕양구 원당동 서삼릉	高香寺	미상
7	昭顯墓	〃	高峯寺	미상

분은 조선후기에도 조포사라는 이름으로 왕릉의 수호 역할을 계속 담당
했다. 그리고 동구릉이나 서오릉과 같이 기존의 능침사가 폐사된 경우
에는 인근의 사찰이 그 역할을 계승하고 있었다.

『묘전궁릉원묘조포사조』에 기재된 53개 조포사

조포사에 관한 가장 상세한 자료는 한국학중앙연구원 장서각에 소장
된 『묘전궁릉원묘조포사조』이다. 이 문서철에는 이왕직(李王職)에서 관
리하던 묘(廟), 전(殿), 궁(宮), 능(陵), 원(園), 단(壇), 묘(墓) 등의 이름과 조
포사, 소재지, 거리, 색인(索引) 등 목록과 함께 이왕직의 공문, 진전과
능묘 관리자들의 조사내용이 차례대로 엮어져 있다. 전주이씨 시조 사
공(司空) 이한(李翰)의 위패를 모신 조경묘(肇慶廟) 경기전(慶基殿)의 조포사
인 봉서사(鳳棲寺)부터 삼척 준경·영경묘(濬慶永慶墓)의 조포사인 천은사(天
恩寺)까지 총 39곳의 능묘 및 진전에 속해있는 사찰 53개가 기재됐다.
『묘전궁릉원묘조포사조』에서는 9개의 능사, 35개의 조포사, 8개의
속사 등 총 52개의 사찰이 조사되었다. 이를 정리하면 표 11과 같다.

표 11 『廟殿宮陵園壇墓造泡寺調』에 실린 조포사 목록

	廟殿宮陵園壇墓	位置	造泡寺	位置	類型[388]
1	肇慶廟 慶基殿	全州郡全州面豊南町	鳳棲寺	全州郡龍進面	造泡寺
	〃	〃	威鳳寺	全州郡 所陽面	造泡寺
	〃	〃	鶴巢菴	全州郡 亂田面	造泡寺
2	濬源殿 永興本宮	永興郡順寧面 亭子里	雲住寺		造泡寺
			安佛寺		造泡寺
3	咸興本宮	咸興郡雲田面	歸州寺	咸興郡南州東面	願堂寺
4	德安陵	新興郡加平面陵里	成佛寺	定平郡長原面東溪里	造泡寺
5	智陵	安邊郡瑞谷面陵里	없음		
6	淑陵	文川郡都草面陵前里	靑蓮寺	文川郡龜山面敀宗里	造泡寺
7	義陵	咸興郡雲田面雲興里	大洞寺	北靑郡	造泡寺
8	純陵	咸興郡西湖面陵前里	隱寂寺	洪原郡孝賢面頭無山	造泡寺
9	定和陵	咸興郡北州東面慶興里	龍興寺	咸興郡白雲山	造泡寺
	〃	〃	開心寺	新興郡千佛山	造泡寺
10	東九陵	楊州郡九里面仁倉里	佛巖寺	楊州郡別田面花蝶里	造泡寺
11	齊陵	開城郡上道面楓川里	衍慶寺	開城郡上道面楓川里	陵寺
12	貞陵	高陽郡崇仁面貞陵里	興天寺	高陽郡崇仁面貞陵里	陵寺
	〃		奉國寺	上同	造泡寺
13	厚陵	開城郡奧敎面興敎里	興敎寺	開城郡奧敎面興敎里	造泡寺
14	獻仁陵	廣州郡大旺面紫谷里	鳳棲寺	龍仁	造泡寺
			紫雲菴	果川郡果川面冠岳山	造泡寺
			昌善寺	水原	屬寺
			白雲寺	廣州郡儀旺面	屬寺
			萬德寺	康津	屬寺
			黔丹寺	興陽郡	屬寺
15	英寧陵	驪州郡陵西面旺垈里	神勒寺	驪州郡北因面因西里	造泡寺
16	莊陵	寧越郡寧越面永興里	報德寺		造泡寺
			禁夢菴		造泡寺
17	思陵	楊州郡眞乾面思陵里	없음		
18	光陵 徽慶園	楊州郡榛接面富坪里	奉先寺	楊州郡榛接面富坪里	陵寺
19	西五陵 一園	高陽郡神道面龍頭里	津寬寺	高陽郡神道面津寬里	造泡寺
	〃	〃	守國寺	高陽郡神道面龍頭里	造泡寺
20	恭順永陵	坡州郡條里面奉日川里	普光寺	高陽郡	造泡寺
	〃		美黃寺	全羅北道靈巖郡	屬寺
21	宣靖陵	廣州郡彦州面三成里	奉恩寺		陵寺
22	溫陵	楊州郡長興面日迎里	興國寺	高陽郡神道面紙朾里	造泡寺
23	西三陵 一園	高陽郡元堂面元堂里	普光寺	楊州郡白石面靈場里[389]	陵寺
24	泰康陵	楊州郡盧海面孔德里	佛巖寺	楊州郡別內面花蝶里	造泡寺
25	章陵	金浦郡 郡內面 豊舞里	奉陵寺	金浦郡內面豊舞里	陵寺

廟殿宮陵園壇墓		位置	造泡寺	位置	類型
26	長陵	坡州郡炭縣面葛峴里	黔丹寺	坡州郡炭縣面松裡洞	造泡寺
27	懿陵	高陽 崇仁面 石串里	萬壽寺	高陽郡 崇仁面 淸凉里	造泡寺
	〃		蓮華寺	高陽郡崇仁面二門里	造泡寺
28	隆健陵	水原郡安龍面安寧里	龍珠寺	水原郡安龍面松山里	造泡寺
	〃	〃	道岬寺	靈岩郡	屬寺
	〃	〃	實林寺	長興郡	屬寺
29	洪陵	楊州郡美金面金谷里	蓮花寺		造泡寺
30	裕陵	楊州郡美金面金谷里	華陽寺	高陽郡毒縣島面九宜里	陵寺
31	永懷園	始興郡西面老溫寺里	三幕寺	始興郡東面冠岳山	造泡寺
32	懿寧園	高陽郡延禧面阿峴北里	奉元寺	高陽郡延禧面奉元里	造泡寺
33	孝昌園	京城府錦町	僧伽寺	高陽郡恩平面舊基里	造泡寺
34	順康園	楊州郡榛接面內闊里	奉永寺	楊州郡榛接面內闊里	造泡寺
35	昭寧綏吉園	楊州郡白石面靈場里	普光寺	楊州郡白石面古靈里	佛寺
36	綏慶園	高陽郡延禧面新村	奉元寺	高陽郡延禧面奉元里	造泡寺
37	永徽崇仁園	高陽郡 崇仁面 淸凉里	없음		
38	肇慶壇	全州郡伊東面鈴岩里	上耳菴	任實郡上東面聖壽山	造泡寺
	〃		龍門寺	南海郡	屬寺
39	濬慶永慶墓	三陟郡未老面活耆里	天恩寺	三陟郡未老面內未老里	造泡寺
계	39		52		

이 조사보고서가 1932년에 조사돼 1933년에 편집된 것을 감안하면, 여
기에 기재된 조포사들은 1908년 향사이정(享祀釐正) 직전까지 조포를 담
당하던 사찰들로 파악된다.

『묘전궁릉원묘조포사조』에 나타나는 능침 관련 사찰의 형태는 크게

---

388 조경묘와 함흥본궁에 속한 사찰은『묘전궁릉원묘조포사조』원문에 속사로 기재돼 있지
   만 실제 담당했던 역할은 조포 역이었으므로 이 표에서는 조포사로 표기했으며, 조경단
   에 속한 남해 용문사는 실제로 조포의 역 없이 금전적인 보조 역할만 담당했으므로 속사
   로 표기했다.

389 공·순·영릉(恭順永陵) 조포사인 보광사는 고양군에 소재한 것으로 기재돼 있고, 서삼릉의
   조포사인 보광사는 양주군 소재로 나와 있다.『묘전궁릉원묘조포사조』필사본에는 고양
   (高陽)이라고 표기한 후, 두 줄을 긋고 그 위에 다시 양주(楊州)라고 표기하였다. 두 보광사
   가 동일한 사찰이나, 앞부분의 오기를 수정하지 않아 생긴 오류인 것으로 보인다.『한국
   불교전서』에 기재된 보광사는 총 14개인데, 이 가운데 경기도에 소재한 보광사는 단 1개
   이며,『한국불교전서』에도 보광사는 경기도 양주군 고령산에 있다고 기록돼 있는 것으로
   볼 때 두 보광사는 동일한 사찰임이 확실하다. (『韓國寺刹事典』上권, 714쪽.)

세 종류로 나뉘어진다. ①왕실의 능묘와 인연이 있는 능사(陵寺) ②능묘의 제향(祭享) 때마다 제수와 제기들을 공급하는 조포사(造泡寺) ③능묘에 직접 노동력을 공급하지는 않지만 능묘와 관련된 각종 비용을 보조하는 속사(屬寺)로 구분된다. 이들은 모두 왕실 능원묘 및 진전의 제사를 보조한 사찰이라는 공통분모를 갖고 있지만, 능사는 능 주인의 명복을 빌기 위해 건립한 사찰을 의미하는 한편 조포사로 불린 대부분의 사찰들은 제향이 있을 때마다 제물과 각종 물품을 공급한 사찰을 지칭하였다.

『묘전궁릉원묘조포사조』에 기재된 사찰과 정조대 조포사로 지정된 사찰 그리고 그 이전에 설치된 능침사들을 대조해보면, 정조대의 조포사 정비가 상당히 급조된 조치로 파악된다. 정조대에 조포사로 새롭게 지정된 사찰 가운데『묘전궁릉원묘조포사조』에 기재된 사찰은 단 한 곳도 없다. 당시 사찰의 승려 수나 경제적 여건을 감안하지 않은 채 능원묘 가까이에 있다는 이유만으로 조포사로 지정했기 때문에, 해당 사찰들이 조포역을 견디지 못하고 폐사하거나 역을 감당할 수 없을 정도로 쇠잔해졌기 때문이다. 이에 반해 조선전기에 능침사로 조성된 봉선사와 봉은사, 신륵사 등은 조선후기까지 조포사로 불리며 능침을 관리하고 있었다.

어실이 사라지다

조선중기 능침사와 조선후기 왕릉 조포사의 가장 큰 차이점은 어실, 즉 왕의 위패를 모신 건물의 부재이다.[390] 조선초기 왕릉의 재궁에도 어

---

390 왕릉의 조포사에는 어실이 없었던 반면 일부 원묘의 조포사에는 위실이 설치되었다. 소령원의 조포사인 보광사에는 숙빈 최씨의 위패가 봉안되었고, 현륭원의 조포사인 호성전

실이 없었지만, 이는 왕릉이 바라보이는 위치에 있어 사자(死者)의 혼백을 상징하는 신물(神物)이 필요 없었기 때문이다. 비록 어실은 없었지만 재궁의 승려들이 왕릉 피장자의 명복을 비는 각종 의식을 설행했다는 점에서 조선초기의 왕릉 재궁은 조선중기 능침사와 거의 유사한 역할을 담당하였다. 이에 반해 조선후기 왕릉 조포사에는 어실이 존재하지 않았고, 불교식 추천 의례도 설행되지 않았다.

조선후기에 어실이 사라지게 된 것은 국가 묘제(廟制) 정비와 밀접하게 연관돼 있다. 조선전기까지만 해도 국가의 묘제는 원묘제(原廟制)와 종묘제(宗廟制)가 병립하는 형태로 유지되었고, 국가 상제례는 불교식으로 치러지고 있었다. 하지만 점차 주자가례에 의거한 유교식 상제례가 정립되면서 왕실의 불교식 상제례는 대부분 유교식으로 대체되었다. 특히 사림들이 정국을 주도하게 되면서 소격서(昭格署)와 수륙사(水陸社)와 같은 도교식·불교식 의례와 시설은 거의 사라지게 되었다.[391]

선조대 사림정치가 본격화되고 인조대 정묘호란과 병자호란을 겪으면서 조선의 성리학 교조주의는 훨씬 더 공고해졌다. 이는 조선초에 설치되었던 원묘의 폐지로 이어졌다. 종법 질서를 강조하는 성리학자들은 종묘 이외의 모든 혈족 추숭 시설을 불필요한 사당 내지 종법에 맞지 않는 사당으로 간주했다. 임진왜란 이후 전소된 문소전 재건 논의가 조정에서 전개되었지만 유학자들은 문소전이 유교식 예법에 맞지 않는 시설이라는 이유로 재건을 반대했다. 문소전은 왕실의 혈족 추숭을 위한

이라는 위실이 마련돼 사도세자의 위패가 봉안되었다. 조선후기에 이르면 왕과 왕비의 사찰내 위패 봉안이 엄격하게 금지되었지만, 왕이나 왕비가 아닌 사친의 위패 봉안은 크게 문제되지 않았기 때문인 것으로 보인다.

391 탁효정, 「조선시대 王室願堂 연구」, 한국학중앙연구원 한국학대학원 박사학위논문, 2012, 161쪽.

시설인데다 왕의 위패가 종묘에만 배향되어야 한다는 논리였다. 이 논리는 원묘뿐만 아니라 능침사를 비롯한 왕실원당에도 적용되었다.

그 결과 선조대부터 더이상 능침사가 설치되지 않았고 효종~현종대에 이르러 능침사를 비롯해 전국 왕실원당에 봉안된 선왕 선후의 위패를 일제히 철거하는 작업이 진행되었다. 가장 먼저 철거 대상이 된 사찰은 봉은사였다. 『효종실록』에는 봉은사 어실 철폐와 관련해 다음의 기사가 등장한다.

> 찬선(贊善) 송준길(宋浚吉)이 아뢰기를,
> "신이 근래 듣건대, 봉은사에 우리 조정 열성(列聖)의 위판(位版)이 봉안되어 있는데, 재(齋)를 지낼 때에 불상을 남면으로 설치하고 열성의 위판을 북면으로 설치해 재를 올린다고 합니다. 이는 그냥 둘 수 없을 뿐 아니라 문책하지 않아서는 안되는 일이니, 속히 처치하소서."
> 하니, 상이 이르기를,
> "일이 매우 놀랄 만하다. 해조(該曹)로 하여금 정결한 곳에 위판을 묻어 안치하도록 하라."고 하였다.[392]

위의 기사에 따르면 봉은사에는 역대 임금과 왕비들의 위패가 봉안돼 있었고, 효종의 명이 내려진 후 봉은사에 봉안된 왕과 왕비의 위패가 철거되었다. 당시 봉은사에는 성종과 정현왕후를 비롯해 총 12명의 열성조 위패가 봉안돼 있었다. 효종은 이 위판들을 매안하라고 명했지만, 「봉은사사적」에 따르면 위판들은 수진궁로 이안되었다.

---

392 『효종실록』 권19, 효종 8년 12월 13일.

이후 현종대에 이르러 또다시 사찰에 모셔진 열성조의 위판을 추가로 철거하는 작업이 이루어졌다. 『현종실록』에는 이와 관련한 다음의 두 기사가 등장한다.

헌납(獻納) 송시철(宋時喆) 등이 아뢰기를,
"여러 지역의 사찰에 열성(列聖)의 위판(位版)을 봉안해 왔던 것을 일찍이 선조(先朝) 때에 이미 의정(議定)해 매안토록 했었습니다. 그런데 지금까지 묻지 않은 곳이 있는가 하면 방 하나에 따로 모시고는 삭망(朔望) 때 상식(上食)하는 일까지 하고 있으니, 너무도 경악스러운 일입니다. 승사(僧舍)가 어찌 위판을 봉안할 장소이겠으며, 치도(緇徒)가 어떻게 개인적으로 열성을 제사지낼 수 있겠습니까. 해조로 하여금 한결 같이 당초 의정한 대로 지금 즉시 거행하게 하소서."하니, 따랐다.[393]

예조가 아뢰기를,
"열성(列聖)의 위판(位版)이 사찰에 있는 것은 부당하기 그지없으니, 별도로 차사원(差使員)을 정해 일일이 정결한 곳에 매안하게 하소서."하니, 상이 윤허하였다.[394]

위의 두 기사는 1661년(현종 2) 11월 27일과 12월 1일에 논의된 내용으로, 헌납 송시철이 사찰에 봉안된 위판을 모두 철거하자고 건의한 지 3일 뒤에 예조에서 차사원을 파견하겠다는 구체적인 방안을 제시한 것이다. 현종대의 위패 철거 작업으로 인해 대부분의 능침사에서는 어실

---

393 『현종실록』 권4, 현종 2년 11월 27일.
394 『현종실록』 권4, 현종 2년 12월 1일.

이 철거되었던 것으로 보인다. 신륵사의 어실이 1661년에 철거되었으며, 숙종대 봉선사에도 어실이 없었다는 사실이 확인된다.[395]

효종~현종대 이후 능침사는 제사 기능이 없이 왕릉의 잡역만 담당하는 사찰로 전락하였다. 이후 유학자 관료들은 능침사, 능사라는 용어 대신 조포사라는 명칭을 통해 이들 사찰이 '왕릉의 제수 준비를 돕는 곳'임을 부각시켰다.

왕릉 제도에 편입되다

조선중기 능침사가 간헐적으로 설치되었던 것과 달리 조선후기의 조포사는 대부분의 능침에 배속돼 있었다. 『묘전궁릉원묘조포사조』와 각 능지, 『조선왕조실록』, 『승정원일기』 등에 실린 능침사와 조포사를 총정리하면 표 12와 같다.

표 12에 나타나는 바와 같이 조선시대 대부분의 왕릉에는 조포사가 딸려 있었다. 예외적으로 정순왕후의 사릉에는 조포사가 없었는데, 사릉은 능으로 추봉되기 전부터 해평부원군 집안에서 관리를 해왔기 때문에 조포사를 지정하지 않았던 것으로 보인다.

조선전기에 능침사로 지정되었던 사찰이 조선말까지 폐사되지 않고 남아있던 경우에는 해당 사찰이 조포사로 역할하였다. 봉선사와 봉은사, 신륵사 등이 이에 해당된다. 하지만 건원릉의 개경사나 경릉의 정인사와 같이 원래 있던 능침사가 폐사되었을 경우에는 인근의 절을 조포사로 새로이 지정하였다. 헌릉, 공릉, 순릉 등 조선전기에 조성되었음에

---

395 『숙종실록』 권23, 숙종 17년 4월 2일.

표 12 조선시대 왕릉에 소속된 사찰

피장자	능명	조성(추봉)연대	능침사	능침사설치연대	조포사1	조포사2	조포사3	조포사4	조포속사
익조	지릉	1392	재궁명미상	1393	석왕사				
효공왕후	안릉	1392	재궁명미상	1393	개심사	성불사			
경순왕후	순릉	1392	재궁명미상	1393	은적사				
정숙왕후	숙릉	1392	재궁명미상	1393	청련사				
목조	덕릉	1392	재궁명미상	1393	개심사	성불사			
의혜왕후	화릉	1392	재궁명미상	1393	귀주사	용흥사	개심사		
환조	정릉	1392	재궁명미상	1393	귀주사	용흥사	개심사		
도조	의릉	1392	재궁	1393	대동사				
신의왕후	제릉	1392	연경사	1399	연경사	도선암			
신덕왕후	정릉	1396	흥천사	1397	신흥사	봉국사			
태조	건원릉	1408	개경사	1408	불암사	석천사			성흥사반룡사
정안왕후/정종	후릉	1412/1419	흥교사	1412	흥교사				
원경왕후/태종	헌릉	1420/1422	없음		봉헌사	봉서사	자운암	용덕사	봉헌사비봉사창선사백운사
소헌왕후/세종	영릉	1446/1450	신륵사	1469	신륵사				
문종/현덕왕후	현릉	1452/1513	개경사	1452	불암사	석천사			성흥사반룡사
장순왕후	공릉	1461	없음		운신암(영신암)	보광사			미황사
세조/정희왕후	광릉	1468/1483	봉선사	1469	봉선사				
예종/안순왕후	창릉	1469/1498	정인사	1469	진관사	수국사			
덕종/소혜왕후	경릉	1471/1504	정인사	1471	수국사				반룡사성흥사용문사
공혜왕후	순릉	1474	없음		화성암	보광사			미황사
성종/정현왕후	선릉	1494/1530	견성사(봉은사)	1494	봉은사				
장경왕후	희릉	1537	없음		고향사	보광사			
인종/인성왕후	효릉	1545/1577	없음		고향사	보광사	대자사		
중종	정릉	1562	봉은사	1562	봉은사				
문정왕후	태릉	1565	없음		불암사				
명종/인순왕후	강릉	1567/1575	없음		불암사				묘적사
의인/선조/인목	목릉	1600/1630/1632	없음		불암사	석천사			성흥사반룡사
원종/인헌왕후	장릉	1632	없음		봉릉사				
인열왕후/인조	장릉	1636/1649	없음		검단사				

피장자	능명	조성(추봉)연대	능침사	능침사설치연대	조포사1	조포사2	조포사3	조포사4	조포속사
효종/인선왕후	영릉	1673/1674	없음		신륵사				
현종/명성왕후	숭릉	1674/1683	없음		불암사	석천사			성흥사 반룡사
인경왕후	익릉	1680	없음		수국사	진관사			
장렬왕후	휘릉	1688	없음		불암사	석천사			성흥사 반룡사
정순왕후	사릉	1698	없음		없음				
단종	장릉	1698	없음		금몽암	보덕사			남장사 안국사
인현/숙종/인원	명릉	1701/1720/1757	없음		수국사				반룡사 성흥사 용문사
단의왕후	혜릉	1722	없음		불암사	석천사			성흥사 반룡사
경종/선의왕후	의릉	1724/1730	없음		연화사	청량사	만수사		
단경왕후	온릉	1739	없음		봉온암	흥국사			
정성왕후	홍릉	1757	없음		수국사	진관사			
영조/정순왕후	원릉	1776/1805	없음		불암사	석천사			성흥사 반룡사
진종/효순왕후	영릉	1776	없음		칠장암	보광사			미황사
정조	건릉	1800/1821	없음		용주사				보림사 도갑사 다솔사
문조/신정왕후	수릉	1834/1890	없음		화양사				동화사
효현/헌종/효정	경릉	1843/1849/1903	없음		불암사	석천사			성흥사 반룡사
순조/순원왕후	인릉	1856	없음		검단사	불국사			만덕사 금탑사
철종/철인왕후	예릉	1863/1878	없음		대자사				
명성황후/고종	홍릉	1895/1919	없음		연화사				
장조/헌경왕후	융릉	1899	없음		용주사				보림사 도갑사 다솔사
순명/순종/순정	유릉	1904/1926/1966	없음		영화사				

도 능침사가 없던 왕릉과 조선후기에 조성된 왕릉에 조포사가 배치되었다. 인근에 적당한 사찰이 없을 경우에는 절을 신창하거나 작은 암자를 조포사로 지정하기도 했다. 하지만 새롭게 조포사로 지정된 사찰들은 조포사 지정 후 곧바로 폐사되는 경우가 많았다. 수행 전통이 없고 신도층이 형성되지 못한 사찰은 자생 기반이 약했고, 대부분 국가로부터 지

원을 받지 못했기 때문에 경제적 자립이 거의 불가능했다. 표 12에서 여러 개의 조포사가 설치된 왕릉들은 대부분 조포사의 잦은 폐사로 인해 재지정된 경우에 해당된다.

그럼에도 왕릉수호사찰은 조선이 망할 때까지 계속 설치되었다. 조선 말까지 대부분의 능원에 사찰이 배치돼 있었다는 사실은 조선왕조의 입장에서 조포사가 상당히 유용하고 실리적인 제도였음을 시사한다. 조포사가 없을 경우에는 해당 지역의 관아에서 추가적으로 인력을 배치해야 했고, 제사 및 왕릉 관리에 소요되는 갖가지 물품들을 예조와 능 관리들이 직접 조달해야만 했다. 이에 반해 조포사가 있을 경우에는 승려들이 산릉 주변의 산림을 관리하고, 잡인들을 통제했을 뿐만 아니라 왕릉에 소요되는 다양한 물품들을 거의 무상으로 납부했기 때문에 조정의 입장에서는 조포사를 배치하는 것이 여러모로 유익했다. 이에 따라 사릉을 제외한 대부분의 왕릉에 조포사가 설치되었고, 이 제도는 조선의 국가제사권이 박탈되는 1908년까지 유지되었다.

조포사가 담당한 막대한 잡역

조선초기와 중기의 능침사는 추천의식을 설행하는 대가로 왕실로부터 정치적 보호와 경제적 지원을 받았다. 이들 사찰에는 제사비용으로 위전과 노비가 지급되었고, 승려의 잡역 동원은 금지되었다. 또한 사찰 전체가 신성한 영역으로 간주돼 잡인들의 출입이 엄금되었다.

이에 반해 조포사에는 대가없는 막대한 잡역이 부과되었다. 조포사라는 용어의 등장에서도 알 수 있듯이 조선후기에 이르면 진전이나 능묘에 부속된 사찰들의 가장 큰 임무는 능묘 관리에 필요한 각종 물품과 노동력을 제공하는 것이었다. 조선전기에도 능침사들이 능묘 주변의 산림을 관리하고 산릉 제사의 제수를 공급했지만, 이 시기 능침사의 가장 주된 역할은 능묘 주인의 명복을 비는 추천 기능에 있었다. 하지만 조선후기에 이르면 추천 기능은 사라지고 대신 승역을 제공하는 비중이 커졌다.

조선전기의 능침사와 달리 조선후기 조포사에는 두부 제작에 소요되는 일부 비용 보조를 제외하고 경제적 지원이 거의 없다시피 했다. 『묘전궁릉원묘조포사조』에 실린 대부분의 보고서에는 왕실로부터 받은 하등의 특혜나 지원이 없었다는 응답이 기재돼 있다. 조선전기까지만 해도 능침사로 지정되면 전지와 노비가 지급되었고 불사가 있을 때마다 내수사에서 불사비용을 지급되었다. 또 왕이 왕릉에서 친제를 지내고 능침사에 거둥할 때는 특별히 콩이나 쌀을 하사하는 것이 일반적이었다. 그러나 조선후기에 조포사로 지정된 대부분의 사찰에는 이같은 혜택이 없었다.

과중한 승역으로 사찰이 피폐해지는 것은 비단 조포사에만 국한된 것이 아니라 조선후기 불교계의 전반적인 분위기였다. 사찰에 막중한 잡역이 부과됨에 따라 승려들이 역을 피해 절을 버리고 도망가는 일도 빈번했다. 승역이 과도하게 부과되는 현상은 조선후기 국역 제도의 변화와는 정반대되는 것이었다. 균역법 이후 국가의 토목공사에서 모립제(募立制)가 적용되고 대동법의 시행으로 현물 대신 쌀로 납부하는 체제로 변화한 반면 국역체계의 변화로 발생한 역의 공백을 승려들에게 전가하는 현상이 나타난 것이다.[396] 그 결과 일반 사찰들은 중앙 관청이나 지방

396 윤용출, 『조선후기의 요역제와 고용노동』, 서울대학교출판부, 1998, 132~135쪽.

관아, 서원, 향교 등의 잡역을 담당하게 되었고 조포사로 지정된 사찰들은 왕릉이나 원묘, 진전 등에 소속되어 이들 기관에 필요한 각종 물품과 제수 및 승역을 제공하였다.

조포사는 조포의 역, 즉 왕릉 제사 때 제수를 공급하는 것 외에도 다양한 담당했다. 『묘전궁릉원묘조포사조』에 수록된 대부분의 공문에는 조포사의 역을 상세하게 기재하지 않았지만 일부 보고서에서는 조포사가 담당한 잡역 내역을 상세하게 밝히고 있다. 이 가운데 가장 상세한 내용을 담고 있는 함흥본궁의 조포사인 안불사(安佛寺)의 봉공(捧供) 내용은 다음과 같다.

乾隆五十四年 十一月 日 啓下本宮願堂安佛寺供奉物種節目

1) 매년 40번의 월별 제향시

① 三色紙 각 3장

② 御覽單字 大壯紙 각 1권(代 白紙 3권씩, 油紙 1권씩)

③ 盖覆紙 각 2권

④ 杻盤 각 3립

⑤ 杻所古昧 각 1좌

⑥ 杻樽所 각 1좌

⑦ 杜鵑花實松皮

⑧ 각읍 山菜(고비 10단내, 고사리 10단내, 도라지 1두)

2) 매년 7번의 특별 제향시

① 三色紙 각 3장

② 盖覆紙 각 2권

③ 杜鵑花實松皮

④ 각읍 山茱

3) 매년 12월 朔望祭享時

    ① 色紙 각 2장

    ② 朔紙 2권

    ③ 別鞋 3개

    ④ 짚신 1죽

4) 매년 宮家

    ① 簡紙 봄가을 2분기로 나누어서 각 10축 등 모두 납부(代 봄가을 각 白紙 2권)

    ② 立春紙 1권

5) 每年

    ① 밀 6석은 관에서 내주어 가루로 만들어서 바칠 것.

6) 每年

    ① 관청에 납부하는 白紙 봄가을 각 15권

    ② 別鞋 각 2죽 8개

    ③ 짚신 각 3죽 7개

    ④ 각 2전

7) 每年

    ① 매년 관청에서 謄錄을 만드는 종이(등록지) 봄가을 각 2권

    ② 창호지 2권

    ③ 입춘(용 종이) 2권

    ④ 초하루날 쓰이는 보고용 공문서 白紙 12권

    ⑤ 草皮紙 12권

    ⑥ 南北關 各邑行移册皮紙 5권

⑦ 내사노비 成册紙 2권

⑧ 謄錄册 표지 5건은 봄에 첨부해서 갖다 바칠 것.

: 이상은 매년 담당자가 차지해서 지출하는 것.

8) 每 祭享때 朔紙를 갖다 바칠 때

① 공방과 창고지기에게 수고비로 백지 각 5장씩.

② 짚신 각 2개

9) 每年 通引廳

① 봄가을로 백지 2권씩 각각 납부

② 中鞋 각 1죽

10) 每年 使令廳

① 봄가을로 白紙 2권씩

② 짚신 각 1죽

11) 출장 하인용

① 한성으로 가는 하인들 1명당 짚신 3개씩

② 함흥으로 가는 하인들 1명당 짚신 2개씩

12) 원님 새로 부임시

① 杻籠 2바리를 만들어 바칠 것.

② 眞末로 메워서 만든 杻瓮 1좌

③ 원님이 새로 부임할 때 거주하는 처소를 수리할 종이 2권

13) 每朔

① 창고를 봉하는 새끼줄 매삭에 50발을 갖다 바칠 것.[397]

---

397 『묘전궁릉원묘조포사조』, 19쪽.

위의 절목에 나타난 바에 따르면 안불사는 1년에 수십차례에 걸쳐 43가지 항목의 잡세를 담당했다. 이 절목 서두에는 "아래의 항목 이외에 별도로 부과된 잡세들을 모두 혁파하라."고 명시돼있다. 즉 안불사가 실제로는 절목에 나타난 역보다 훨씬 더 많은 잡역을 담당하고 있었던 것이다. 안불사는 절목에 명시된 물품들을 제공했을 뿐만 아니라 진전에서 제향이 있을 때마다 조포승(造泡僧)과 보경승(報更僧) 등 제향을 보조할 승려들을 파견했으며, 진전의 크고 작은 잡역들을 담당해야 했다.

조선후기 왕릉 조포사에 소속된 승려들은 조포역 이외에도 지방 관아나 토호들로부터 부과되는 막중한 잡역에 시달렸기 때문에 예조와 내수사에서는 잡역견감완문(雜役蠲減完文)을 내려 조포사를 보호하는 조치를 취하였다. 하지만 조포사가 담당해야 하는 기본적인 잡역 또한 결코 적지 않았다.

『묘전궁릉원묘조포사조』에 실려있는 조경묘 경기전, 함흥본궁 등 진전수호의 역을 담당하던 다른 왕실원당의 잡역 목록 또한 안불사와 크게 다르지 않다. ①진전에서 사용되는 각종 종이류 ②관청에서 사용되는 도배지나 창호지 ③떡, 두부, 산채 등 제물 ④진전에서 사용되는 제기, 향로 등 제수용품 ⑤제사 시간을 알리는 보경(報更), 향을 피우는 향반(香盤) 등은 대부분의 조포사가 담당해야 할 역이었으며, 이밖에도 관청에서 사용되는 메주, 들기름, 산나물, 밀가루, 송화가루 등 잡다한 물품, 갖가지 종류의 나무들도 조포사의 몫이었다. 일부 조포사에서는 능의 제사나 능역 관리와는 전혀 관련 없는 잡역을 담당하는 경우도 종종 있었는데, 각 관청의 관노(官奴)와 아전(衙前)의 수고비를 상납하거나, 사령(使令)들이 경향(京鄕)으로 출장을 떠날 때 소요되는 비용을 담당하는 경우도 있었다.

조포사가 담당했던 역 가운데 가장 중요한 책무 중 하나는 능역 주변의 산림을 관리하는 것이었다. 『묘전궁릉원묘조포사조』에 실린 다수의 완문에서는 "절 인근(능역 인근)의 나무 한 그루, 풀 한 포기도 함부로 베지 못하게 엄히 감시하라."는 항목이 기재돼 있는데,[398] 이는 해당 사찰의 승려들에게도 해당되는 내용이었다. 조포사의 승려들은 능묘 부근의 산에서 일반인들이 함부로 벌채하지 못하도록 감시하고, 관할 관아는 승려들이 이 역을 제대로 수행하는지를 정기적으로 관리 감독해야 했다.[399]

조포사라 불리던 사찰 중에서도 능이 아닌 원묘에 속한 조포사 중에는 위전을 받은 경우가 있었다. 이는 위실을 갖춘 사찰에만 한정됐는데, 왕친(王親)의 신주를 모시고 정기적인 재를 설행할 경우에는 왕실로부터 사패지를 지급받고, 제사 비용을 지원받을 수 있었다. 하지만 추천재 없이 조포역만 담당했던 대부분의 사찰의 경우에는 이같은 혜택을 거의 받지 못했다. 조선후기에 조포사로 지정된 사찰 가운데 보광사, 용주사 등을 제외하고는 사위전을 지급받거나 특별한 대가를 받은 사실이 확인되지 않는다.[400]

---

398 『묘전궁릉원묘조포사조』 13, 16, 43, 74쪽.

399 『소령원지』 예전 지침(舊式例)에서 "本寺(보광사)의 승려는 날마다 산림을 순시하여 이상 유무를 관원에게 보고한다"고 명시돼 있다. (『淑嬪崔氏資料集』, 한국학중앙연구원 장서각, 2009, 256쪽.) 예전 지침에는 또 "본원 원군(園軍) 1명과 정빈묘(靖嬪墓) 산직(山直) 1명은 날마다 번갈아가며 함께 산림을 순시한다. (…) 수호군 및 산직 등 중에서 산림 순시가 있는데도 빠지는 자는 15대의 태형에 처한 뒤에 그 벌로 산림을 순시케 한다. 비록 해자 밖의 잡목 이라도 전교에 의거하여 각별히 벌목을 금지한다"는 항목이 포함돼 있다. 이로볼 때 능묘 인근의 산림 관리는 조포사의 승려들뿐만 아니라 수호군들에게 매우 중요한 책무였음을 알 수 있다.

400 용주사의 창건과정을 담은 「팔로읍진여경각궁조전시주록(八路邑鎭與京各宮曹廛施主錄)」에는 전국에서 시주한 내용이 실렸는데, 이 자료에 따르면 보시금 총액이 87,505냥 1전이었다. 이 가운데 57,388냥 8전은 건축비로 썼고, 28,116냥 3전은 절에서 소유할 전답 매입

조포사를 보조하는 속사의 등장

조선후기에 이르면 조포사 외에도 조포속사(造泡屬寺)라는 사찰이 생겨났다. 속사는 조포사 뿐만 아니라 조선시대 중앙과 지방 관아 및 향교, 서원, 향청 등에도 소속되어 있었는데, 해당 기관의 잡다한 물자들을 제공하는 역할을 담당하였다.[401] 이들 속사는 소속 기관에 잡물을 공급하였던 반면 조포속사는 조포사를 금전적으로 보조하는 역할을 주로 담당했다. 왕릉에 소속된 조포속사를 표로 정리하면 표 13과 같다.

표 13에 나타난 19개의 조포속사 중 경기도의 사찰은 5개이고 나머지는 경상도와 전라도 지역에 위치하였다. 조포속사는 조포 비용을 보조하는 사찰이기 때문에 거리에 크게 영향을 받지 않았고, 상대적으로 경제적 여유가 있는 경상도와 전라도 지역의 사찰이 선호되었던 것으로 보인다. 조포 비용은 돈이나 백지를 주로 납부하였다.

헌릉을 제외한 나머지 왕릉의 조포속사들은 대부분 왕릉과 멀리 떨어진 지역에 위치한 지방의 사찰들이거나 조포의 역을 행하지 않고 금전적으로 조포사를 지원했다는 공통점을 갖고 있다.[402] 이에 반해 헌릉의

비로, 2,000냥은 화주승들의 여비로 각각 충당했다.(『용주사지』, 30쪽.) 또 『소령원지』에는 "보광사가 불사(佛寺)인데 무술년(1718, 숙종 44) 이후에 임금께서 원찰(願刹)로 윤허하여 청정한 곳에 위실(位室)을 봉안하였다. 본궁(本宮)에서 향례(享禮)를 올리면서부터 이곳에 위전(位田)을 나누어 주었는데 진위현에 있는 35결의 전답에서 매년 세금을 거두어 사찰의 공적인 비용에 보태었고, 또한 각양각색의 공사(公私) 잡역을 부과하지 않았다"고 기록돼 있다.(『숙빈최씨자료집(淑嬪崔氏資料集)』 1, 262~263쪽.) 돈의 액수나 토지의 결수가 거의 일치하는 것으로 볼 때 능침봉들이 『용주사지』와 『소령원지』를 참조해 작성했던 것으로 보인다.
401 윤희면, 『조선후기 향교연구』, 일조각, 1990.
402 탁효정, 「『廟殿宮陵園墓造泡寺調』를 통해 본 조선후기 능침사의 실태」, 『조선시대사학보』 61집, 조선시대사학회, 2012, 209쪽.

표 13 조선시대 왕릉의 조포속사

	능명	位置	造泡寺	位置	담당 업무
1	東九陵	楊州郡九里面仁倉里	盤龍寺	慶尙道 慈仁郡	불암사의 조포 비용 보조
2	〃		聖興寺	慶尙道 熊川郡	〃
3	獻陵	廣州郡大旺面紫谷里	昌善寺	京畿道 水原	白紙 3속 납부
4	〃	〃	白雲寺	京畿道 廣州郡	白紙 2속 납부, 草白紙 1속, 봄가을로 짚신 10죽과 미투리 4~5컬레 납부
5	〃	〃	奉獻寺	京畿道 廣州郡	미상
6	〃	〃	飛鳳寺(鳳棲寺)	京畿道 龍仁郡	白紙 2속 납부, 草白紙 1속, 봄가을로 짚신 10죽과 미투리 4~5컬레 납부
7	仁陵		金塔寺	全羅道 興陽郡	매년 150냥 납부
8	〃		萬德寺	全羅道 康津	매년 100냥 납부
9	恭順永陵	坡州郡條里奉日川里	美黃寺	全羅道 靈巖郡	매년 200냥 납부
10	隆健陵	水原郡安龍面安寧里	道岬寺	全羅道 靈巖郡	매년 100~200냥 납부
11	〃		寶林寺	全羅道 長興郡	매년 200냥 납부
12	〃		多率寺	慶尙道 昆陽郡	미상
13	康陵		妙寂寺	京畿道 楊州郡	백지 10~20속 납부
14	莊陵		南長寺	慶尙道 尙州郡	조포 비용 보조
15	〃		安國寺	慶尙道 慶州郡	〃
16	西五陵		龍門寺	慶尙道 南海郡	〃
17	〃		聖興寺	慶尙道 熊川郡	〃
18	〃		盤龍寺	慶尙道 慈仁郡	〃
19	綏陵	楊州郡九里面仁倉里	桐華寺	慶尙道 大丘	향탄 및 조포 비용 납부

조포속사들은 헌릉 인근에 위치해 있으면서 백지나 짚신 등의 물품들을 보조하였다. 이는 헌릉의 조포사들이 열악해 조포사와 조포속사의 역할 이 여러 사찰에 분산되었기 때문이다.

조포속사에서 납부하는 세액이 모두 조포사에 지급되는 것은 아니었다. 융·건릉의 조포속사인 도갑사와 보림사의 경우, 세액 중 절반은 용 주사로, 나머지 절반은 융·건릉의 관리 비용 및 관원의 급료로 사용되었다. 파주삼릉의 조포속사인 영암 미황사도 매년 200냥의 조포 비용을 납부했는데, 그 중 100냥은 파주삼릉에서 치러지는 제향의 조포 비용으로 사용되었고, 100냥은 파주삼릉의 능군에게 분급되었다. 이처럼 조정에서는 조포속사를 설치함으로써 조포비용을 지원하는 동시에 왕릉의 관리 비용까지 조달하였다.

총 아홉 권역의 왕릉에 설치된 19개의 조포속사는 설치 목적에 따라 세 가지 유형으로 구분할 수 있다.

첫째, 한 사찰이 여러 왕릉의 조포역을 담당한 경우로, 동구릉의 불암사와 서오릉의 수국사가 대표적인 예이다. 동구릉의 조포역을 담당하던 불암사는 조선후기 내내 재정난에 시달렸고 절이 폐사 위기에 몰렸다는 보고가 정조대부터 고종대까지 꾸준히 올라왔다. 1개의 절이 동구릉과 태·강릉 등 11기 능에서 치러지는 20명의 제사 때마다 조포역을 담당하기에는 역부족이었기 때문이다. 이로 인해 정조대에는 자인 반룡사, 웅천 성흥사를 속사로 배치하였고,[403] 헌종대에는 통천과 간성의 한포(閑浦)의 세금까지 불암사로 이전하였다.[404] 서오릉의 수국사 또한 동구릉과 마찬가지로 1개의 사찰이 여러 능묘를 관리했고 지속적인 재정난에 시달렸다. 정조대 수국사가 조포역을 담당할 수 없을 정도로 퇴락했다는 보고가 올라오자 조정에서는 수국사의 경제적 지원을 위해 남해 용문사 등을 조포속사로 지정하고 수국사에서 수세(收稅)하도록 조치했다.[405] 이처럼 1~2곳의 사찰이 여러 능을 관리해야 할 경우 폐사 위기에 몰릴 정도로 재정난을 겪었고, 이에 대한 대책으로 조정에서는 조포속사를 지정해주었다.

둘째, 왕릉 인근의 영세한 절을 조포사로 삼았다가 이들이 폐사하자 원격지의 중대형 사찰을 조포사로 재지정하는 경우이다. 헌릉과 인릉에

---

403 『일성록』 정조 21년 12월 18일.
404 『승정원일기』 2,468책 헌종 13년 12월 23일.
405 『비변사등록』 정조 20년 1796년 8월 23일.

는 다른 왕릉에 비해 많은 수의 조포사와 조포속사가 지정되었는데, 이는 기존의 조포사들이 연달아 폐사했기 때문이었다. 정조대 새롭게 조포사가 정해진 능원묘도 헌릉의 사정과 비슷했다. 공·순·영릉과 온릉 등은 원래 조포사가 없다가 정조대에 인근의 암자들이 조포사로 지정되었는데, 의릉의 청량사를 제외하고는 『신증동국여지승람』이나 『범우고』 등의 자료에 등장하지 않을 정도로 영세한 사찰들이었다. 이들 사찰은 조포역을 견디지 못해 폐사하였고, 결국 원격지에 있는 보광사, 흥국사 등의 대찰이 조포역을 담당하게 되었다. 조정에서는 이들 사찰에 조포역을 전가한 대가로 속사를 지정해 주었다.

셋째, 조포사가 조포역 이외에도 다양한 역할을 담당한 경우이다. 용주사는 '현륭원의 조포사'라는 명목으로 창건되었지만, 실질적으로는 조선전기 능침사 이상의 역할을 수행했다. 용주사는 창건 당시에 건축 비용에서 남은 시주금으로 전답을 구입해 자체적인 경제적 기반을 조성하였다. 그럼에도 독산산성(禿山山城) 수호, 외장용영(外壯勇營) 승군의 관리, 경기 지역 사찰의 규정(糾正) 등의 다양한 업무를 수행했고 이들 비용을 충당하기 위해 별도로 속사를 두었다. 용주사 창건 당시 장흥 보림사, 곤양 다솔사가 조포속사로 배속되었고, 이후 전라도 영암의 도갑사가 추가로 지정되었다.[406]

대부분의 조포속사들은 한 사찰에서 여러 왕릉을 관리하거나 절의 규모가 작아 조포역을 감당할 수 없을 정도로 재정 상태가 열악한 경우에 배치되었다. 조포사가 재정 붕괴로 폐사하는 것을 막기 위해 조정에서는 승려 수나 재정 상태가 양호한 사찰을 조포사로 삼았고 이들의

---

406 『承政院日記』 1,841책 순조 1년 9월 23일.

경제적 부담을 덜어주기 위해 조포속사를 배속하였다.

이에 따라 조선말에 이르면 동구릉과 태·강릉은 불암사, 서오릉은 수국사와 진관사, 서삼릉과 파주삼릉은 보광사, 융건릉은 용주사가 조포역을 담당하고 조포사 운영 비용은 지방의 조포속사들이 분담하는 권역별 조포사 체제가 구축되었다.[407]

---

407 탁효정, 「조선후기 造泡屬寺의 운영 실태-坡州三陵의 美黃寺 사례를 중심으로-」, 『남도문화연구』 40, 남도문화연구소, 2020, 147~150쪽.

결론:
조선 왕릉수호사찰의 역사적 의미

1. 건축적 의미: 사찰 안에 들어선 유교식 사당

왕의 위패를 봉안한 어실(御室)

조선시대 능침사는 내세추복을 발원하는 불교 시설인 동시에 유교의 효를 실천하는 공간이었다. 불교의 기복설을 부정하던 태종이 부모를 위해 능 옆에 절을 세운 것이나, 정조가 사친의 능원 옆에 조포사를 마련하고 위패를 봉안한 것은 '효'를 실천한다는 명분이 작용했기 때문이다. 불교의 축원 장소이자 유교 윤리의 실천 공간이라는 두 가지 특성은 능침사의 건축 구조에도 반영되었다. 능침사 안에 설치한 '어실'은 이곳이 불교의 신앙공간이자 유교적 조상숭배시설임을 보여주는 대표적인 건물이다.

불교나 유교를 막론하고 제사에는 죽은 사람의 영혼을 상징하는 신물이 배향되었다. 고려 진전사원에는 왕의 초상화를 봉안했던 반면 조선시대에 이르면 주로 위패를 봉안하였다. 왕실의 권위와 특별함을 상징하기 위해 신물은 별도의 공간에 안치되었다. 건물 내에 초상화가 안치돼 있을 때는 진전(眞殿), 영전(影殿)이라 지칭하였고, 위패가 봉안돼 있을 경우에는 위실(位室)이라 불렀다. 그리고 이들 건물을 아우르는 용어로 어실(御室), 원당(願堂), 축원당(祝願堂)이 사용되었다. 일반적으로 어실은 궁궐이나 행궁 등에서 왕이나 왕비가 머무르는 공간을 의미했는데, 사찰에서의 어실은 왕과 왕비의 위패나 전패(殿牌), 초상화, 왕이 내린 글씨 등을 봉안하는 '왕의 축원 공간'을 의미하였다. 후궁이나 왕자, 공주 등의 위패를 모신 경우에는 어실 대신 원당, 위실이라는 표현이 사용되었다.

조선시대 왕릉수호사찰에 어실이 설치된 시기는 조선중기에 한정된다. 능역 안에 재궁의 형태로 능침사가 설치되었던 조선초기에는 어실이 별도로 마련된 경우가 단 한 건도 확인되지 않는다. 위패를 봉안하는 경우에도 별도의 건물 없이 불전에 모셨다. 조선초의 능침사는 왕릉과 매우 가까운 곳에 위치했기 때문에 왕의 혼백을 봉안한 건물을 마련하지 않았던 것으로 보인다. 능침사 내 어실은 광릉의 봉선사부터 확인된다. 봉선사를 비롯한 예종대 이후의 능침사들은 대부분 능역 밖에 마련되었기 때문에 제사를 지낼 경우 왕릉이 보이지 않았다. 이때부터 능침사에는 어실이라는 특별한 공간이 마련되었고, 어실 내에는 왕을 상징하는 진영 혹은 위패가 봉안되었다.

조선후기에 설치된 대부분의 조포사에도 어실이 설치되지 않았다. 임진왜란 이후 유학자 관료들은 왕의 위패가 종묘 이외의 공간에 모셔지는 것이 불경하다고 주장했고, 효종~현종대에 전국 사찰에 모셔진 왕과 왕비의 위패를 매안하는 작업이 이루어졌다. 어실이 철폐되었다는 것은 사찰에서 치러지던 '제사' 기능이 사라졌음을 의미한다. 간혹 봉선사와 같이 어실이 복구되는 경우도 있었지만, 공식적으로는 왕릉수호사찰에 더이상 어실을 설치할 수 없었다. 예외적으로 현륭원의 조포사인 용주사에는 위패를 봉안한 제각이 마련되었는데, 이는 용주사를 창건할 당시 사도세자가 왕이 아닌 세자 신분이었기 때문이다. 이와 비슷한 예로, 소령원의 조포사인 보광사에도 숙빈최씨의 위패를 모신 위실(位室)이 마련되었다. 사도세자나 숙빈최씨는 종묘에 배향되지 않았기 때문에 이들의 위패가 사찰에 봉안되는 것이 크게 문제되지 않았다.

조선시대 능침사에 설치된 어실이 원형 그대로 남아있는 경우는 단 한 곳도 없다. 하지만 이와 유사한 역할을 했던 원당 건물을 통해 능침사 내에 설치되었던 어실의 형태를 추정할 수 있다. 현존하는 왕실원당 건축물 가운데 왕의 위패 또는 전패를 모셨던 곳으로는 송광사 성수전(聖壽殿, 현 관음전), 고운사 연수전(延壽殿)이 남아있다. 이밖에도 영조 후궁 영빈이씨의 위패를 봉안했던 법주사 선희궁원당(宣喜宮願堂), 고종과 명성황후순조의 위축원당인 해인사 경홍전(景洪殿, 현 경학원)과 안정사 만수전(萬壽殿, 현 칠성각), 의소세손의 원당인 봉원사 의소제각(懿沼祭閣, 현 칠성각) 등이 왕실 구성원의 축원을 위해 지어진 건물이다.[408] 통도사 해장보

408 장계수, 「순천 선암사 축성전(현 장경각)의 벽화 연구」,『불교미술사학』27, 불교미술사학회, 2019, 109~111쪽.

각(海藏寶閣) 또한 솟을삼문을 갖춘 사당형 건물로, 순조의 추천을 위해 건립된 원당으로 추정된다.[409] 선암사 축성전(현 장경각)과 용주사 호성전은 일제강점기 사진으로 왕실에서 세운 전각의 원형을 확인할 수 있다. 이 건물들은 왕친의 위패나 전패를 봉안하고 있었다는 점에서 능침사의 어실 형태를 추정할 수 있는 중요한 단서라 할 수 있다.

이들 건축의 공통점은 유교식 사당 형태로 지어졌다는 것이다. 내부 건물은 정면 3칸, 측면 3칸 정도의 작은 전각으로 조성되었고, 그 안에 위패가 봉안되었다. 어실 주변으로는 담장을 둘러 주변 건물로부터 독립된 공간을 마련했으며, 입구에는 솟을삼문을 세웠다. 이는 왕실이나 서원의 사당에서 흔히 볼 수 있는 유교식 건축구조이다. 안정사 만수전과 같이 삼문과 담장이 없는 경우도 있지만 대부분의 원당 건물은 솟을삼문이 갖추어진 독립된 구조로 조성되었다.

용주사 호성전의 경우에도 1790년(정조 14)에 처음 지어질 당시에는 성수전이나 연수전과 같이 유교적 사당 형태로 지어졌다. 용주사의 제각은 6칸으로 구성되었으며, 제각으로 진입하는 3개의 중문이 있고, 16칸의 담장으로 둘러싸인 독립된 공간으로 구성되었다.[410] 용주사를 창건할 당시에는 사도세자가 왕으로 추존되기 전이 세자의 신분이었기 때문에 어실이라는 표현 대신 제각이라는 용어를 썼으나, 이 건물이 사당 형태로 지어졌다는 것은 분명하다.

정조 때 지어진 호성전은 한국전쟁 당시 전소되었고 1980년대 중반까지 빈터로 남아있었다. 호성전은 1988년에 복원되었다가 2020년에 화

---

409 김미경, 「통도사 해장보각(海藏寶閣)과 원당(願堂)에 관한 고찰」, 『불교미술사학』 28, 불교미술사학회, 2019, 35~42쪽.
410 『일성록』 정조 14년 10월 6일.

재로 전소되었다. 1988년에 건축된 호성전은 유교식 사당이 아닌 일반 법당 형태로 조성되었다. 1920년대에 촬영된 유리건판 사진에는 호성전이 정면 3칸, 측면 2칸의 팔작지붕 형태로 조성돼 있다. 하지만 이 사진에서도 건물을 둘러싼 담장의 모습은 확인이 되지 않는다.

▲ 1920년경 호성전(위)과 2020년 전소되기 전의 호성전(아래)(국립중앙박물관).

아마 일정 시간이 지나면서 담장이 무너지고 대웅전과 호성전 사이에 곡장의 형태로만 일부 남았던 것으로 추정된다. 『일성록』과 근대 사진 등으로 미루어 정조대에 건축된 호성전은 송광사 성수전, 고운사 연수전과 유사한 형태로 지어졌던 것으로 보인다.

송광사 성수전과 고운사의 연수전은 왕의 전패를 모셨다는 점에서 능침사 어실의 원형을 추정할 수 있는 중요한 사례이다. 두 건물은 모두 고종대에 지어진 건물로, 고종의 기로소 입소를 기념하기 위해 지어졌다. 기로소는 1394년(태조 3) 연로한 문신(文臣)을 예우하기 위해 설치한 기구로, 왕이 기로소에 든 해를 기념하기 위해 사찰에 원당을 설치한 것이 바로 기로소원당이었다.

조선시대에 기로소원당이 설치된 것은 영조와 고종대 두 차례였다. 영조가 기로소에 든 것을 기념해 의성 고운사에 연수전이 설치된 것이 최초이며, 고종의 기로소 입소를 기념해 순천 송광사에 성수전이 설치된

▲ 어실의 건축 원형을 간직한 고운사 연수전

것이 두 번째이다. 고운사는 고종대에 다시 한 번 기로소원당으로 지정되었는데, 이는 고운사 측에서 기로소에 여러 차례 글을 올리는 노력 끝에 성사된 것이었다.[411]

고운사가 영조의 기로소원당으로 지정되었을 당시 기로소 봉안각(耆老所奉安閣)이라는 건물이 지어졌다. 이 건물은 화재로 전소된 후 기단만 남아있다가 고종의 기로소 입소를 계기로 왕실의 지원을 받아 재건축되었다. 이 건물이 현재의 연수전이다. 그래서 연수전의 기단부는 18세기의 양식을 띠고, 전각은 19세기 말에서 20세기 초의 건축기법으로 지어졌다. 연수전이 솟을삼문과 담장까지 갖춘 기로소원당의 원형을 유지하고 있는 반면 송광사 성수전은 원래 있던 삼문과 담장이 제거된 채

▲ 고종의 기로소원당인 송광사 성수전(현 관음전)

411 탁효정, 「조선시대 왕실원당 연구」, 한국학중앙연구원 한국학대학원 박사학위논문, 2012, 114~118쪽.

건물만 남아있다.

법주사 선희궁원당은 1756년경 영조의 후궁 영빈이씨의 원당으로 조성된 건물이다. 정면 3칸, 측면 3칸의 규모로 지어진 본채와 건물을 둘러싼 담장, 솟을삼문으로 구성된 이 건물은 왕실 사당의 특징을 고스란히 간직하고 있다. 정조대 왕실원당으로 지어진 선암사 축성전도 원래 담장과 솟을 삼문을 갖춘 사당 형식의 건물이었다. 원래 복층의 건물로 지어졌으나 지금은 단층으로 바뀌었다. 1893년(고종 30) 고종과 명성황후, 순종의 삼전축리소(三殿祝釐所)로 조성된 해인사 경홍전은 여타의 원당보다 조금더 큰 규모로 지어졌는데 정면 5칸, 측면 4칸 규모의 팔작지붕 건물이다. 이 건물 또한 삼문(수월문)을 갖추고 있었다고 전해지지만 지금은 철거된 상태이다.

위패나 전패를 봉안한 제각의 모습은 사찰마다 조금씩 다른 형태를 지니고 있다. 연수전은 방 1칸의 주위로 툇마루가 둘러싸는 누각 형태로 지어진 반면, 성수전과 선희궁원당은 일반 전각 형태로 지어졌다. 성수전과 연수전은 모두 고종의 기로소 입소를 기념해 지어졌고 건축 연대도 거의 비슷함에도 왕의 전패를 모신 본당의 형태에서는 차이가 나는데, 이는 연수전이 영조대 기로소 봉안각의 형태를 그대로 본떴기 때문인 것으로 추정된다.

영조가 기로소에 입소한 후 한양의 기로소에는 왕의 어첩을 봉안한 영수각(靈壽閣)이라는 건물이 세워졌다. 이 건물을 묘사한 기사경회첩(耆社慶會帖) 영수각친림도(靈壽閣親臨圖)에는 당시 영수각의 모습이 그려져 있는데, 오늘날 고운사 연수전과 거의 유사한 형태였음을 확인할 수 있다. 즉 연수전의 원형이 바로 영수각이었던 것이다.[412]

송광사 성수전은 원래 솟을삼문을 갖추고 담장이 둘러쳐진 유교식

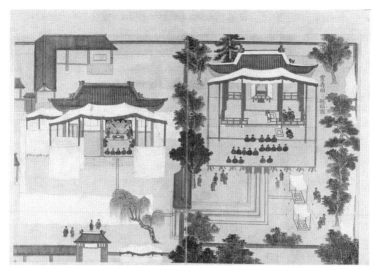

▲ 기사경회첩 영수각친림도(국립중앙박물관)

건축물이었으나, 담장이 허물어지면서 건물만 남아있는 상태이다. 이
건물은 정면 3칸, 측면 3칸의 직사각형 구조에 팔작지붕으로 이루어져
있으며, 겉모습은 유교식 사당보다는 일반 사찰의 법당과 더 유사하다.
성수전 안에는 중앙의 두 기둥을 경계로 독립된 공간이 마련돼 있다.
지금은 내부에 관세음보살상이 모셔져 있지만, 원당으로 기능할 당시에
는 왕의 전패를 모신 감실이 있었다고 전해진다. 선암사 축성전은 특이
하게도 중층의 건물과 지어졌다. 1930년대 『조선고적도보』에 실린 사
진에서는 중층의 건물형태와 담장, 삼문 등을 확인할 수 있지만 현재는
단층의 새 건물이 들어선 상태이다. 왕실원당 가운데 중층으로 지어진
것이 확인되는 건물은 선암사 축성전이 유일하다.

---

412 이용윤, 「朝鮮後期 寺刹에 건립된 耆老所 願堂에 관한 고찰」, 『불교미술사학』 3, 불교미
　　술사학회, 2005, 196쪽.

▲ 1930년대 선암사 축성전(국립중앙박물관)

현존하는 왕실원당 건물들은 유교식 사당 건축 양식으로 지어졌을 뿐만아니라 내부에도 왕실을 상징하는 벽화들로 채워져 있었다. 고운사 연수전 내에는 불화 대신 일월오봉도가 걸려 있었다. 일월오봉도는 왕의 무병장수를 기원하기 위한 그림이다. 또한 송광사 성수전에는 감실 뒤편의 좌우 벽에 기로회도가 걸려 있었다. 한가운데 일월을 배치하고 좌우로 문무 당상관들이 배치되어 있는 기로회도는 기로소에서 제작되어 성수전에 하달된 것으로 추정된다.[413] 이같은 유교식 벽화는 선암사 축성전과 안정사 칠성각에서도 나타난다. 선암사 축성전 내부에는 문무 백관의 배례도(拜禮圖)가 그려졌는데, 사모관대를 갖춘 문관들이 손을 앞

---

413 이용윤, 앞의 논문, 200~202쪽.

으로 모은 채 허리를 구부리고 중앙을 향해 배례하는 모습이다. 원당 내부에 봉안된 왕의 전패를 향해 예를 갖춘 문무백관의 의례 행위를 벽화로 표현한 것이다. 안정사 만수전에서도 선암사 축성전과 거의 유사한 배례도가 확인된다. 중앙에 왕을 상징하는 일월도와 소상팔경도(瀟湘八景圖)를 그려 왕실 의례공간을 장엄하고, 중앙을 향해 배례하는 문무백관을 그린 방식이 축성전 배례도와 매우 유사하다.[414]

이처럼 왕실원당 내에 마련된 어실은 일반 사찰전각의 형식이 아닌 유교식 사당의 모습을 지녔고, 내부는 유교식 의례를 상징하는 장엄물을 갖추고 있었다. 하지만 현재 사진이나 실물로 확인되는 건물들이 모두 조선후기에 한정되기 때문에 이 형태가 조선중기의 능침사 어실에도 적용이 되었는지는 확인할 수 없다. 다만 사찰 내 왕실원당이 불교식이 아닌 왕실의 건축양식으로 지어졌고 왕실의 공장들이 파견돼 건물을 조성했던 점으로 미루어, 조선전기에도 왕실의 건축양식이 반영된 사당 형태의 건물로 조성되었을 것이라 추정된다.

폐쇄적 가람 배치

능침사는 일반 사찰들과는 가람배치에서도 일정한 차이가 있었다. 조선전기의 능침사는 대부분 임진왜란을 거치면서 원래의 모습을 잃었거나 기존의 가람배치에 어실만 새로 마련했기 때문에 당시의 모습을 찾아보기가 힘들지만, 능침사가 설치될 때의 창건기나 중수기를 통해 가람 배치를 대략적으로 추정할 수 있다. 봉선사 창건 직후 작성된 김수온의

---

414 장계수, 앞의 논문, 120~121쪽.

「봉선사기」에는 총 89칸의 건물에 대한 설명이 실려 있다. 이에 따르면 봉선사에는 긴 회랑이 6칸이 설치되었고, 중행랑이 13칸 설치되었으며, 동쪽과 서쪽에 행랑이 3칸씩 설치되었다. 일반적으로 이러한 회랑은 조선시대 사찰이 아닌 왕실 건축에 자주 나타나는 특징이다. 또한 정문(원적문)과 중문(내천왕문)을 설치했다는 것도 확인된다.[415] 봉선사보다 2년 뒤에 중창된 정인사도 봉선사와 비슷한 가람배치로 세워졌다. 정인사에는 회랑이 17칸으로 길게 조성되었고 중문이 설치되는 구조로 지어졌다.[416]

현존하는 능침사 가운데 창건 당시의 원형에 가장 가까운 가람배치를 지닌 곳은 융·건릉의 수호사찰인 용주사이다. 용주사는 창건 당시부터 현륭원의 수호사찰로 기획되었기 때문에 조선후기 왕실원당의 건축적 특징을 확인할 수 있는 대표적인 사찰로 꼽힌다. 특히 용주사의 가람배치는 조선후기 일반 사찰과 확연한 차이를 보이고 있다. 그 중 대표적인 것이 홍살문과 솟을삼문, 중문, 행랑, 제각의 설치이다. 용주사 입구에는 일주문 대신 홍살문이 설치돼 있다. 현재의 홍살문은 최근에 다시 지어진 것이지만, 일제강점기까지 홍살문이 절 입구에 세워져있던 사실을 근대 사진에서 확인할 수 있다. 또한 절 입구에는 솟을삼문이 세워지고, 삼문 담벼락으로 행랑들이 연결돼 있다.

용주사의 전체적인 가람배치를 살펴보면 영조대 건립된 선희궁원당이나 고종대 재건된 연수전과 달리 사찰 전체가 하나의 사당 형태로 지어졌음을 확인할 수 있다. 선희궁원당이나 연수전은 기존의 사찰 내에 별도의 왕실 사당을 추가하는 형태로 건립되었던 반면 용주

---

415 『拭疣集』 「奉先寺記」.
416 『拭疣集』 「正因寺重創記」.

사는 창건 당시부터 왕실의 사당 역할을 수행하기 위해 지어진 사찰
이었기 때문에 기획 단계부터 '왕실의 권위와 위엄'을 상징하는 구조
로 설계 되었다. 그래서 진입로부터 일주문 대신 홍살문이 세워졌고,
천왕문 대신 솟을삼문을 배치해 사찰 전체가 유교식 사당의 건축 형
태로 구성되었다.

　아울러 용주사 천보루의 아래층 석주를 비롯해 모든 불전의 기단과
초석, 기둥은 궁궐의 모습을 방불케 한다. 외삼문과 좌우 행랑채의 배치
는 왕이 사찰에 행차했을 때 차폐시설로 기능하도록 건축되었다. 그리
고 천보루와 나유타료, 만수리실을 배치함으로써 천보루 안쪽에 있는
제각인 호성전을 가리는 폐쇄적 구조를 구축하였다. 대웅보전이나 나유
타료의 축대를 구성하는 3벌대 장대석 축대와 석루조(石漏槽), 정료대(庭
燎臺) 배치는 왕실이나 종묘의 제사 시설에서 흔히 볼 수 있는 조형으로,

▲ 일제강점기 용주사 입구의 홍살문(국립중앙박물관)

용주사의 정체성과 위용을 드러내는 조형이라 할 수 있다.[417] 이러한 폐쇄적 가람구조 내에 또다시 독립된 공간을 조성해 사친의 위패를 봉안함으로써 왕실의 권위를 부여하고자 했던 것이다.

용주사뿐만 아니라 봉은사와 봉선사도 중문을 설치하고 진입 공간을 깊게 한 것이 특징이다. 두 개의 문을 거치고 누각 밑을 지나 중문을 열어야만 주불전에 도달할 수 있는 어려운 진입로를 만들었다. 이들 사찰에는 행랑과 누각, 중문이 공통적으로 발달하였는데, 이는 외부에 대해 폐쇄적인 공간을 만드는 효과가 있었다.[418]

이처럼 조선시대 능침사의 가람배치는 여타 사찰과 달리 궁궐과 유사한 모습을 띄고 있었다. 폐쇄적인 가람구조 내에서도 어실을 별도의 독립 공간으로 마련함으로써 왕실 사당의 위엄을 드러내고자 하였다.

2. 경제적 의미: 능의 효율적 관리와 비용 절감

능역의 보호

조선시대 내내 왕릉 부근에 사찰이 설치된 데에는 왕릉 관리의 효율성과 경제성이라는 측면이 크게 작용했다. 왕릉은 왕실의 지속성과 왕조의 계승을 상징하는 중요한 국가시설이었다. 이 때문에 능역의 관리가 꾸준히 이루어지고 정기적인 제사를 치를 수 있는 제반 조건이 구비

---

417 유경희, 「王室 願堂으로서의 용주사」, 『조선의 원당 1, 화성 용주사·불교미술연구 조사보고』 제6집, 국립중앙박물관, 2016, 295~296쪽.
418 김봉렬, 「朝鮮王室 願堂寺刹建築의 構成形式」, 『대한건축학회지』 93, 대한건축학회, 1996.

되어야 했다. 중앙 정부에서 능을 관리할 능관을 파견하고 수호군을 배치했지만, 이들만으로는 왕릉의 관리가 효율적으로 이루어지기 힘들었다.

　조선왕조의 입장에서 가장 용이한 방법은 능 인근의 승려들을 동원해 제사 준비에 참여시키고 능 관리의 일부를 담당케 하는 것이었다. 이미 고려대부터 진전사원의 승려들이 왕릉 주인의 제사를 담당하고 왕릉의 관리에 참여하였기 때문에 이 관습에 따라 조선초에도 재궁에 승려들을 배치했다. 태종이 동북면 8릉을 정비한 직후 재궁에 승려들을 배치한 것이나 신의왕후의 재사 역할을 하던 연경사를 능침사로 지정한 것은 고려의 관습을 그대로 따른 것으로 파악된다. 동북면의 재궁 승려들에게는 삭료가 지급되었으며, 연경사, 흥천사와 개경사, 흥교사 등의 능침사에는 제사 비용의 명목으로 사위전과 곡식 등이 지급되었다. 능침사의 위전은 연산군 때 국고로 몰수되었다가, 중종반정 직후 환급되었다. 또한 문정왕후 사망 직후 전국 내원당의 토지를 몰수할 때에도 능침사의 위전은 제외되었다. 이처럼 능침사의 승려들에게 급료와 전답을 지급한 것은 이들 사찰이 '왕릉 수호'라는 국역을 담당한다는 인식이 깔려 있었기 때문이다.

　효종~현종대 능침사의 위패가 모두 철거되고 제사 기능이 박탈된 이후에도 능침사에 속해있던 승려들은 여전히 왕릉의 역을 담당하였다. 조선후기에 이르러 조포사라는 이름으로 불리기는 했지만 조선전기부터 능침사로 역할했던 봉선사나 봉은사 등의 사찰들은 조선말까지도 능침을 보호하고 제수를 공급하는 사찰로 역할했다. 조선전기의 능침사들이 조선말까지도 사세를 유지할 수 있었던 것은 비교적 안정적인 경제적 기반을 구축하고 있었기 때문이다. 또한 사찰은 신도들의 보시로 운영되는 종교시설이었기 때문에 일정기간 지역 사회에 뿌리내릴 시간이 필요했다. 조선전기에 왕실의 정치 경제적 지원 하에 사부대중 체계를 구축한 능침사들은 양란 이후에도 다양한 재건 불사를 통해 사세를 이어갈 수 있었다.

반면 조선후기에 조포사로 새롭게 설치된 사찰들은 폐사하기 일쑤였다. 가장 대표적인 예가 헌릉의 조포사들이다. 헌릉은 조선초에 조성된 왕릉 중에서 유일하게 능침사가 없는 왕릉이었다. 태종의 반대로 능침사가 설치되지 않았기 때문에 조선후기까지도 헌릉 인근에는 큰 규모의 사찰이 존재하지 않았다. 그 결과 조선후기에 이르러 헌릉의 주봉인 대모산 일대에 나무가 한 그루도 없다는 보고가 올라올 정도로 헌릉 주변의 산림 관리는 엉망이었다. 이에 조정에서는 헌릉에 조포사를 세우자는 의견이 나왔고, 수차례 새로운 암자가 설치되었다. 하지만 왕실의 경제적 지원이 없고 절의 신도층도 형성되지 못한 상태에서 소규모 사찰이 헌릉의 조포역을 담당하기에는 역부족이었다. 결국 조포사들이 잇따라 폐사해 수십 리 떨어진 광교산이나 관악산의 사찰들이 조포역을 나누어 담당했다.

조선후기 조정 관료들은 조포사의 경제적 효율성에 대해 충분히 공감하고 있었다. 특히 능침 주변의 산림 관리 및 불법 경작의 방지를 위해서는 왕릉 인근에 상주하는 승려들을 활용하는 것이 상당히 효율적이라고 판단했다. 이러한 인식이 확산되면서 1793년(정조 17)에 이르면 모든 능과 원에 조포사를 지정하는 작업이 이루어졌다. 하지만 왕릉에서 가깝다는 이유만으로 사세가 빈약한 사찰을 조포사로 지정했기 때문에, 정조대에 지정된 조포사들은 대부분 얼마 지나지 않아 폐사했다. 조포사를 새롭게 창건해도 승려들이 도망가거나 절이 폐사하는 사례가 거듭되자 조정에서는 원거리에 있는 사찰 중에 재정 여건이 비교적 안정적인 사찰에 조포역을 집중시켰다. 그리고 조포속사를 통해 금전적 보조를 받을 수 있도록 조치했다.

이에 따라 19세기에 이르면 동구릉과 태·강릉은 불암사, 서오릉은 수국사와 진관사, 서삼릉과 파주삼릉은 보광사, 융·건릉은 용주사가 조포역을 담당하고, 원격지의 조포속사들이 조포 비용을 보조하는 형태로 권역별 조포사 체계가 구축되었다.

산릉 관리의 비용 절감

조선전기 능침사에는 노비와 위전이 지급되었던 반면 조선후기 왕릉의 조포사에는 경제적 지원이 거의 없었고, 막대한 잡역과 무대가성 승역이 부과되었다.

조선초기와 중기에는 능침사가 제사를 직접 주관했기 때문에 왕실로부터 제사 비용 즉 사위전을 받았다. 연산군대 몰수되었던 능침사의 사사전은 중종반정 직후 환급되었으며, 중종대와 명종대에 내원당 수세지가 내수사로 속공될 때도 능침사의 수세전은 제외되었다. 능침사의 위전이 보호받은 것은 이곳이 왕릉을 관리하고 선왕 선후의 추천재를 주관하는 기구였기 때문이었다. '제사 비용의 보전'이라는 명복 하에 능침사의 사위전은 조선전기 내내 보호받을 수 있었다.

이에 반해 조선후기 조포사의 경우에는 경제적 지원이 거의 없었다. 조선후기 조포사 중에서도 왕릉에 속한 조포사들은 제사 기능이 없었다. 능, 원, 묘, 궁, 진전 등에 속한 조포사 가운데 제사 기능이 있던 조포사는 사친의 위패가 배향된 조포사에 한정되었다. 왕이나 왕비가 되지 못한 사친의 위패는 종묘에 배향되지 않았기 때문에 사찰 내 위패 설치가 크게 문제되지 않았고, 왕의 사친을 배향한 용주사나 보광사 등은 제사 비용의 명목으로 사위전을 지급받았다. 반면 왕릉에 딸린 조포사에는 경제적 지원이 거의 없었고, 조포 비용이라는 명목으로 최소한의 지원만 있었다. 이들 사찰들이 경제적 곤란을 겪게 될 경우 조정에서는 직접적인 지원 대신 다른 사찰을 속사로 지정해 조포사를 경제적으로 보조하도록 조치했다. 왕릉에 딸린 조포사에는 국가 재정이 거의 소요되지 않았기 때문에 왕릉 관리 비용이 절감될 수 있었다. 조포사는 왕릉의 제수를 공급하는 것뿐만 아니라 왕릉에서 소요되는 다양한 물품들까지 제공하는 경우가 허다했다.

이러한 조포사의 잡역 담당은 조선후기 승역 체계의 변화와 맞물려 있다. 임진왜란 이후 조선왕조는 승려 노동력의 우수성에 주목하게 되었고, 전란 복구사업에 승려들을 적극 활용하는 정책을 펼쳤다. 전국의 성곽, 제언 공사에 승려들이 동원되었다. 또한 산릉을 조성할 때에도 승군들을 동원해 공사를 진행하였다. 특히 17세기 이후 대동법과 균역법의 시행 이후 국가의 공납체제가 변화하면서 사찰은 궁방과 중앙·지방 관청, 서원, 향교 등의 잡역 공급처로 적극 활용되었다. 이들 사찰은 원가에 가까운 돈을 받고 물건을 납부하거나 아예 공납의 형태로 아무런 대가없이 각종 물품을 공급하기도 했다.

조선후기에 왕릉 조포사로 지정된 대부분의 사찰도 무대가성 잡역 공급처로 활용되었다. 조포사들은 왕릉제사에서 소요되는 두부 등의 제수뿐만 아니라 왕릉에 소속된 관리들이 필요로 하는 다양한 물품들을 무상으로 공급하였다. 간혹 제사 비용이 지급되는 경우도 있었지만, 대부분의 조포사는 지방 관아나 토호들의 잡역을 감면받는 정도의 혜택만

누릴 수 있다. 그러나 사찰의 입장에서는 관아나 서원, 향교 등의 잡역을 면제받는 것도 상당한 특혜로 작용하였다. 토호들의 수탈을 피하기 위해 순천 송광사, 대구 동화사와 같은 대찰들까지 왕실원당으로 지정받고자 중앙에 줄을 대었고, 왕릉의 조포속사를 자청해 왕실의 보호를 받고자 했다.

조선후기에 이르러 사찰에 잡역을 부과하는 일들이 보편화되면서 전국 대다수의 사찰이 지방토호나 관아로부터 막중한 역에 시달렸던 반면 왕릉 조포사의 경우 왕실을 수호한다는 명분을 내세워 여타 관청이나 서원, 향교, 지방 토호들의 역을 담당하지 않을 수 있었다. 이같은 '물침잡역(勿侵雜役)' 조치가 왕릉 조포사에게는 가장 큰 혜택이자 조포역에 대한 대가였던 것이다.

조포사에 내려진 대부분의 완문에는 "이 절에서 하는 일의 중요함이 다른 곳과 구별되므로 다른 역을 부과하여 침탈하는 일이 없도록 공문으로써 당부하고 완문을 내린 일이 한두 번이 아니다.(其爲所重 如他自別勿侵他役之意 前後關飭完文 非止一再而)"라는 문구가 반복적으로 들어가 있다.

만약 조포사가 능침 수호를 담당하지 않는다면 이에 대한 비용은 고스란히 내수사나 호조에서 부담해야 하는 것이므로 내수사나 호조의 입장에서는 조포사를 보호할 수밖에 없었다. 또 헌릉과 같이 조포사가 모두 폐사가 되면 인근의 산림 관리가 불가능해지므로 왕실의 입장에서는 능묘 관리를 위해서도 조포사의 존립을 도울 필요가 있었다.

요컨대 조선시대 내내 능침사가 유지될 수 있었던 것은 왕실과 사찰 간에 경제적 공생이라는 특수한 관계가 형성돼 있었기 때문이다. 왕실의 입장에서는 능침사를 설치함으로써 왕릉과 주변 산림을 효율적으로 관리하고 제사 비용을 절감할 수 있었고, 사찰의 입장에서는 막대한 승역으로부터 벗어나기 위해 왕실의 보호가 필요했다. 이러한 경제적 상관관계 속에서 조선 왕릉수호사찰의 전통은 500여 년간 지속되었다.

3. 종교적 의미: 효(孝)와 정토(淨土)의 결합

정토왕생을 발원한 기도처

능침사는 삼국시대부터 조선에 이르기까지 약 1,500여 년간 이어져온 왕실의 추천시설이었다. 기원후 4세기경 불교가 유입된 이래 한국인들의 정신세계에는 불교의 내세관이 뿌리 깊게 자리잡았다. 죽음 이후에도 또 다른 삶이 이어진다는 윤회설, 간절한 발원에 따라 극락정토에 태어날 수 있다는 정토관에 근거해 불교에서는 다양한 추천의례가 발달하였다. 능침사는 이러한 불교적 세계관에 근거해 만들어진 조상숭배시설이다.

삼국시대부터 조선에 이르기까지 왕실에서는 선왕과 선후가 사후에라도 불법을 경청해 정토왕생하기를 발원하며 능침사를 설치하였다. 능침사에서는 매일 조석예불이 설행되었으며, 4대 명절과 기일에는 추천재가 설행되었다.

조선초 유교식 산릉제도가 정비된 이후에도 능침사가 계속 세워질 수 있었던 배경에는 왕실 구성원들의 깊은 불심이 자리잡고 있었다. 조선왕실에서는 500여 년간 끊임없이 불교신앙이 이어졌다. 세종대부터 연산군대까지 선왕 후궁들의 집단 출가가 계속되었고, 조선시대 내내 전국 명산대찰에 왕비와 대비, 후궁, 왕자, 공주, 상궁, 내관, 일반 궁녀들의 시주가 이어졌으며, 이름 높은 기도처에는 왕자 탄생을 발원하는 원당이 설치되었다. 또한 조선초부터 현종대까지 궁궐 인근에는 정업원을 비롯한 비구니 사찰이 왕실의 비호를 받으며 운영되었고, 이곳을 통해 다수의 왕실 여성들이 비구니로 출가하거나 불법에 귀의해 말년을 보냈다. 왕실 비구니원이 폐사한 뒤에도 전국 각지의 기도처를 통한 왕실의 신행 활동은 계속 이어졌다.

유교에서는 사후 문제를 언급하기를 꺼렸던 반면 불교에서는 이번 생이 짧은 찰나에 불과할 뿐 인간의 삶은 전생과 내세를 통해 반영구적으로 이어진다고 믿는다. 이 때문에 국가에서 아무리 유교를 강조할 지라도 왕실 내에서 불교신앙에 이어지고 있는 한 불교식 추천의례는 설행될 수밖에 없었다. 16세기 주자가례의 보급 이후 민간에서도 각종 의례는 유교식으로 교체되는 경향을 보였지만, 사자 천도의 문제는 유교식으로 해결할 수 없었다. 왕실은 물론 사대부가와 민간에서도 가족의 명복을 빌기 위한 추천의례는 불교식으로 설행되었다. 특히 대비들의 발언권이 막강했던 조선중기까지는 선왕을 위한 능침사가 계속 설치되었다. 하지만 조선후기로 갈수록 왕실 여성들의 불교신앙은 점점 더 은밀한 방식으로 진행되었다. 왕실의 추천재가 관료들에게 발각될 경우 조정 내에서 여러 잡음이 발생했기 때문에, 왕이나 대비들은 내관이나 상궁을 통해 비공식적으로 49재나 소상재, 대상재의 전통을 이어나갔다.

유교사회로 전환된 이후에도 조선의 사부대중들이 끝내 포기할 수 없었던 불교의 내세추복 의례는 한편으로는 조선불교의 존속 기반이 되었으나 또 한편으로는 한국불교의 성격을 내세 중심의 신앙으로 변화시키는 기폭제가 되었다. 왕실의 의례 중에서도 상장례와 관련된 불교의례만이 잔존하였고, 도성 내 승려 출입 금지와 함께 산중불교화가 이루어지면서 조선 불교는 '죽음 이후의 영역'을 담당하는 종교로 자리잡아 갔다. 특히 임진왜란과 병자호란으로 수많은 전사자들이 생겨난 17세기 이후에는 조선불교가 급격히 사자천도(死者薦度) 중심으로 변모하는 경향을 보인다. 조선후기에 발간된 불교서적 가운데 가장 많은 분량을 차지하는 것은 망자 천도를 위한 의식집류였다.[419] 이같은 사회적 분위기는 조선불교의 성격을 내세 중심적으로 변모시켰고, 오늘날 한국불교에까지 영향을 미치고 있다.

유불융합의 조상숭배시설

조선전기 능침사는 불법(佛法)을 수호하는 사찰인 동시에 유교식 사당의 성격을 지니고 있었다. 선왕 선후의 극락왕생을 발원했다는 점에서 불교식 추모공간이었지만, 설립 명분이나 건물 형태에 있어서는 유교식 조상숭배시설의 역할을 담당했다.

조선초까지만 해도 유교적 예제가 제대로 정립되지 않았기 때문에 왕실의례는 대부분 고려식 관습을 이어받아 불교식으로 진행되었다. 고려시대에는 왕의 진영을 봉안한 진전사원이 왕실의례의 큰 축을 이루었고, 특히 조선 왕릉의 원형이 된 현·정릉에는 능역 안에 사찰이 설치돼 능 주인의 추복 및 능역 관리를 담당했다. 고려 진전사원의 기능 중에서도 가장 중요한 역할은 기신재의 설행이었다. 이같은 전통을 이어 조선 초에는 능역과 궁궐 내 진전에 부속사찰을 설치하였다. 태조의 4대조 능을 추숭하면서 불교식 재궁을 설치한 것이나 건원릉과 제릉에 각각

---

419 남희숙, 「朝鮮後期 佛書刊行 研究-眞言集과 佛教儀式集을 中心으로」, 서울대 박사학위논문, 2004.

개경사와 연경사를 건립한 것, 그리고 문소전 부속불당으로 내원당을 마련한 것 등이 대표적이다. 태종이 건원릉과 문소전에 불당을 세운 것은 이곳이 단순한 불교시설이 아닌 효를 표현하는 사당 역할을 담당했기 때문이다.

조선중기 이후 능침사는 국가의 공식의례를 집전하는 기구가 아닌 왕실의 혈족추숭 시설로 변화하였다. 특히 사림의 정계진출이 확대되면서 능침사는 꾸준히 유학자 관료들의 비판 대상이 되었다. 이에 따라 능침사는 왕실 차원의 시설물로 설치되었고, 선왕 선후를 위한 불교식 기신재(忌晨齋)는 유교식 기신제(忌晨祭)로 교체되었다. 왕릉에서 기신제가 설행된 이후에도 왕실에서는 능침사를 비롯한 왕실사찰을 통해 불교식 기신재의 전통을 계속 이어나갔다. 하지만 성종대 이후 사림들의 발언권이 강화되면서 기신재를 혁파하라는 주장은 더욱 거세졌고, 연산군대부터 명종대까지 수차례 기신재의 혁파와 복설이 반복되었다. 결국 선조대에 이르러 공식적인 기신재는 완전히 폐지되었으나, 능침사의 기신재는 계속 이어졌다.

기신재와 기신제는 기일(忌日)에 망자를 추모한다는 공통점을 지니고 있었지만, 제사의 목적에 있어서는 근본적인 차이점이 있었다. 유교식 기신제는 조상의 기일에 조상을 추모하고 후손들의 정성을 표현하는데 중점을 두고 있었다. 이에 반해 불교식 기신재는 조상의 극락왕생을 발원하고 왕실의 안녕을 빌기 위한 목적으로 치러졌다. 특히 기신재의 마지막에 반승의식(飯僧儀式)이 치러진 것은 법 높은 승려들에게 공양을 올림으로써 산자와 망자의 복락을 함께 기원하는 의미를 담고 있었다.

공식적인 기신재가 폐지된 이후에도 능침사에서 치러지는 기신재는 계속 이어졌지만 효종대와 현종대에 사찰내 선왕 위패 철거 작업이 진행되면서 능침사의 기신재까지 모두 폐지되었다. 이에 따라 승려들의 역할은 재를 주도하는 집전자에서 제사를 돕는 보조자로 바뀌게 되었다. 그럼에도 능침사의 전통은 조선후기 산릉 제사에까지 일정한 영향을 미쳤다. 조선후기 산릉제에서 고기나 젓갈, 고기를 넣은 반찬 등이 전혀 사용되지 않고, 대신 유밀과나 떡, 고기를 넣지 않은 소선(素膳)이 주를 이루었다. 조선초기에 승려들이 왕릉의 제향을 주도하던 시기는 물론 조선후기 관에서 왕릉의 수호와 제향을 담당하던 시기에도 소선 중심의 제물 구성이 그대로 이어진 것이다. 이는 종묘와 원묘에서 치러진 제사 음식들과 비교하면 훨씬 더 명확하게 드러난다. 종묘제례에서는 희생의 생고기가 주된 제수로 놓이고 고기를 넣은 탕과 포 등이 진설되었다. 원묘의 제사는 원래 소선으로 치러지다 점차 육선(肉膳)을 포함하는 상차림으로 변모한 반면 왕릉 제사에서는 육선을 일체 올리지 않고 소선의 찬품을 유지하였다.[420] 또한 제사의 시간을 알리거나 향반을 준비하는 등의 제사 보조 역할도 계속 승려들이 담당했다.

이처럼 왕릉수호사찰의 전통이 이어질 수 있었던 것은 이곳이 유교의 효 사상과 불교의 내세신앙이 결합된 공간이었고 1700여 년간 왕릉을 통한 조상숭배의 역사가 불교와 함께 전승되었기 때문이다. 이러한 능침사의 영향은 조선시대를 이어 오늘날까지도 산릉 제사의 제수 등에 남아 있다.

요컨대 왕릉수호사찰은 삼국시대의 능사, 통일신라의 성전사원, 고려의 진전사원의 전통을 이어받아 조선 왕실로 계승되었다. 선왕의 명복

---

420 이욱, 『조선 왕실의 제향공간』, 한국학중앙연구원출판부, 2015, 190~191쪽.

을 빌기 위한 효심의 표현이라는 명분 하에 유교 이데올로기 속에서도 조선시대 왕릉수호사찰은 존속될 수 있었다. 그 배경에는 조선왕실 내에서 500여년간 지속되던 불교신앙과 비빈들의 불교계 비호, 그리고 왕실 원당에 대한 정치경제적 보호가 자리잡고 있었다.

이들 사찰이 지닌 경제적 효율성으로 인해 조선후기에 이르면 조정에서는 왕릉수호사찰을 적극 수용하는 입장으로 노선을 전환했다. 외떨어진 산속에 위치한 능 주변의 산림을 보호하고, 도성에서 이동하기 어려운 각종 음식들을 조달할 수 있는데다, 왕릉에서 필요로 하는 각종 물품들까지 제공한다는 이점들로 인해 정조대 이후 대부분의 왕릉에 조포사가 설치되었고, 조선의 국가제사권이 박탈되는 1908년까지 조포사 제도는 이어졌다.

조선왕실의 입장에서 왕릉수호사찰은 불교식으로 효를 실천하는 조상숭배시설인 동시에 왕릉을 효율적으로 관리할 수 있는 보조기구였으며, 불교계의 입장에서 왕릉수호사찰은 과도한 침탈에서 벗어날 수 있는 방편이었다. 이들 사찰은 막중한 국역을 담당한다는 명분을 확보함으로써 국가의 보호를 받았고, 폐사 위기를 극복할 수 있었다. 이처럼 왕실과 불교계의 상호 협력 속에 지속된 왕릉수호사찰의 전통은 유불융합의 문화적 산물로 전승되었다.

참고문헌

(1) 관찬사료

『高麗史』

『大典會通』

『萬機要覽』

『備邊司謄錄』

『承政院日記』

『新增東國輿地勝覽』

『輿地圖書』

『日省錄』

『朝鮮王朝實錄』

(2) 陵誌 및 고전자료

『康陵誌』

『健陵誌』

『健元陵誌』

『敬陵誌』

『景陵誌』

『光陵誌』

『魯陵誌』

『東國輿地勝覽』

『穆陵誌』

『梵宇攷』

『思陵誌謄抄』

『三國史記』

『三國遺事』

『宣靖陵誌』

『綏陵誌』

『順陵續攷』

『順陵續誌』

『崇陵誌』

『陽村集』

『輿地圖書』

『永陵誌』

『睿陵誌』

『溫陵誌』

『元陵誌』

『翼陵誌』

『仁陵誌』

『長陵誌』

『章陵誌』

『莊陵誌』

『莊陵誌續編』

『貞陵誌』

『齊陵誌』

『昌陵誌』

『靑莊館全書』

『泰陵誌』

『獻陵誌』

『顯陵誌』

『惠陵誌』

『弘陵誌』

『洪陵誌』

『厚陵誌』

『徽陵誌』

『日本書紀』

『역주 선정릉지』(장서각, 한국학중앙연구원출판부, 2014)

『역주 태릉지』(국립문화재연구소, 2012)

『春亭集』

「驪州報恩寺雜役蠲減完文」(여주박물관 소장)

「佛庵寺寺跡碑」

「聖德大王神鐘碑文」

「欽明紀」

『結戶貨法稅則』(奎 古5127-10)

『內國稅出入表』(奎 27377)

『內需司及各宮房田畓摠結與奴婢摠口都案』(奎 9823)

『永陵故事』(장서각, K2-4451)

(3) 寺誌 및 기타 자료

『各宮房折受無土免稅結摠數』(奎 16612)

『乾鳳寺本末事蹟』(1977, 아세아문화사)

『獨斷』(蔡邕)

『廟殿宮陵園墓造泡寺調』(1930, 이왕직)

『廟殿宮陵園墓造泡寺調』(장서각, K2-2443)

「동아일보」 1931년 1월 3일자.

『奉先本末寺誌』 (1977, 아세아문화사)

『奉恩寺誌』 (1997, 사찰문화연구원)

『水經注』 「墨水」

『永陵故事』 (文K2-4451)

『楡岾寺本末寺誌』 (1977, 아세아문화사)

『長安志』

『傳燈本末寺誌』 (1978, 아세아문화사)

『朝鮮金石總覽』 (1919, 조선총독부)

『朝鮮佛敎通史』 (1918, 신문관)

『朝鮮寺刹史料』 (1912, 조선총독부)

『釋王寺誌』 (1910~45, 국사편찬위원회, MF0011559)

『韓國寺刹全書』 (1979, 권상로 편)

(4) 단행본

高橋亨, 『李朝佛敎』, 寶文館, 1929.

국립문화재연구소, 『조선왕릉: 종합학술조사보고서』, 2006 ～ 2016.

김갑주, 『조선시대 사원경제 연구』, 동화출판공사, 1983.

대한불교진흥원, 『북한의 사찰』, 대한불교진흥원, 2009.

문화재청, 『서오릉 산림생태 조사 연구 보고서』, 2003.

宋洙煥, 『朝鮮前期 王室財政 硏究』, 集文堂, 2002.

楊　寬, 『중국 역대 陵寢 제도』, 서경, 2005.

楊衒之, 저, 임동석 역주, 『洛陽伽藍記』, 동서문화사, 2009.

윤용출, 『조선후기의 요역제와 고용노동』, 서울대학교출판부, 1998.

윤희면, 『조선후기 향교연구』, 일조각, 1990.

이근직, 『신라왕릉연구』, 학연문화사, 2012.

이능화 편, 『역주 조선불교통사』 6, 동국대학교출판부, 2010.

이병호, 『백제불교사원의성립과전개』, 사회평론, 2014.

이영춘, 『朝鮮後期 王位繼承 硏究』, 集文堂, 1998.

이 욱, 『조선 왕실의 제향공간』, 한국학중앙연구원출판부, 2016.

장경희, 『고려왕릉』, 예맥, 2010.

정해득, 『조선 왕릉제도 연구』, 신구문화사, 2013.

조경철, 『백제불교사 연구』, 지식산업사, 2015.

지두환, 『朝鮮前期 儀禮硏究』, 서울대학교출판부, 1994.

한국학중앙연구원 장서각, 『숙빈최씨 자료집(淑嬪崔氏資料集)』 1, 2009.

한기문, 『高麗寺院의 構造와 機能』, 민족사, 1998.

한우근, 『儒敎政治와 佛敎』, 일조각, 1993.

허흥식, 『高麗佛敎史硏究』, 일조각, 1986.

허흥식, 『한국의 중세문명과 사회사상』, 한국학술정보, 2013.

홍병화, 『조선시대불교건축의역사』, 민족사, 2020.

(5) 학위논문

김진실, 「조선 세종대 왕릉제사 연구」, 충남대학교 석사학위논문, 2012.

남희숙, 「朝鮮後期 佛書刊行 硏究-眞言集과 佛敎儀式集을 中心으로」, 서울대 박
　　　사학위논문, 2004.

백난영, 「조선시대 陵寢寺刹의 입지성에 관한 연구」, 성균관대학교 박사학위논
　　　문, 1999.

백순천, 「조선초기 흥천사의 조영과 역할」, 한국교원대학교, 2011.

신광섭, 「百濟 泗沘時代 陵寺 硏究」, 중앙대학교 박사학위논문, 2006.

유호건, 「조선시대 능침원당 사찰의 건축특성에 관한 연구 : 용주사를 중심으로」,

경기대학교 석사학위논문, 2008.

장수남, 「熊津~泗沘初 百濟의 南朝文化 受用 研究」, 연세대학교 박사학위논문, 2013.

조영준, 「19세기 王室財政의 運營實態와 變化樣相」, 서울대 박사학위논문, 2008.

탁효정, 「조선시대 王室願堂 연구」, 한국학중앙연구원 박사학위논문, 2012.

홍병화, 「조선후반기 불교건축의 성격과 의미-사찰 중심영역의 배치 및 건축 계획의 변화과정」, 연세대 박사학위논문, 2009.

(6) 일반논문

강현숙, 「전 동명왕릉과 진파리 고분군의 성격 검토」, 『호서고고학』 18, 호서고고학회, 2008.

김봉렬, 「朝鮮王室 願堂寺刹建築의 構成形式」, 『대한건축학회지』 93, 대한건축학회, 1996.

김미경, 「통도사해장보각(海藏寶閣)과 원당(願堂)에 관한 고찰」, 『불교미술사학』 28, 불교미술사학회, 2019.

김수태, 「百濟 威德王代 扶餘 陵山里 寺院의 創建」, 『백제문화』 27, 공주대학교 백제문화연구소, 1998.

김진무, 「중국 황실의 불교수용과 정책 : 漢·魏·南北朝를 중심으로」, 『불교학보』 제53집, 동국대 불교문화연구원, 2009.

김진무, 「북리뷰 『노장으로 읽는 선어록』: 선불교와 노장의 유사성과 차이점」, 『불교평론』 80호, 불교평론사, 2019.

김진순, 「5세기 고구려 고분벽화의 불교적 요소와 그 연원」, 『미술사학연구』, 한국미술사학회, 2008.

김철웅, 「고려시대 태묘와 원묘의 운영」, 『국사관논총』 106집, 2005.

박남수, 「眞殿寺院의 기원과 新羅 成典寺院의 성격」, 『한국사상사학』 41, 한국사상사학회, 2012.

서치상, 「朝鮮後期 陵寢寺刹의 造營에 관한 硏究;龍珠寺 創建工事를 중심으로」,
　　　『대한건축학회지』47, 대한건축학회, 1992.

아즈마 우시오, 「고구려 왕릉과 능원제-국내성~평양성 시대」, 『고구려 왕릉 연
　　　구』, 동북아역사재단, 2009.

안휘준, 「고구려 고분벽화의 흐름」, 『강좌 미술사』10, 한국미술사연구소, 1998.

양은경, 「陵寢制度를 통해 본 高句麗, 百濟 陵寺의 性格과 特徵」, 『고구려발해연
　　　구』제47집, 고구려발해학회, 2013.

양은경, 「陵寢制度를 통해 본 高句麗, 百濟 陵寺의 性格과 特徵」, 『고구려발해연
　　　구』47, 2013.

冉万里, 「帝陵建寺之制考略」, 『西部考古』第1輯, 三秦出版社, 2006,

오영선, 「고려전기 군인층의 구성과 圍宿軍의 성격」, 『한국사론』28, 서울대 국
　　　사학과, 1992.

유지복, 「조선왕릉 '능지' 연구 : 태조에서 중종능까지」, 『서지학연구』제55집,
　　　한국서지학회, 2013.

유키오 리핏, 「고대 일본 고분과 능사-쇼소인의 새로운 해석」, 『한국고대사연구』
　　　31집, 2019, 한국고대사탐구학회.

윤선태, 「新羅中代의 成典寺院과 國家儀禮-大·中·小祀의 祭場과 관련하여」, 『신
　　　라문화제학술발표논문집』23, 동국대학교 신라문화연구소, 2002.

윤　정, 「太祖代 貞陵 건설의 정치사적 의미」, 『서울학연구』제37호, 서울학연구
　　　소, 2009.

이영호, 「신라 성전사원의 성립」, 『신라문화제학술발표논문집』14권, 동국대학
　　　교 신라문화연구소, 1993.

이용윤, 「朝鮮後期 寺刹에 건립된 耆老所 願堂에 관한 고찰」, 『불교미술사학』
　　　3, 불교미술사학회, 2005.

이 욱, 「조선시대 왕실 제사와 제물의 상징: 血食·素食·常食의 이념」, 『종교문화비평』 20, 한국종교문화연구소, 2011.

이 정, 「조선시대 재실의 형성과 입지특성」, 『남도문화연구』 27, 순천대학교 남도문화연구소, 2014.

이창환, 정종수, 이원호, 최종희, 「조선왕릉의 능제복원 연구 : 융릉·건릉을 중심으로」, 『한국전통조경학회지』 제28권 제3호 통권 제73호, 한국전통조경학회, 2010.

장경희, 「조선 태조비 神懿王后 齊陵 연구」, 『미술사학연구』 제263호, 한국미술사학회, 2009.

장계수, 「순천 선암사 축성전(현 장경각)의 벽화연구」, 『불교미술사학』 27, 불교미술사학회, 2019.

장호수, 「개성지역 고려왕릉」, 『한국사의 구조와 전개』, 혜안, 2000.

정해득, 「조선초기 왕릉제도의 정비과정」, 『조선시대사학보』 63집, 조선시대사학회, 2012.

조원창, 「扶餘 陵寺 第3建物址(일명 工房址 I)의 建築考古學的 檢討」, 『先史와 古代』 24, 2006.

조인수, 「조선시대 왕릉의 현상과 특징 : 명청대 황릉과의 비교를 중심으로」, 『미술사학연구』 제262호, 한국미술사학회, 2009.

채상식, 「新羅統一期의 成典寺院의 構造와 機能」, 『역사와 경계』 8권, 경남사학회, 1984.

탁효정, 「『廟殿宮陵園墓造泡寺調』를 통해 본 조선후기 능침사의 실태」, 『조선시대사학보』 61집, 조선시대사학회, 2012.

탁효정, 「15~16세기 정업원의 운영실태 운영실태 - 새롭게 발견된 端宗妃 定順王后의 고문서를 중심으로」, 『朝鮮時代史學報』 82집, 조선시대사학회, 2017.

탁효정, 「조선시대 淨業院의 위치에 관한 재검토 -영조의 淨業院舊基碑 설치를 중심으로-」, 『서울과 역사』 97집, 서울역사편찬원, 2017.

탁효정, 「조선시대 회암사와 왕실불교」, 『회암사와 왕실문화』, 양주회암사지박물관, 2015.

탁효정, 「조선초기 陵寢寺의 역사적 유래와 특징」, 『朝鮮時代史學報』 77, 조선시대사학회, 2016.

탁효정, 「조선 예종~명종대 陵寢寺의 설치현황과 특징」, 『朝鮮時代史學報』 87, 조선시대사학회, 2018.

탁효정, 「조선후기 造泡屬寺의 운영 실태-坡州三陵의 美黃寺 사례를 중심으로-」, 『남도문화연구』 40, 순천대학교 남도문화연구소, 2020.

한기문, 「高麗中期 興王寺의 創建과 華嚴宗團」, 『鄕土文化』 5, 1990.

한형주, 「조선초기 왕릉제사의 정비와 운영」, 『역사민속학』 제33호, 한국역사민속학회, 2010.

찾아보기

□ 자료 제공 및 소장처

국립중앙박물관

문화재청

기타 사진은 저자 촬영